안아라,
내일은 없는 것처럼

안아라,
내일은 없는 것처럼

오소희 여행에세이

북하우스

PROLOGUE

한국인들은 세계에서 가장 빠른 발전을 이뤘습니다.
오늘도 그 속도에 맞춰 전진할 것을 강요받습니다.
'세계에서 가장 빠른 속도'는 그것이 무엇이든지,
'인간적인 속도'가 아닙니다.

돌 무렵 한글을 배우기 시작하는 아기들이나
선행학습을 하러 학원을 전전하는 아이들이나
미리미리 이력서의 빈칸을 채워두는 청년들이나
마흔이면 퇴직을 근심해야 하는 사회에서
우리는 유통기한 짧은 통조림처럼 쓸모없이 느껴집니다.

연간 국민소득이 얼마이든지 간에
삶을 말하는 사회가 '즐거운' 사회입니다.
생명, 에너지, 활력 같은 단어가
일상의 수프 속에 덩어리째 들어 있고
구성원들이 날마다 그 덩어리를 떠서 씹어 삼키는 사회가
즐거운 사회입니다.
살아 있는 사회입니다.

연간 국민소득이 얼마이든지 간에
죽음을 말하는 사회는 '견디는' 사회입니다.
고자살율, 저출산율 같은 단어가
일상의 무기력 속에 도사리고 있다가
구성원들이 긴한 결정을 내릴 때마다 검은 그림자를 드리우는 사회는
견디는 사회입니다.
고사枯死해가는 사회입니다.

더 큰 만족을 위해 지금의 욕구를 참아내는 능력을 만족지연능력이라 합니다.
심리학자들은 만약 우리나라 아이들,
공부, 공부, 공부에 유아기부터 다른 모든 것이
우선순위에서 밀려나는 우리 아이들,
그들의 만족지연능력을 측정해본다면
OECD 회원국 중 최고일 거라고 말합니다.
일, 일, 일, 아니, 돈, 돈, 돈에 다른 모든 것이 밀려나는 어른들,

그들의 만족지연능력도 아마 못지않을 겁니다.

이곳은 그렇게 견디는 곳입니다.
미뤄두는 곳입니다.

우리는 어딘가에서 꿈을 잃어버리고
뜨거운 키스도 잃어버리고
끝없는 피로와 근심 속에서 지금 춥네요.

여기,
우리와 정반대로 살아가는 사람들의 이야기를 들려 드립니다.
남미의 라티노들,
그들에게서 받은 경박함을 드립니다.
내일이나 모레를 짊어지는 건 너무 무겁다고,
오늘은 오늘만 생각하자고,
일단 물고,
일단 빨고,
일단 사랑하고 보는
그들의 열정을 드립니다.

카 르 페 디 엠 .

지금 우리에게 가장 필요한 이 단어를
질펀하게 육화시키면서 살아가는 동시대의 망나니 벗들이 있다는 것,
당신에게 작은 위로가 되었으면 좋겠습니다.
조금만 풀어져
웃었으면 좋겠습니다.
즐겼으면 좋겠습니다.
'지금' 살아 있다는 것을 알게 되었으면 좋겠습니다.
그래서 뜨끈한 체온,
느끼고 나눴으면 좋겠습니다.

라티노들 덕분에,
당신도 나처럼.

CONTENTS
| 남미여행기 1부 |

prologue • 4
route • 8

🇵🇪 PERU

다시, 시작이다 • 13
작은 나무들아, 기다려주렴 • 19
페루에서 당신이 꼭 알아야 할 한마디 • 28
간절함은 여행자의 도덕 • 38
골목들이 심장을 움켜쥐다 • 56
한 송이 백합처럼 나는 살았네 • 80
잉카는 어떻게 무너졌을까? • 106
안아라, 내일은 없는 것처럼 • 117
국경을 넘으며 4인조가 되다 • 125

🇧🇴 BOLIVIA

가방이 없어졌어! • 138
창문에 루브르의 명화가 걸리다 • 150
용맹한 투팍 카타리의 현신, 에보 대통령 • 169
따뜻한 동전들이 쌓인다 • 177
구름 위를 달리다 • 189
아담은 화장실에서 뭘 한다니? • 203
이거 아, 나, 콘, 다, 아, 냐? • 223

괜찮아요, 지금 이 순간도 완벽하니까요 • 237
돈으로 살 수 있는 행복은 생각보다 적다 • 249
히로, 그가 들려준 생의 찬란한 이야기 • 258

BRAZIL

브라질은 어떻게 국가로 탄생했을까? • 275
브라질에서 남기지 말고 먹자 • 283
싫은 무릇 제사인가, 축제인가? • 303
장대한 생의 마지막 여행 • 309
당당하게, 자유롭게, 유연하게 • 329
지폐를 세듯, 쉼을 헤아리다 • 351

COLOMBIA

언제나 먹고 마시고 춤출 이유가 있다 • 369
엄마, 여기 사람들은 다 서로 친구 같아 • 391
이 길에선 누구나 다만, 젖는구나 • 409

그 길에서 만난 사람들 • 426

ROUTE

| 남미여행기 1부 |

페루
리마 → 피스코 → 바예스타스 섬 → 와카치나 → 쿠스코 → 아과스칼리엔테스 → 마추픽추 → 쿠스코 → 푸노

볼리비아
코파카바나 → 이슬라 델 솔 → 라파스 → 융가스 → 라파스 → 루레나바케 → 아마존 → 루레나바케 → 라파스

브라질
상파울루 → 이구아수 → 리우데자네이루 → 제리코아코아라

콜롬비아
보고타 → 빌라 데 레이바
→ (산힐/바리차라 → 메데인 → 엘 페뇬 →마니살레스 → 이피알레스 → 루미차카 → 국경)

주변을 둘러보았다. 역시나, 모르는 곳이다.
앞으로 또 얼마나 이렇게 길을 잃을까.
걱정할 것도 싫을 것도 없었다.
내가 멍청한 표정으로 서 있자, 마치 미리 짠 각본처럼
두 소년이 나타나 길을 안내해주기 시작했던 것이다.
그러므로 당신이 페루에 올 때
반드시 알아야 할 한 단어는 바로 이것.
그라시아스. (감사합니다)

PERU

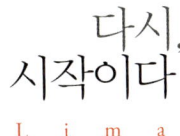

다시, 시작이다
Lima

공항에서 지인이 물었다.

"어떻게 스페인어를 하나도 공부하지 않고 남미 여행을 간다는 거야?"

"언젠 말 되는 나라 다녔나. 괜찮을 거야."

동아프리카를 여행한 지 2년 만의 장기여행이었다. 그 사이 아들은 초등학교 3학년이 되었고, 여름방학을 맞아 한 달 반 여정으로 짐을 꾸렸다.

"그래도 남미는 달라. 가이드들조차 영어를 못한다던데. 엄청 고생할 거야."

"괜찮아. 우리 모자는 뛰어난 보디랭귀지를 구사하잖아."

말은 그렇게 했지만, 막상 비행기를 타자 걱정이 먹구름처럼 스멀스멀

밀려들었다. 경유까지 포함 총 22시간이나 되는 비행시간 동안 달리 무엇을 하랴. 우리는 벼락치기로 스페인어 공부를 '시작'했다.

"중빈아, 영어 단어를 스펠링대로 읽으면 대충 통하는 단어가 꽤 있다. 예를 들어 China는 차이나가 아니라 '치나'야."

스페인어의 망망대해 한가운데서, 내가 희망을 담아 전했다. 아들도 희망을 전해주었다.

"엄마, 숫자는 내가 맡을게. 돈 낼 때 꼭 필요하잖아. 우노, 도스, 트레스…… (1, 2, 3……)"

"우노, 도스, 트레스! 숫자 정말 중요하지. 이 단어들도 꼭 챙기자. '포르 파보~르.' '제발'이란 뜻이야. 진짜 '제~발~'처럼 불쌍하게 생기지 않았냐? 그리고 '무쵸'는 '많이'라는 뜻이야. '제발'은 위험에 빠졌을 때 쓸 거고, '많이'는 식당에서 쓸 거야. 모두 생존에 꼭 필요해."

몇 단어나 더 익혔을까? 아직도 비행시간은 엄청 남아 있었지만, 아이는 벼락치기답게 딱 벼락 치는 시간만큼만 공부하고 나가떨어지며 말했다.

"언어를 벼락치기로 공부한다는 건 말도 안 돼!"

타당하고 지당하도다. 나도 슬그머니 모니터 속의 영화 목록을 살피기 시작했다.

한국이 여름이므로, 리마는 당연히 겨울이었다. 우리는 가져온 옷을 몽땅 껴입고도 바로 적응이 되지 않아 바들바들 떨었다. 나는 리마에서 여행자로서의 구경 욕심을 버리고 적응하는 시간을 갖기로 했다. 시차, 날씨, 안전까지. 알다시피 남미는 소매치기로 악명이 높다. 거리에선 경찰이 눈에 띄는 곳에서만 카메라를 꺼냈다. 찍고 난 다음에는 귀찮더라도 반드시 가방에 카메라를 넣고 지퍼와 버튼을 이중으로 여미는 습관을 들였다. 그래도 경찰이 다가와 카메라를 꺼내지 말라고 주의를 주었다. 환전한 돈은 하루 치만 빼서 점퍼의 앞가슴 주머니에 넣은 뒤 버클을 채웠다. 여자의 가슴 주머니를 건드리는 소매치기는 드물기 때문이다. 나머지 돈은 속옷으로 입은 탱크톱 브라의 캡 넣는 자리에 몰아넣었다. 가슴이 납작한 게 도움이 될 때도 있구면. 제아무리 '한 번씩은 당한다'는 남미라도 이러면 걱정 없겠지!

환전한 돈을 모두 넣은 참이라, 안전을 위해 버스 대신 택시를 이용하기로 했다. 기사는 전형적인 인디오의 얼굴을 지녔다. 검은 머리칼에 굵직한 쌍꺼풀과 콧대. 페루 국민의 절반가량이 인디오에 해당한다. 백인이나 백인과의 혼혈인 메스티소가 중상류층을, 인디오들은 주로 그 아래층을 차지하고 있다.

"올라!" (안녕!)

내가 인사를 건네자마자, 정열의 대륙 남미답게 택시기사가 와르르 질문을 퍼부어댄다. 이런, 소나기가 따로 없구먼. 바야흐로 비행기에서 벼락치기 한 '열 단어 안팎 서바이벌 스페니시'가 시작되었다.

"아블라 에스파뇰?"

에스파뇰, 에스파뇰…… 그러니까 스페인어를 할 줄 아냐는 뜻이리라. 외워둔 것을 써야 할 때가 왔다.

"포르 파보~르." (제~발)

기사가 웃음을 터뜨렸다. 그는 감 잡았다는 듯 쉽고 느리게 말하기 시작했다.

"무쵸 트래픽."

무쵸는 많다는 뜻. 차가 많다는 뜻이겠구나.

"씨! 씨!" (그래! 그래!)

"치나?" (중국 사람?)

"노, 코레아!"

"무쵸 치나 엔 리마." (리마에 중국인 많아.)

"무쵸 치나 레스토랑?" (중국 식당도 많니?)

"씨! 씨!" (그럼! 그럼!)

"좋았어, 중빈! 우리 오늘 저녁엔 꼭 중국집 가자!"

놀랍도다. 영어와 한국어까지 3개 국어를 마구잡이로 동원하니 열 단어로도 말이 통하는구나. 나는 너무 뿌듯해서, 기사가 웃는 그대로 남미식으로 낄낄거렸다.

마침내 중빈이 끼어들었다. 마찬가지로 3개 국어를 섞어 쓰면서.

"메야모 (내 이름은) JB. What's your name?"

녀석, 방금 전까지만 해도 '울 엄만 못 말려' 하는 표정으로 고개를 젓더니, 이제부터 시작이다, 말 못하는 설움!

PERU

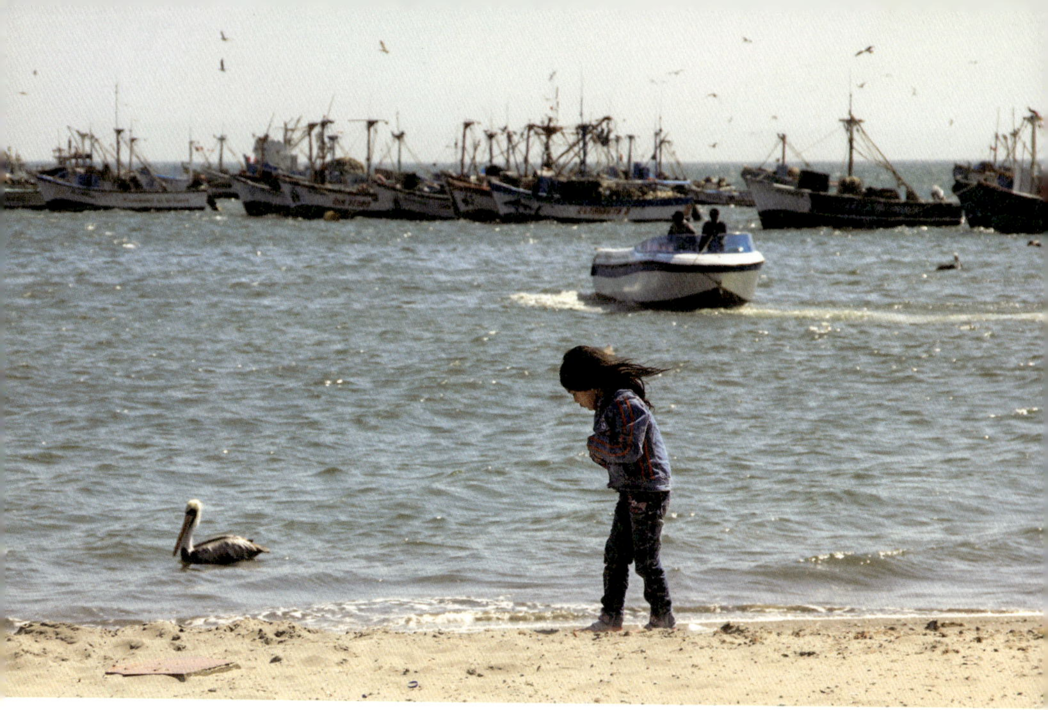

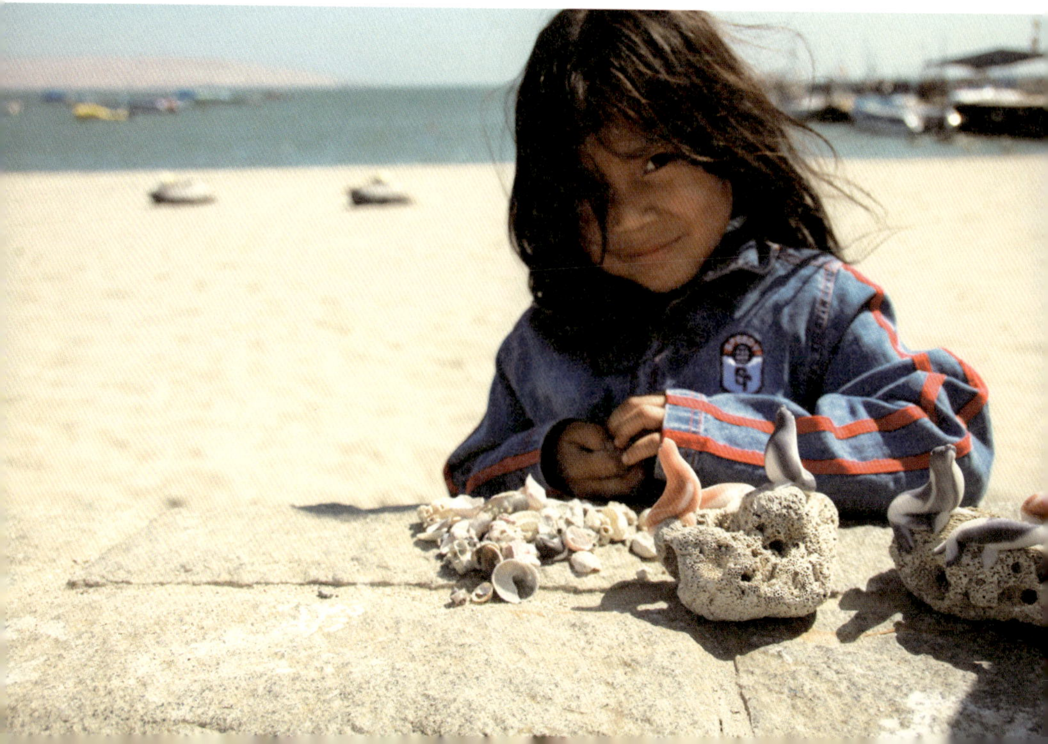

작은 나무들아, 기다려주렴
Pisco

버스가 고속도로에서 덜컥 승객들을 떨궜다. 페루가 자랑스러워하는 '판아메리카나 하이웨이'에서였다. 리마에서 버스를 탄 지 세 시간 반, 이미 깜깜했다. 피스코에 가려면 여기서 콜렉티보 택시 일종의 마을버스 를 타고 들어가야 한다는데, 어제 남미에 도착한 나는 그게 어떻게 생긴 것인지도 모르겠다. 밤엔 나다니지 말라는 주의를 수도 없이 들었기 때문에, 짐을 주렁주렁 매단 채로 조금 초조해졌다. 어제, '첫날 몸 사리기'는 결국 실패로 끝났다. 호스텔에서 마지막에 덥석 받은 잔돈 20달러가 위조지폐로 밝혀진 것이다. 쳇.

　　내 앞에 택시가 서더니 남자 승객이 뒷문을 반쯤 연 채 물었다.

"합승할래요? 우리가 요금을 나눠 내면 콜렉티보 요금과 별 차이 없을 거예요."

나는 망설이며 택시 안을 힐끔 보았다. 중빈 또래의 남자아이가 앉아 있었다.

"그럴까요? 고맙습니다."

남자의 이름은 로알드. 피스코의 학원 강사이자 운영자였다. 로알드의 학원은 남미에서 가장 큰 프랜차이즈 학원이라고 했다. 그는 미국에서 공부를 마치고 돌아와 영어로 기계공학을 가르치고 있다고 했다. 둘 다 아이들에게 저녁을 못 먹여 마음이 바빴으므로 택시는 곧장 그가 추천한 피스코 시내의 중국음식점으로 향했다. 그의 아들은 열한 살, 이름은 렌조였다.

"저도 내일 렌조를 데리고 바예스타스 섬에 갈 생각이에요. 렌조는 리마에서 엄마랑 사는데, 제가 늘 리마로 갔지 얘가 피스코로 내려온 건 처음이거든요. 주말 동안 이곳저곳 구경 시켜주려고요."

바예스타스는 일명 '작은 갈라파고스' 혹은 '가난한 여행자들의 갈라파고스'라 불리는 피스코 인근의 섬이다. 큰 비용과 시간이 드는 갈라파고스에 비해, 아주 적은 비용과 시간으로 갈라파고스의 맛보기를 할 수 있어 붙여진 이름이다. 이 섬에는 실로 엄청난 수의 새들이 서식하고 있으며, 바다사자와 펭귄, 운이 좋으면 돌고래까지 볼 수가 있다고 한다.

"잘됐네요. 애들이 같이 놀면서 구경하면 좋겠어요."

렌조는 동글게 말려 올라간 속눈썹과 붉은 뺨이 귀여운 아이였다. 하지만 눈에 띄게 과체중이었고, 주로 자신감 없이 눈을 내리깐 채 대화에 끼어들지 않았다. 금방 그 이유를 알 수 있었다.

"아저씨 이름이 로알드라고요? 내가 좋아하는 작가랑 이름이 똑같네.

'로알드 달'이라고 아세요?"

중빈의 질문이, 엉뚱하게도 곧바로 렌조에게 불똥이 되어 튀었던 것이다.

"들었니? 얜 너보다 어린데 심지어 좋아하는 작가까지 있구나. 너도 TV 좀 그만 보고 책 좀 읽는 게 어떠냐?"

중빈이 TV란 말에 귀가 번쩍 뜨였는지, 분위기 파악을 못 하고 일러바쳤다.

"우리 집엔 TV가 없어요. 엄마가 컴퓨터게임도 못 하게 하고요."

상황은 더 악화되었다. 로알드가 고개를 절레절레 흔들며 말했다.

"얘 엄마는 매일 렌조에게 TV를 보게 하죠. 안 좋은 걸 먹이고, 컴퓨터게임을 실컷 하도록 내버려둬요. 전 여기 있으니, 어쩔 수 없이 육아를 담당하는 사람은 그 사람인데 도무지 말귀를 못 알아들어요. 음식 문제만으로도 백 번은 싸웠을 걸요."

렌조는 깊숙이 고개를 숙인 채 중빈과 내가 먹는 것보다 많은 양의 음식을 엄청난 속도로 흡입하고만 있었다. 체할라.

"그래도 전 렌조가 뭐든 잘 먹는 걸 보니 좋은데요. 맛있니, 렌조? 아줌마는 너처럼 잘 먹는 아이를 좋아한단다. 주는 대로 씩씩하게 먹어치우고 '잘 먹었습니다!' 하는 아들, 멋지잖아?"

렌조가 중빈의 접시를 힐끗 보았다. 볶음밥이 거의 그대로 남아 있었다. 음식 이야기가 나오자, 렌조의 얼굴에서 조금씩 수줍음이 걷혔다. 조그만 목소리로 말문을 열었다.

"나랑 젤 친한 친구도 JB처럼 밥을 오래 먹어요. 매일 기다려주다보니 익숙해요."

"정말 좋은 친구로구나. 오늘도 좀 기다려주면 고맙겠다."

PERU

"그런데 걘 게임하느라 한 시간씩 먹는 거예요."

렌조가 안 해도 좋을 말을 덧붙였다. 로알드가 역력히 한심하다는 표정을 짓더니 다시 원위치에서 대화가 반복되었다. 렌조의 얼굴이 급격히 어두워졌다. 이젠 내가 체할 것 같다.

"아이들 문제는 온 가족이 함께 노력해 풀어나가야 해요. 어른들이 대화로 좋은 해결책을 찾고 본을 보이면 아이들은 대체로 따라서 좋아져요."

"맞아요. 렌조 엄마 잘못이 커요. 어른이 되어 가지고 좋지 않은 본을 보이니……."

이런. 나는 입을 다물기로 했다. 그의 아내는 페루인인데 반해, 그는 페루에서 태어났으나 미국에서 자랐다고 했다. 북미와 남미 간의 격차에서 벌어지는 갈등은 국가의 영역뿐 아니라 개인 사이에도 존재하는 것이다.

착한 렌조는 중빈이 다 먹도록 차분히 기다려주었다. 다음 날 아침 로알드의 차로 바예스타스 섬에 함께 가기로 약속하고서, 우리는 로알드가 소개해준 깨끗한 숙소에 들었다. 헤어지자마자 중빈이 침울하게 말했다.

"좀 안 좋아 보이더라. 렌조네 엄마 아빠."

"모든 부부가 다 힘든 시기를 거쳐. 너도 엄마 아빠 봐서 알잖아."

"특히 렌조 아빠가 힘들어 보였어."

아이가 잠시 입을 다물었다가 이었다.

"하지만 우리가 그 엄마를 먼저 만났다면 다르게 생각했을 거야. 엄마 아빠 싸울 때도 엄마 얘기를 들으면 아빠가 잘못한 것 같거든. 그래서 아빠한테 가면 아빠 얘기도 이해가 돼. 양쪽 얘기를 다 듣기 전엔 판단하기 힘든 것 같아."

흠, 우리가 어린 널 붙잡고 억울함을 호소했단 말이지. 어른스럽게 대화를 마무리할 차례였다.

"무엇보다 렌조가 걱정되서 그럴 거야. 사랑하는 마음이 있으니 시간이 흐르면 잘 해결되겠지."

이른 아침, 약속 장소인 피스코의 재래시장으로 갔다. 생동감이 넘치는 매력적인 곳이었다. 홈메이드 초콜릿과 캐러멜이 가득 쌓여 있는가 하면, 양 머리가 뚝 잘린 채 대롱대롱 매달려 있기도 했다. 닭을 손질하는 근처에는 개들이 차렷 자세로 앉아 고도의 집중력으로 닭 머리가 던져질 때만을 기다렸다. 시장의 안쪽은, 역시나, '세비체'를 파는 식당들이 즐비했다. 세비체는 지역과 빈부를 막론하고 페루인들에게 가장 사랑받는 대표 음식이다. 새우, 오징어, 흰 살 생선 등 익히지 않은 해산물을 레몬이나 라임즙에 절인 뒤 잘게 썬 양파와 고추, 소금을 넣고 버무려 만든다. 옥수수나 고구마 등을 고명처럼 얹어 내기도 하는데, 새콤하고 매콤해서 한국인들 입맛에도 잘 맞는다. 리마의 세비체가 일식집 가격이라면, 이곳은 분식집 가격이로구나.

번잡한 시장 입구에서 로알드와 렌조를 만났다.

"갑자기 한 시에 미팅이 잡혔어요. 오늘은 렌조에게 바예스타스 섬을 구경시켜줄 수 없겠어요."

로알드가 말했다. 나는 아줌마다운 오지랖으로 어차피 가는 길이니, 그가 일을 보는 동안 렌조를 데리고 가줄 수 있다고 했다. 그는 아직 낯선 내게 아들을 맡길 수 없는 듯했다. 렌조는 어제처럼 눈을 내리깔고 아무 말도 하지 않았다. 약속이 지켜지지 않는 것에 익숙한 체념의 얼굴이었다. 로알드는 우리를 바닷가까지 데려다주고 그냥 돌아오겠다면서 그동안 렌조는 드라이브를 즐기면 될 거라고 했다.

'로알드, 당신 부부는 별거 중이고 렌조는 이곳에 처음 온 거라면서요. 렌조에겐 아빠가 필요해요. 까짓 미팅을 미뤄요. 아이와 온전히 하루를 보내세요.'

오지랖이 또 발동했으나, 다행인지 불행인지 소리가 되어 나오진 않았다.

2007년 페루 중부 해안지대에 진도 8.0의 대지진이 있었다. 피스코는 그 가운데 가장 피해가 큰 지역이었다. 무려 519명이 사망하고 85퍼센트의 집들이 파괴되었다. 로알드의 차가 피스코를 빠져나가는 동안, 곳곳에 주저앉은 집과 파손된 도로가 눈에 띄었다. 뭐든 빨리 복구해내는 한국인 기준으로 보면 '3년이나 지났는데, 아직도 이 정도인가?' 한숨을 쉴 수도 있는 풍경이었지만, 페루의 정치적, 행정적 역량을 고려해보면 당연한 진행이었다. 페루에서는 집 한 채를 짓는 데에만 200여 단계의 절차를 밟는다고 한다. 절차가 길어질수록 절차를 건너뛰게 해주는 뇌물이 횡행하는 것은 기정사실. 그래서 대다수의 서민들은 무허가로 집을 짓는다.

2007년 재해 당시 긴급복구 상황에서도 지방부처와 중앙부처는 힘겨루기를 하며 잔해에 파묻힌 사람들이 죽어가도록 시간을 끌었다. 그럼에도, 지금 '복구에 앞장서겠다'는 문구를 앞세운 선거 포스터들이 무너진 벽면마다 붙어 있다. 정치라면 한국에서도 신물 나는 장면을 누구이 목격해왔지만, 남미에서 치러지는 왕중왕전에 한국이 낄 자리는 없어 보인다.

"저쪽엔 6성호텔이 들어설 거예요."

로알드가 손가락으로 멋진 전망을 지닌 바닷가를 가리켰다. 바닷가에 가까워질수록 재난으로부터 회복되고 있는 증거들이 뚜렷해졌다. 거대한 기중기와 포클레인들이 대단위 콘도를 건설하고 있었다. 사막이 해안을 따라 펼쳐지면서, 황금빛 모래와 짙푸른 태평양이 멋진 대비를 이뤘다.

식당들이 즐비한 바닷가에 이르러 로알드가 차를 세웠다. 바닷바람이 힘차게 불고 하얀 보트들이 뒤뚱거렸다. 나들이 나온 가족들이 많았다. 평화로운 풍경이었다. 식당 여인들이 상냥한 목소리로 "아미고친구, 세비체~!" 하며 지나가는 사람들을 호객하다가, 이내 성난 목소리로 "파브리지오!!!" 하며 말 안 듣는 어린 아들을 부르곤 했다. 모래사장 쪽에서는 2인조 청년밴드가 기타와 팬파이프를 연주하며 안데스 음악을 선사했다. 발치에는 엉성하게 제작된 청년들의 음반이 진열되어 있었다. 대형식당에선 직업적인 밴드가 전통복장을 빼입은 채 마이크와 스피커를 대동해 쩌렁쩌렁 연주했다. 추위를 모르는 젊은 백인 여성 둘이 모래사장에서 비키니 차림으로 뛰어다녔다.

우리가 도착한 지 얼마 되지 않아 비에스타스 섬으로 가는 보트가 출발할 시간이 되었다. 중빈과 나는 로알드 부자와 이별의 인사를 나눴다. 그리고 선착장 쪽으로 이동했다. 멀찍이서 바라보니, 렌조는 조금 기분이 좋아진 것 같았다. 아빠가 사진을 찍도록 이런저런 포즈를 취해주었다. 그러나 평화도 잠시. 로알드가 비키니 차림의 백인 여성들 앞쪽에 렌조를 세웠다. 여성들과 렌조는 좀 떨어져 있었으나, 렌조는 눈치가 빠른 아이였다. 자신을 이용해 비키니를 사진에 담으려는 아빠의 의도를 알아채고 그곳에서 벗어났다. 나는 로알드가 자신의 음흉한 의도를 곧 포기할 거라 생각했다. 그런데, 이해할 수 없는 일이 벌어졌다. 로알드가 억지로 렌조를 잡아당겨 줄곧 그곳에 세우려 했던 것이다. 렌조가 입을 앙 다문 채 소리 없이 저항했다. 덩치 큰 아이의 힘은 만만치 않았다. 평화로운 바닷가에서 줄다리기도 아니고 씨름도 아닌, 부자간의 흉한 소동이 연출되었다. 사람들이 시선이 그들에게 고정되었다. 그럼에도 로알드는 비키니를 포기하지 않았다. 어쩌면 뜻대로 되지 않는 아들을 포기하지 않았던 것인지도 모른다. 혹은 뜻대로 풀리지 않는 자신의 삶을.

그의 차에서 나눈 대화가 떠올랐다.

"로알드, 부부란 모든 관계의 최고봉이 아닐까 싶을 만큼 좋을 때가 있는가 하면, 이렇게 무의미한 시간들을 견딜 필요가 있을까 싶을 만큼 힘든 때가 있는 것 같아요. 하지만 죽을 것 같이 힘든 문제도 결국 조금씩 좋아지더라고요. 온 마음을 다해 바닥까지 직면하면 말이에요."

로알드가 넌덜머리를 내며 고개를 흔들었다.

"우린 몇 년 전에 이미 바닥을 쳤어요. 그런데도……."

그는 이후에 벌어진 여러 일들을 열거하며 부정적으로 고개를 흔들었다. 하지만 나는 그가 자꾸 결혼생활의 어려움을 토로하는 것 자체가 그들 관계의 희망이라는 것을 알고 있다. 사람들은 이미 포기한 것에 대해 더 이상 말하지 않는다.

마침내 렌조가 씩씩거리며 아빠를 뿌리쳤다. 딱한 장면이었다. 풍랑의 한가운데 있는 어른들의 아이는 무방비 상태로 함께 휩쓸릴 수밖에 없다. 우리 부부가 힘들었을 때도, 중빈은 어떤 형태로든 상처를 입었을 것이다. 나의 부모님이 힘들었을 때 내가 상처를 입었던 것처럼. 그러나 부모님이 힘든 과정을 견뎌내는 걸 보는 와중에 내게는 '포기하지 않는 힘'이 생겼다. 그 힘은 내 결혼생활에서도 요긴하게 소용되었을 것이다.

모든 관계의 성숙은 고통이라는 마디를 담보로 한다. 아픔 없이 크는 나무가 어디에 있겠니. 세상의 작은 나무들아, 미안하지만 조금 기다려주렴. 철이 덜 든 어른들이 철들 때까지.

페루에서
당신이 꼭 알아야 할
한마디

Isla Ballestas

　보트가 바예스타스에 가까워지는 것은 코가 먼저 알아챘다. 새들의 엄청난 분비물 냄새가 그 일대에 두툼한 막처럼 드리워져 있었기 때문이다. 한두 마리 머리 위를 날던 새들이 금세 수백 마리가 되더니 수천 마리가 되었다. 점점 가까워지는 섬으로 시선을 옮기자, 세상에! 거기 셀 수도 없을 만큼 많은 새들이 섬 전체를 허옇게 뒤덮고 있었다. 하늘을 나는 수천 마리의 새들은 마치 앉을 자리를 찾지 못해 맴도는 '나머지' 새들로 보일 정도다. 사람들이 모두 망원경과 카메라를 들고 일어섰다. 중빈이 경악했다.
　"지금까지 본 새를 다 합쳐도 이보다 적을 거야!"
　나도 경악했다.

PERU

"앞으로 볼 새를 다 합쳐도 이보다 적을 거야!"

그러곤 아무도 더 말하지 않았다. 우리는 그저 엄청난 숫자에 압도되었다. 주변 섬에는 귀여운 얼굴의 바다사자가 게으르게 뒹굴었다.

"중빈, 저 새들의 똥 때문에 사람들이 전쟁을 했다는 거 아니?"

아이 눈이 휘둥그레진다.

"똥, 때, 문, 에? 에이, 설마……."

그래, 설마라고 생각할 만하다. 그런데 인간은 그런 존재란다. 다이아몬드 때문에도 싸우고 똥 때문에도 싸우는. 이름 하여 '구아노_{똥이란 뜻의 후아노에서 비롯됨} 전쟁'의 개요는 다음과 같다.

페루 남부 해안지대인 이 일대는 사막기후이다. 비가 거의 내리지 않아서 섬에 사람이 살지 않는다. 오랜 세월, 이 섬들의 주인은 새들이었다. 가마우지와 뱁새 등 수천만 마리 새들이 일대에서 자신들만의 영토를 구축했다. 해산물 또한 풍부해서, 이들은 한마디로 천혜의 환경에서 잘 먹고 잘 살았다. 섬에는 새똥이 쌓이기 시작했다. 태곳적 새똥부터 오늘 새로 배설한 새똥까지, 비가 오지 않으니 수백 미터 높이로 쌓이고 또 쌓였다.

스페인이 페루를 정복한 지 3세기가 지날 무렵, 유럽은 산업혁명의 여파로 인구가 증가하게 되었다. 늘어난 입을 채우기 위해, 유럽의 토양은 과도하게 고갈되어 갔다. 믿기 어렵겠지만, 그때까지 유럽인들에게는 비료의 개념이 없었다고 한다. 우리가 이미 조선 초기에 인분과 우마분, 두엄, 잠사누에 똥, 녹비풀 등을 완전히 썩히지 않은 풋거름 등 다양한 비료를 만들어 각기 다른 작물에 적용해 사용하고, 시기에 따라 밑거름_{파종이나 모종 전 주는 거름}과 웃거름_{파종이나 모종 직후 주는 거름}, 뒷거름_{추가적으로 주는 거름} 등을 구분해 사용했던 것을 생각하면 놀랄 만큼 미개한 일이다. 유럽인들은 기초과학이 발달한 후에야 비료에 필요한 성분을 밝혀냈고, 그 성분을 풍부하게 갖춘 페루의 새똥에 눈독을 들이게 된다. 때마침 기차와 증기선이 발달해 새똥을 실어 나르는 것도 용이해졌다.

페루는 벼락부자가 되었다. 바예스타스 섬과 멀지 않은 친차 섬 일대에서 구아노를 퍼 나르기 시작했다. 삽으로 흙을 퍼내듯, 수십 개의 섬에 두툼하게 깔려 있는 새똥을 퍼내기만 하면 되었다. 페루는 단숨에 정복자 스페인이 과도하게 부과했던 세금과 채무를 갚아버렸다. 유럽의 토양은 구아노의 효과를 톡톡히 보았다. 이제 구아노는 유럽 농업 활동에 매우 중요한 위치를 차지하게 되었다. 그런데 페루가 구아노를 국유화해버렸다. 스페인은 더 싼 가격에 구아노를 얻고 싶었고, 이미 독립한 식민지들을 다시 어떻게 해볼까 하는 심산도 없지 않아서, 은근슬쩍 페루에 스페인 함대를 들여보냈다. 왜 그랬을까? 페루인들은 이들을 극진히 환대한다. 스페인 해군은 기회를 놓치지 않았고, 스페인인과 현지 페루인 사이의 작은 사건을 빌미 삼아 친차 섬을 차지해버렸다. 이러한 무법자 행동은 이제 막 독립을 일궈낸 주변국들을 자극하여 결국 '구아노 전쟁(1864~1866)'이 일어난다. 칠레와 에콰도르가 페루를 지원했고, 삼국은 보기 좋게 스페인을 몰아냈다.

남미의 신생독립국들이 힘을 합쳐 스페인을 몰아냈으니, 여기까지는 바람직한 결말이 난 것처럼 보인다. 그러나 불과 십여 년 뒤 상황이 뒤바뀐다. 신생독립국들 사이에 전쟁이 생긴 것이다. 이번에는 똥 때문이 아니라, 광물 때문이었다. 태평양 연안의 이 건조한 지대는 아타카마 사막의 북서부로서 광물 매장량이 풍부하다. 당시 이곳 영토는 페루와 볼리비아 것이었던 반면, 광물을 실질적으로 개발했던 건 칠레 기업들이었다. 페루가 광물을 국유화하고, 볼리비아가 광물 운송권에 대한 영향력을 확장하려들자, 칠레는 아예 전쟁을 일으켜 이 지역을 자신의 영토로 만들어버렸다. 이것이 '남미 태평양 전쟁(1879~1883)'이다. 당시 삼국은 신생독립국들로서 자력으로 전쟁을 치를 수 없었다. 결국 페루와 볼리비아가 동맹을 맺었고, 미국이 이들에게 신나게 무기를 팔며 본격적인 무기판매상의 커리어를 시작했다. 칠레는 유럽이 밀었다. 승자는 칠레였다. 칠레는 페루와 볼리비아의 영토를 한입씩 빼앗아 길쭉한 지도의 북쪽을 더 길쭉하게 올리면서 아타카마 사막 연안을 차지했다. 이 전쟁 이후 페루에서는 "칠레 사람 같으니라구!" 하는 것이 하나의 경멸적인 표현으로 쓰이게 되었고, 볼리비아는 바다와 연결된 유일한 통로를 잃고 내륙국이 되면서 남미의 최빈국으로 살아가게 되었다. 물론 이 전쟁에서 피해를 입은 것이 페루와 볼리비아만은 아니다. 세 신생독립국 모두 막대한 외채를 짊어지게 된 것이다.

20세기 초 화학비료가 등장하면서, 구아노의 수요는 급락한다. 한때 전쟁까지 야기했던 똥은 다시 그저 똥이 되어 버림받은 것이다. 그러나 20세기 후반, 인간은 화학비료가 토양을 병들게 한다는 것을 자각하고 유기농법을 시작했다. 오늘날 구아노는 천연비료로서 재차 각광 받는 자원이 되었다. 과학은 언제나 자연의 발치 아래서 감히 그 신발을 얻어 신었다가 도로 벗어놓곤 한다.

투어는 두 시간 정도 걸렸다. 우리는 해변에서 동네 사내아이들과 축구를 하다가, 해질녘 피스코 시내로 돌아오는 콜렉티보를 탔다. 매우 인자한 인상의 차장 할아버지가 우리를 맞아주었다. 차는 바다를 끼고 달렸다. 창밖으로 저무는 해가 수면 가득 금빛 가루를 쟁여놓으면 파도가 부지런히 달려와 흩어놓았다. 사막의 모래언덕들은 약간 노곤해진 빛을 반사시켰다. 차장 할아버지는 시종일관 여유롭게 친구와 얘기를 나누고 있었다. 친구는 이야기에 집중하며 코를 팠다. 그리고 내 자리에서도 보일 만큼 큰 코딱지를 매우 자연스런 동작으로 퉁겨냈다.

차가 갑자기 역주행했다. 미처 잡지 못한 승객을 위해서였다. 페루식 친절이라고나 할까. 새로 탄 승객이 차장과 반갑게 포옹하더니 대화는 물 흐르듯 삼자구도가 되었다. 페루 어딜 가나 울려 퍼지는 라틴 음악이 그 순간에도 있었다. 내가 차장 할아버지에게 음악에 대해 물었다.

"삼바?"

그가 눈을 감고 고개를 저었다. 어마어마하게 다른 두 라틴 음악의 차이를 구분 못하다니 참으로 애석하다는 듯. 그리고 낮은 음역대의 멋진 음성으로 답했다.

"살사."

기분 좋은 바람이 불었다. 모든 것이 조화로움의 한가운데 있었다. 사람, 음악, 바다, 심지어 코딱지까지. 뒷좌석에서 누군가 톡톡 나를 노크했다. 세 명의 어여쁜 여고생들이었다. 그중 하나가 물었다.

"당신은 내셔널 지오그래픽에서 일하나요?"

순진하게도 내가 멘 가방 브랜드를 보고 하는 질문이었다. 조금 큰 검은 카메라도 오해를 샀을 것이다. 다 같이 제대로 자기소개를 했다. 세 소녀 중 한 소녀는 리마에서 놀러왔고, 두 명은 피스코에 살았다. 다 같이 바닷가에서 놀다가 돌아가는 길이라고 했다. 콜렉티보가 달리는 동안, 소녀들의 긴 검은 머리카락이 휠휠 하늘을 날았다. 머리카락 사이로 눈부시게 바다가 빛났다. 내 등을 두드렸던 소녀가 조그만 바다사자 인형을 건넸다. 중빈이 수줍게 웃으며 받았다. 차장 할아버지가 우리가 내릴 곳에 다 왔다고 알려주었다. 우리가 내리자 세 소녀들이 내내 손을 흔들었다. 중빈이 흡족한 얼굴로 말했다.

"엄마 좋겠네. 아까 바예스타스 섬에서 바다사자 만져보고 싶다 했잖아. 이제 실컷 만져 볼 수 있게 됐네. 자!"

나는 바다사자 인형을 손에 쥐었다. 소중한 첫 번째 선물이었다. 의외로 세상에는 베풀고자 하는 이들이 많아서, 우리는 여행할 때마다 가져온 것보다 더 많은 것들로 가방을 채워 돌아가곤 한다. 남미에서도 아마 그럴 것이다.

주변을 둘러보았다. 역시나, 모르는 곳이다. 앞으로 또 얼마나 이렇게 길을 잃을까. 걱정할 것도 싫을 것도 없었다. 내가 멍청한 표정으로 서 있자, 마치 미리 짠 각본처럼 두 소년이 나타나 길을 안내해주기 시작했던 것이다. 그러므로 당신이 페루에 올 때 반드시 알아야 할 한 단어는 바로 이것.

"그라시아스." (감사합니다.)

간절함은
여행자의 도덕

Huacachina

피스코에서 버스로 한 시간 남짓 거리에 있는 사막마을로 향했다. '와카치나'. 아담한 오아시스와 야자수가 있고, 이를 봉긋봉긋한 사구들이 둘러싸고 있는 모습이 동화책 속에 등장하는 사막마을과 똑같은 곳이다.

나는 중빈에게 와카치나의 전설을 들려주었다.

"와카치나는 '우는 여자'란 뜻이야. 예전에 이곳은 숲이었는데 이 숲을 돌보는 여신이 있었어. 어느 날 여신은 숲을 거닐다가 멋진 남자를 만나 사랑에 빠졌어. 여신은 그때부터 남자와 행복한 시간을 보내는 데에만 골몰했지. 매일 거울을 들여다보고 자신을 예쁘게 치장하면서. 숲은 돌봄을 받지 못해서 점차 황폐해졌어. 어느 날 숲이 성을 내며 '자연의 복수'를 시작했지.

여신이 입고 있던 옷을 모래로 만들어버리고 들여다보던 거울은 오아시스로 만들어버렸어. 벌거벗겨진 여신은 수치심을 느꼈어. 그래서 오아시스로 뛰어들고 말았지. 순간, 숲은 여신마저 인어로 만들어버렸어. 남자는 여신이 그리운 달밤마다 오아시스로 와서 노래를 불렀어. 늙어 죽을 때까지 말이야. 여신은 남자가 그리울 때마다 눈물을 흘렸고, 오늘날까지도 그러고 있대. 덕분에 이 오아시스가 결코 마르지 않는 거라고 해."

중빈의 손을 한 번 당겼다.

"어때, 아름다운 이야기 아니니? 네 여행일기에 적어두면 어떨까?"

중빈의 담임 선생님께서는 이번 여행 동안 아이에게 다른 방학숙제를 면해주시는 대신 여행일기를 써오라고 하셨다. 돌아온 뒤 친구들과 나눠 읽을 수 있도록.

한창 남자편과 여자편을 갈라놓는 데 주력하는 열 살 사내아이는 펄쩍 뛰었다.

"엄마! 질질 짜는 여자 얘기 적으면 남자애들이 놀려!"

동화 같은 모습에 동화 같은 전설을 지닌 사막 와카치나는, 현대식 쇼핑몰이 있는 도시 '이카'에서 불과 15분 만에 짠! 하고 모습을 드러낸다. 그래서 더 인공적으로 느껴진다. 대형 영화사에서 촬영을 위해 제작한 세트는 아닐까, 의심하면서 마을에 들어서게 되는 것이다.

세트장을 닮은 사막에서는 자연의 웅대함을 칭송하며 걷는 것이 어울리지 않는다. 전통적인 사막의 삶을 체험하는 것도 어울리지 않는다. 이를 잘 알고 있다는 듯, 와카치나에는 이미 각종 사막 레저 활동들이 유행하고 있었다. 샌드보딩이나 버기카 buggy car 타기가 그중 하나다.

오후 세 시, 우리와 함께 버기카에 올라탄 이들은 알래스카에서 온 쌍둥이 형제, 이안과 게일이었다. 그리고 프랑켄슈타인을 닮은 운전사였다. 운전사는 적선하듯 한마디 '툭' 던졌다.

"벨트 매쇼."

오, 그 '툭'은 안전수칙으로서 얼마나 터무니없이 부족했는지. 프랑켄슈타인은 급발진하듯 차를 출발시키자마자 사구에 다짜고짜 들이박았다. 미처 비명을 지를 사이도 없이 모두 모래인간이 되었다. 프랑켄슈타인은 이어 미친개처럼 제자리를 돌고 또 돌았다. '원심력이란 이런 것이다'를 증명이라도 하듯, 모래인간들을 덮었던 모래가 날아가 우리는 원래 인간들로 돌아왔다. 하지만 날아간 것은 모래만이 아니었다. 이안의 안경이 날아갔다. 게일의 시계가 날아갔다. 나는 초인적인 힘으로 카메라를 붙들어 죽을 둥 살 둥 가방 안에 쑤셔 넣었다. 너는 날아갈 것이 없자, 차가 사구의 급경사를 빛의 속도로 올라갔다. 빛의 속도로 내려갔다. 롤러코스터가 따로 없었다. 아니, 그보다 훨씬 끔찍했다. 레일과 시간이 제한된 롤러코스터와 달리 사막의 사구는 끝이 없었으니까. '이걸 왜 탔을까?' 나는 스스로를 저주했다. 차가 잠시 완만한 사구를 달릴 때는 격렬히 갈등했다. '내린다고 할까? 집에 간다고 해? 지금?'

나는 중빈을 바라보았다. 녀석은 시종일관 "끼야!" 광란의 함성을 내지르며 좋아하고 있었다. 저 환희의 입속으로 사막 모래가 한 사발은 들어갔으리. 나는 "당장 멈춰요!" 외치고 싶은 것을 참느라 혀를 깨물어야 했다. 손잡이를 어찌나 꽉 움켜잡았는지, 손톱으로 손가락에 피를 내는 것도 알아채지 못하면서.

차가 높은 사구 꼭대기에 이르러 멈췄다. 샌드보딩 시간이었다.

"내가 **제일 먼저** 차에서 내렸어! 헤헤."

중빈이 뛰어내리자마자 약 올리듯 차 안의 승객들을 쳐다보았다. 보드가 잘 미끄러지도록 프랑켄슈타인이 보드 바닥에 왁스칠을 했다. 중빈이 첫 번째 보드를 집어 들고 외쳤다.

"내가 **제일 먼저** 왁스칠을 했어!"

이안과 게일이 보드를 들고 경사면에 서자, 득달같이 그들 앞에 서며 외쳤다.

"내가 **제일 먼저** 내려갈 거야!"

그러나 높이 200미터는 족히 될 경사 아래쪽을 내려다본 뒤 중빈은 주춤했다. 프랑켄슈타인이 보드 위에 엎드려 머리부터 내려가는 거라고 일러주자, 중빈은 더욱 주춤했다. 롤러코스터조차 손가락에 피를 내며 간신히 버텼던 나는, 물론 내려갈 엄두도 내지 못했다. 머쓱해져서, 형제들에게 물었다.

"너희들은 알래스카에서 왔으니, 스노보딩을 많이 했겠네?"

"스노보딩은 너무 지천이어서 오히려 자주 하지 않아."

그러곤 비명은커녕 작은 신음소리도 내지 않고 순식간에 내려가버렸다. 저 아래 까마득한 점이 될 때까지. 중빈이 스르르 꼬리를 내렸다. 그리고 옆의 5미터짜리 꼬마 경사로 보드를 끌고 갔다.

"이쪽에선 내가 **제일 먼저** 내려갈 거야!"

경쟁자가 전무한 그쪽에서 중빈은 구르고 오르고 다시 구르고 오르며 선언했다.

"내가 **최고의** 샌드보더야!"

알래스카 형제들은 스케일 큰 세 개의 사구를 보딩한 뒤, 이만하면 됐다는 듯 우아하게 손을 털고 보드를 차에 실었다. 옆쪽 사구에 백인 여성들이 도착했다. 그들은 약간 주저하더니 차례대로 보드에 엎드렸다. 용감한 비명과 함께 쏜살같이 사구를 미끄러져 내려갔다. 중빈과 나만 한국인 버전으로 보드에 엉덩이를 올렸다. 5미터밖에 안 되는 사구를, 그나마 보드가 멈출 때마다 엉덩이와 허리를 비틀며 내려오는 건 확실히 볼썽사나웠다. 하지만 뭐, 각자 취향과 능력대로 노는 거니까. 정말 부드러운 모래였다. 눈밭을 뒹구는 아이들처럼 우리는 미끄러지고 넘어지며 깔깔거렸다.

숙소에 도착해 버기카에서 내릴 때가 되어서야 중빈이 소리쳤다.

"앗, 신발 한 짝이 없어졌어!"

운전사는 과연 프랑켄슈타인답게 비웃음으로 응수했다.

"흥, 그럼 나에게 남은 한 짝을 줘. 기념으로 차에 매달아놓게."

프랑켄슈타인과 헤어지고 나서, 오아시스 주변을 둥글게 걸었다. 중빈은 양말 바람으로 걸었다. 식당들이 많았는데, 날씨가 좋아 저녁을 먹는 손님들이 테라스에 나와 앉았다. 오아시스 안에서는 보트를 타고 노를 젓는 페루 관광객들이 여럿 있었다. 나른하고 아름다웠다. 우리는 계속 걸었다. 점차 인적이 드물어졌다. 사람들의 소리가 작아지면서 어디를 둘러보나 모래뿐이었다.

아이가 갑자기 사구를 기어오르기 시작했다. 재미삼아 나도 함께 올랐다. 발이 푹푹 빠졌다. 흥미로웠다. 거대한 모래 더미를 오르는 개미가 되는 것이. 얼마쯤 올라갔을까? 처음으로 뒤돌아보았다. 그리고는, 어머나, 나는 예상치 못한 공포에 사로잡혔다. 90도 경사에서 인간이 가장 공포를 느끼는 높이는 10~11미터라고 한다. 그렇다면 45도의 경사에서 가장 공포를 느끼는 높이는 얼마일까? 나는 산도 잘 타는 편이며 고소공포증도 없다. 모래에서 굴러봤자 다치지 않는다는 것쯤 잘 알고 있다. 그럼에도 그 순간, 수십 미터 아래를 내려다보며 손발이 얼어붙은 듯 옴짝달싹할 수가 없었다. 위로는 아직도 200미터 가까이 올라야 할 사구가 남아 있었다.

"중빈아, 엄마는…… 엄마는…… 더 못 가겠어."

"왜?"

"무서워."

아이가 턱을 뚝 떨어뜨렸다.

"이게 뭐가 무섭다는 거야? 재미있게 시작해놓고는…… 어른들은 늘 그런 식이야. 자, 빨리 와. 같이 가자."

내가 정말로 못 가겠다고 하자, 아이는 어쩔 수 없다는 듯 혼자 오르기 시작했다. 걷다가 기다가 하면서 조금씩 조금씩 멀어졌다. 느리게 느리게 작아졌다.

"이제 그만 돌아와!!!"

"끝까지 갈 거야!!!"

아이는 뒤조차 돌아보지 않았다. 모래뿐이었다. 정확하게는 높다란 사구와 사구가 끝없이 이어진 능선뿐이었다. 적막하고 광활한 공간. 사람도 눈에 띄지 않았다. 나는 아래에서 긴장한 채 침만 꼴딱꼴딱 삼켰다. 이미 아이는 소리가 닿지 않는 곳까지 멀어졌다. 해는 뉘엇뉘엇 지고 있었다. 초조해졌다. 이제 아이는 마침표처럼 작았다. 태양이 능선 너머로 사라졌다. 마침내 아이가, 아니, 아이일 거라 추측되는 점 하나가 사구의 정상에 닿았다. 그리고 곧바로 시야에서 소실되었다.

그곳이 사막이었기 때문일 것이다. 거대한 야생의 공간에 홀로 남겨지면, 문명세계에서 온 인간은 허약해진다. 나는 과장된 상실감에 사로잡혔다. 어디 간 걸까? 저 너머엔 무엇이 있는 걸까? 설마 저 뒤에 있는 사구를 향해 계속해서 전진하는 건 아니겠지? 불러도 들리지 않는다. 가서 데려올 수도 없다. 아이 혼자 내려올 수 있을까? 아이들은 앞만 본다. 뒤를 보지 않는다. 뒤를 본다면, 그제야 알게 될 것이다. 이 사구가 아까 겁에 질려 보드로 내려오지 못했던 바로 그 사구와 똑같다는 걸. 혼자서 내려오지 못하는 걸 깨닫게 되면…… 그땐 어쩌지? 조금씩 빛이 사위어가고 있었다. 능선 너머로 사라진 점은 다시 모습을 드러내지 않았다.

얼마나 애태우고 있었을까? 점 하나가 능선에 등장했다. 그 점은 한 자리에 선 채 꼼짝도 하지 않았다. 무서워 내려오지 못하는 점. 아이 같았다. 잠시 후, 그 점이 다른 두 점을 데리고 나타났다. 아, 저 위에 사람이 있구나. 그 점은 다른 한 점과 나린히 내려오기 시작했다. 함께 내려오던 점은 곧 되돌아가고, 이제 애초의 그 점만 내려오고 있었다.

뱃속에서 올챙이 같은 태아가 조금씩 사람의 형체를 만들어가듯, 작은 점에 희미한 팔다리 실루엣이 생기기 시작했다. 이어 희미한 어린아이의 실루엣으로 바뀌었다. 자세히 보니, 아이는 무서워서 일어나지 못한 채 예의 한국인 버전으로 엉덩이를 밀며 내려오고 있었다. 느리지만 성실하게 밀며 내려오고 밀며 내려오기를 반복했다. 일 초가 일 분처럼 길게 느껴졌다. 혹시라도 중간에 나처럼 두려워져서 포기할까봐, 나는 소리가 나오려는 입을 두 손으로 덮은 채 초조하게 기다렸다.

어느 순간 아이가 엉덩이를 털고 벌떡 일어나 걷기 시작했다. 서너 걸음 걷더니, 까짓 무섭지 않다는 듯 뛰기 시작했다. 힘찬 뜀박질이었다. 아이가 튕기는 모래가 보이기 시작했다. 바람에 날리는 머리카락도 보이기 시작했다. 이목구비가 선명해지기 시작했다. 힘찬 뜀박질은 나를 향하고 있었다. 안도감과 함께 나도 모르게 눈물이 뚝 떨어졌다. 그것은 아이가 첫 걸음마를 했던 순간의 감격과 흡사한 무엇이었다. 혹은 처음으로 유치원 무대에 올라가 노래를 하는 것을 볼 때의 감격과 흡사한 무엇이기도 했다. 엄마들은 참 이상하다. 수목이 때가 되면 싹을 틔우고 꽃을 피우듯 세상의 아이들이 때가 되면 해내는 자연스러운 성장을, 매번 울보가 되어 새삼스러운 감격으로 맞이한다.

그제야 알았다. 내 몸을 빠져나온 저 아이가 어느덧 나보다 큰 사람이 되었구나. 내가 겁에 질려 나아가지 못하는 순간에 성큼 앞으로 나아가는 사람. 내가 오르지 못하는 언덕에 오르는 사람. 나는 이제 저 아이를 함부로 재단하거나 혼낼 수는 없겠구나.

아이가 튼튼한 화살처럼 달려와 내 앞에 섰다.

"엄마, 왜 울어?"

이해할 수 없다는 듯이 엄마를 쳐다보았다.

"울지 마. 그리고 그 가방 줘. 밥 먹으러 가야지."

아이는 내 가방을 짊어지더니 마저 뛰어 내려갔다.

저녁을 먹는 동안 아이가 정상에서 있었던 일을 이야기해주었다. 예상한 대로, 아래를 내려다보았더니 아찔해서 도저히 내려올 엄두가 안 나더란다. 마침 멀지 않은 곳에 남녀 커플이 있어 다가갔단다.

"저기요, 방해해서 죄송한데요. 제가 내려갈 수가 없어서요."

남자가 말했단다.

"오, 노!"

여자가 말했단다.

"예스, 유 캔!"

남자가 중빈에게 용기를 주기 위해 곁에 앉아 조금 내려가주었단다.

"정말 고마운 분들이구나. 그런데…… 중간에 어떻게 벌떡 일어나 뛸 생각을 했어? 무섭지 않았어?"

"엄마 몰랐어? 저쪽에서 나 말고 어떤 이모가 뛰어 내려가고 있었어. 그 이모보다 빨리 내려가려고 뛰었지!"

아, 깬다. 그러니까 네가 '나보다 큰 존재'라는 걸 깨닫고 내가 감동의 눈물을 줄줄 흘렸던 순간에 넌 '저 이모를 이겨야지' 하는 생각으로 뛰었을 뿐이란 말이지. 그래, 아직은 너를 좀 더 재단하거나 혼을 내도 되겠다. 이렇게.

"야, 좀 더 먹어라. 다 큰 형아가 고걸 저녁이라고 먹냐?"

레저가 판을 지는 와카치니는 밤에도 일관된 분위기를 유지했다. 호스텔마다 경쟁적으로 만든 간이 수영장에 술 취한 여행객들이 늦도록 뛰어들었다. 바에서 흘러나오는 음악은 사막의 고요 따위를 원 펀치로 날려버렸다.

늦은 시간이었지만 중빈의 신발을 사러 시내로 나가야했다. 호스텔을 나서는데, 주인이 나를 불렀다.

"나스카에 갈 건가요? 버스를 예약해야 해서요."

나스카는 세계 7대 경이 중 하나이자 남미의 가장 신비로운 유적 중 하나로서 와카치나에서는 버스로 불과 두 시간 반 거리였다. 그런데 어쩐지 나는 망설이고 있었다. 나스카의 그림은 너무 거대해서 비행기로만 조망이 가능한데, 그 경비행기는 고작 30분을 날면서 일인당 100달러 가까이 받아 챙긴다는 것을 알고 있었기 때문이다. 게다가 저공비행 때문에 승객들이 먹은 것을 도로 게워내기 바쁘다는 것도 알고 있었다. 여행이란 '머물며 체험'하는 것이라 생각하는 나로서는 '스치듯 구경'만 하고 끝인 그 방식이 내키지 않았다. 그러나 지구를 반 바퀴 돌아 나스카의 코앞까지 와서 그냥 지나치는 일이 현명한 것인지에 대해서는 확신이 서지 않았다. 나는 조금만 더 생각해 보고 돌아오는 길에 답을 주겠다고 했다.

이카 시내에서 운동화를 사 신고, 중빈은 간신히 맨발의 청춘을 면했다. 다시 사막으로 돌아가기 위해 모터택시뒷좌석을 승객용으로 개조한 오토바이를 타기로 했다. 우리 앞에 한 대가 섰다. 아마도 그 도시에서 가장 낡았지 싶은 모터택시였다. 녹슨 몸체에 덜렁거리는 문짝을 매달고 검은 배기가스를 폭포처럼 뿜어내고 있었다. 모터택시를 기다리던 다른 사람들조차 그것에 눈길도 주지 않았다. 운전사는 그 사실을 잘 아는 것 같았다. 내가 와카치나까지의 요금을 물었을 때 "3솔만 달라"고 했으니까. 적당한 요금은 4솔1솔은 약 400원. 페루에서 자진해서 1솔을 양보해주는 운전기사를 만나기란 하늘의 별 따기였다. 그럼에도 그는 가격을 말할 때 자신 없는 사람처럼 눈을 맞추지 못했다. 그의 어깨는 몹시 굽었고 거기엔 말로 표현되지 않는 간절함이 담겨 있었다. 그 때문이었을 것이다. 새로운 모터택시가 속속 도착했지만, 그 낡은 모터택시에 올라탔다.

달리는 동안 차문이 벌러덩 열렸다. 예의 배기가스 폭포가 그리로 인정사정없이 틈입했다. 나는 내내 문을 꼭 붙들고 있어야 했다. 다른 모터택시들이 거북이처럼 굼실거리는 우리를 추월했다. 보름달이 훤한 밤이었다. 와카치나까지의 짧은 거리를, 우리는 오랜 시간에 걸쳐 느리게 느리게 다가가고 있었다. 덕분에 내겐 충분히 생각할 시간이 주어졌다. 간절함을 담아 깎아준 1솔에 대해. 그리고 간절히 원치도 않으면서 쓸까 말까 망설이는 100달러에 대해.

우리는 여행자가 되어 원하는 곳에 도달하기 위해 직장을 그만둘 수 있다. 살던 집을 팔 수도 있다. 여행자의 우선순위는 세상의 가치들과 역행해도 좋다. 세상은 지금 물질로 뭉쳐진 것에 가치를 두고, 여행자는 예나 지금이나 마음을 찾는 데 가치를 두기 때문이다. 그러나 이 모든 역행에는 간절함이 바탕이 되어야 한다. 간절함은 여행자의 도덕. 간절하지 않으면서 탐하는 것은 사치이자 비도덕이다. '마음 여행'은 끝나버리고 '돈 구경'이 시작되는 것이다. 제아무리 가난한 여행자라도, 스스로 엄정하지 않으면 돈 구경만 하고 돌아오는 수가 있다. 아마 우리의 삶도 비슷할 것이다. 우리는 모두 삶의 여행자들이니까.

어느덧 사막이었다. 달은 여전히 밝아서 사구 꼭대기마다 달빛이 금실처럼 내려앉았다. 나스카에 대한 내 마음도 달처럼 명징해졌다. 그래, 그곳엔 가지 않는 게 좋겠다. 모터택시에서 내리며, 운전사에게 4솔을 건넸다. 그가 1솔을 도로 건네기에, 나도 도로 건넸다. 그의 굽은 어깨가 기분 좋게 흔들렸다. 하지만 기쁜 것은 도리어 나였다. 고작 1솔로 100달러어치의 간절함에 대해 배웠으므로.

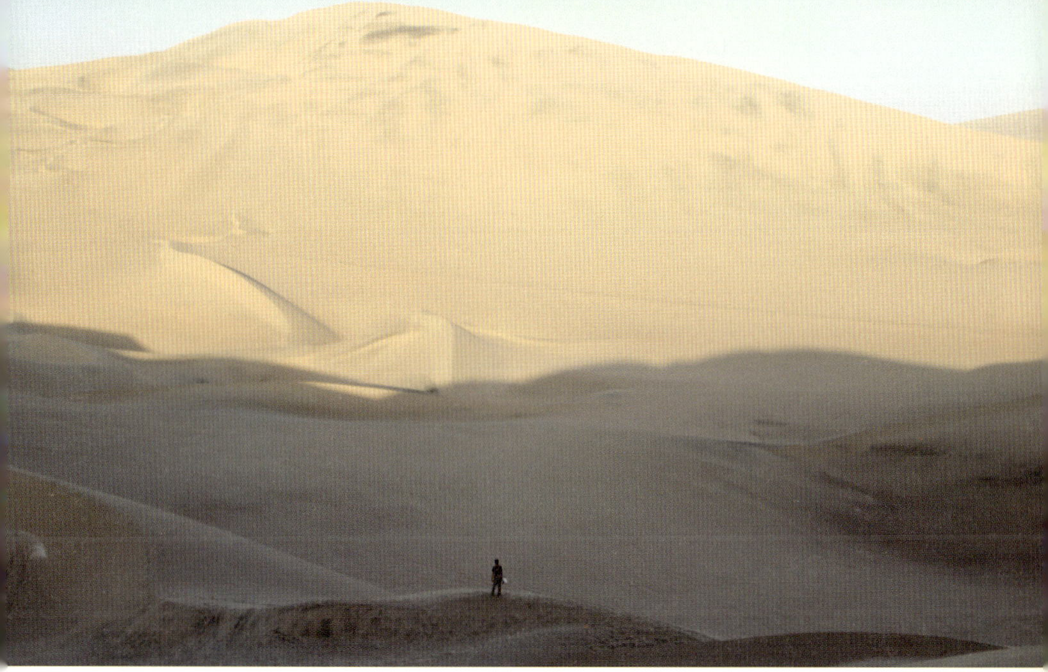

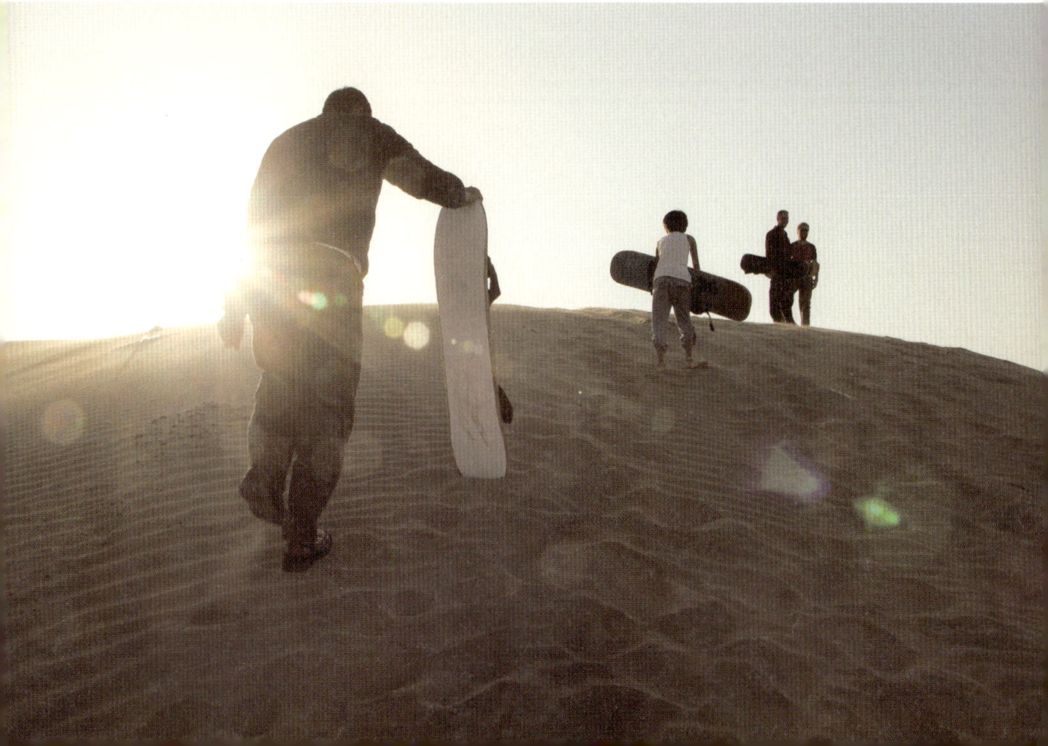

골목들이
심장을 움켜쥐다
Cusco

 장거리 버스 좌석에는 카마와 세미카마 그리고 일반좌석이 있다. 카마란 침대란 뜻으로 좌석이 침대처럼 젖혀져 누울 수 있는 가장 고급 좌석이고, 세미카마는 약간만 젖혀지는 좌석이며, 일반좌석은 고정이다. 연휴 때문에 쿠스코로 가는 버스가 일반좌석밖에 안 남아 있다고 했을 때, 나는 열여덟 시간을 의자에서 옴짝달싹 못하는 것이 어떤 것인지를 예상했어야 했다. 특히 그 버스가 안데스 산맥을 굽이굽이 돌아 해발 3,400미터에 위치한 고산도시를 향해 올라갈 때라면 더더욱.

    억지로 잠을 청하고 시계를 보면 겨우 열 시간이 지났다. 뒤척거리다 다시 시계를 보면 겨우 열한 시간이 지났다. 엊저녁 먹은 것이 번지점프 하듯 수십 번 식도를 타고 오르락내리락했다. 창밖의 안데스 풍경은 점점 장대하고 아름다워졌지만, 새벽 산 공기는 얼어 죽을 것 같이 차가웠고, 고도는 점점 높아져 두통을 유발했다. 승객들은 여기저기서 온갖 방식으로 토를 했다. 우리는 서로를 바라보며 신음했다.

새벽에서 아침으로 넘어갈 무렵, 버스가 멈췄다. 휴식 시간이다! 승객들이 차에서 내려 오그라든 팔다리를 폈다. 버스가 선 곳은 누렇게 메마른 건기의 알티플라노 고원이었다. 페루 남부, 볼리비아, 칠레, 아르헨티나에 이르는 고도 4,000미터 이상의 평평한 안데스 중앙 고원지대를 알티플라노라고 한다. 수백만 년 동안 해저에 있던 퇴적층이 융기하면서 생성된 것이다. 고원을 담벼락처럼 둘러싼 것은 안데스 산맥의 정상들이었는데, 그 아래에 턱받이처럼 걸린 구름들이 이곳이 매우 높은 지대임을 웅변해주고 있었다.

고원 한가운데에 허름한 오두막이 한 채 있었다. 오두막 앞에는 커다란 무쇠솥이 장작불 위에서 허연 국물을 펄펄 끓였다. 넉넉한 덩치의 아주머니가 바쁘게 국물을 퍼 그릇에 담았다. 검은 중절모를 쓰고 페티코트로 부풀린 주름스커트 위에 앞치마를 맨 전통 안데스 여인 차림이었다. 고원의 강한 햇살에 그을린 피부가 검고, 추위에 튼 뺨이 붉었다. 장작불에 끓는 것은 곰국을 연상시키는 내장탕. 감자와 옥수수가 국물에 곁들여졌다. 새벽의 뜨끈한 국물이라. 밤새 부대끼던 속만 아니라면 당장 덤벼들었을 것이다.

오두막 안에는 제법 많은 사람들이 옹기종기 앉아, 김이 모락모락 솟아오르는 접시 위로 고개를 숙였다. 이 작은 오두막 안에 어떻게 저 인원이 다 들어갔을까. 주인아주머니와 마찬가지로 모두 검은 피부에 붉은 뺨이었다. 남자들은 어른 아이 할 것 없이 색실로 뜬 털모자를 썼다. 난방이 변변찮은 곳에서 모자로 체온을 보호하는 일은 필수일 터이다. 오두막에 모여 국물을 삼키는 거친 뺨의 사람들, 오두막 뒤편의 누런 겨울 들판, 들판을 가로지른 거대한 안데스 산맥과 구름, 어쩐지 지친 몸이 위로 받는 듯한 풍경이었다. 나는 몸속 깊숙이 청정한 공기를 들이마셨다.

화장실에 다녀온 아이가 나를 툭 친다.

"엄마, 화장실 저쪽이야. 오줌 마렵다며?"

아이가 가리킨 쪽을 보니 허술한 헛간 같은 것이 있다. 남녀가 함께 긴 줄을 이루고 섰다. 물론 푸세식이리라. 들어갔다 나오면 도로 속이 뒤집힐 것 같았다.

"엄만 참았다 쿠스코에서 갈래."

"엄만 그게 문제야. 어려운 나라만 다니는 사람이."

이 녀석, 가차 없다.

쿠스코는 잉카제국의 가장 중요한 도시였을 뿐 아니라, 오늘날 아메리카에서 고고학적으로 가장 의미 있는 도시이기도 하다. 전설에 의하면, 12세기 첫 잉카인인 태양의 아들 망코 카팍이 아버지 태양신 타이타 인티로부터 '코스코'라 불리는 지구의 배꼽을 찾도록 임무를 부여받았다고 한다. 이 배꼽을 찾는 방법은 한 가지. 황금 막대기를 지구로 던져 사라지는 지점이 바로 지구의 배꼽이었다. 마침내 망코 카팍은 그 지점을 찾아냈다. 그곳에 세워진 도시는 장차 아메리카에서 가장 번성한 제국의 수도, 쿠스코가 되었다.

열여덟 시간 동안 갇혀 있던 버스에서 내리며 우리는 이제 구원받았다고 생각했다. 그러나 몇 걸음 내딛자마자 중빈이 머리가 아프다고 했다. 배도 아프다고 했다. 아이는 방을 잡자마자 드러누웠다. 고산병의 시작이었다. 나도 두통이 있었다. 오후에는 특별한 일정 없이 쉬면서 일단 고도에 적응해보기로 했다.

호스텔에는 언제 어느 때나 코카차를 마실 수 있도록 뜨거운 물과 찻잎이 비치되어 있었다. 코카차는 고산병의 메슥거림이나 두통을 완화시키는 데 효과가 있어 안데스인들은 이를 일상적으로 음용한다. 짐작했겠지만, 코카잎은 저 악명 높은 코카인을 만드는 재료이다. 그러나 코카인은 어마어마하게 많은 코카잎으로 전혀 다른 공정을 거쳐 만들어지는 것이므로 환각 상태 같은 것을 걱정할 필요는 없다. 뜨거운 코카차를 몇 잔 마시는 동안 나는 상태가 호전되었다. 내가 차를 내밀자 중빈은 "웩!" 하곤 도로 드러누워버렸다.

쿠스코의 중심가 아르마스 광장 일대는 눈부시게 아름다웠다. 잉카와 스페인의 합작품이라고나 할까. 잉카시대에 건설된 돌담이 도시의 중심을 구획하고 있는가 하면, 잉카의 주춧돌 위에 천연덕스럽게 스페인풍 건축물이 세워져 있기도 했다. 자갈이 촘촘히 박힌 고풍스러운 골목길은 안데스 전통어인 케추아어를 사용하는 잉카의 후손들과 세계 각국에서 온 관광객들로 북적거렸다. 관광객들은 교회나 스페인 정복자들의 저택을 구경하다가 광장 벤치에 앉아 지친 다리를 쉬었다. 그러면 안데스 특산품인 알파카 스웨터나 모자를 팔려는 인디오 상인들이 그들에게 다가갔다.

페루를 여행하는 사람들에게 쿠스코는 필수 코스가 될 수밖에 없다. 쿠스코 시내도 아름답지만, 외곽 우루밤바 계곡에는 잉카 문명의 자취들이 흩어져 있어 '성스러운 계곡' 투어를 통해 당일치기로 이곳들을 방문할 수가 있다. 게다가 쿠스코는 페루 여행의 하이라이트, 유네스코 세계문화유산이자 세계 7대 경이 중 하나로 꼽히는 잉카의 아이콘 마추픽추로 가는 길목이다. 때문에 아르마스 광장 주변에는 한식, 일식, 중식, 이탈리아식을 총망라하는 식당들로 후미진 골목까지 불빛과 음악이 넘쳐흘렀다. 잉카제국과 스페인 정복자들에 이어, 세계 각지에서 몰려든 관광객들이 이곳에 새로운 색채를 입히고 있는 것이다.

아이는 녹아내리는 치즈처럼 힘을 잃었다. 불과 몇 블록 떨어진 아르마스 광장까지도 택시를 타야 했다. 유감스럽게도, 우리를 힘들게 하는 것은 고산병 하나만이 아니었다. 남미에서 가장 잘 나가는 관광지 중 하나임을 입증하듯 택시 운전자들은 당당하게 리마보다 두 배의 요금을 불렀다. 좀 멍청한 표정을 짓고 있으면 세 배를 불렀다. 거리에서 전통의상을 입은 예쁜 소녀가 배시시 웃길래 셔터를 눌렀더니 보호자가 나타나 오천 원을 요구했다. 호스텔이 출입문은 늘 잠겨 있었다. 잠기 문을 노크하면 주인아주머니가 굳은 얼굴로 나타나 문을 열어주고, 우리가 들어서는 즉시 밖을 좌우로 살핀 뒤 도로 문을 잠갔다. 그런 곳에서 심리적 편안함을 느끼기란 쉽지 않은 일이다.

둘째 날 아침은 볕이 좋았다. 중빈은 느지막이 일어났다.
"좀 어때?"
대답 대신 고개를 젓는다. 중빈은 와카치나를 떠난 뒤 거의 물밖에 먹지 않았다. 야위고 쾡한 것이 너무나 안쓰러웠다.
"안 되겠다. 나가자."
일단 잘 먹고 힘을 차려 고도를 이겨야 했다. 잉카 유적 같은 건 그다음 일이다. 아이 손을 잡고 유서 깊은 돌길을 따라 걸었다. 그때, 아기자기하게 늘어선 스페인풍 가옥들 사이로 난데없이 문이 활짝 열린 곳에서 익숙한 냄새가 뿜어져 나왔다. 김치찌개와 감자탕을 섞은 냄새였다! 냉큼 안을 들여다보니, 페루인이 가득한 식당이다. 검은 머리를 동여맨 아주머니가 펄펄 끓는 붉은 스튜를 국자로 젓고 있다.

"세뇨라부인, 이게 뭔가요?"

"아도보*."

홀린 듯 들어가 앉아, 가장 큰 사이즈를 주문했다. 감자와 돼지갈비가 덩어리째 담겨 나왔다. 내가 먼저 맛을 보았다. 오, 이 맛은, 역시, 감자탕이자 김치찌개! 얼른 중빈에게 밥을 말아주었다. 입에 맞는지 제법 넘기기 시작했다. 휴, 살았다. 이젠 내 차례. 나는 그냥 위장에 들이부었다. 갓 주유한 자동차의 오일 게이지처럼, 컨디션 바늘이 0에서부터 쭉 올라오더니 50을 가리켰다. 한 접시 더 주문했다. 또 들이부었다. 아이가 염려스럽게 나를 바라보았다.

"엄마, 저 거울에 비친 모습 좀 봐. 엄마 안 같아. 괴물 같아."

"그래? 그럼 엄마 보지 말고 어서 먹어."

세 번째도 주문해 들이부었다. 등이 땀으로 푹 젖었다. 컨디션 게이지가 100을 넘어섰다. 주변이 아름다워 보이기 시작했다. 역시 내 마음은 위장에 있어.

"중빈아, 쿠스코는 정말 사랑스러운 곳 아니니?"

---

* 고기를 양념에 재운 요리를 통틀어 일컫는 스페인어. 냉장고가 없던 시절에 고기를 오래 보관하기 위해 생겨난 요리법으로, 당시에는 가장 추운 계절에 도축을 하고 아도보를 이용해 남은 계절 동안 보관했다. 대체로 고기가 들어간 걸쭉한 스튜를 일컫지만, 소스만 살짝 끼얹은 경우에도 아도보라고 한다. 파프리카, 오레가노뿐 아니라, 소금, 식초, 마늘 등이 기본적으로 들어가 우리 입맛에도 잘 맞는데, 스페인의 식민지였던 중남미나 필리핀에서 오늘날 흔히 볼 수 있다.

"어휴, 엄마, 제발 진정 좀 해. 꼭 군인이 신라면 먹는 것 같잖아!"

이 녀석 농담을 할 만큼 힘을 되찾은 게다. 계산을 마친 뒤 아주머니에게 동양식으로 고개를 조아려 인사했다. 아주머니가 깔깔 웃었다. 다시 보니, 이 아주머니 웃는 모습이 꼭 선녀 같구나. 나는 수첩을 꺼내 소중하게 적어 넣었다.

테아트로 길 352번지 레스토랑 'Yoli'.
중년의 아주머니가 선녀로 둔갑하는 곳.

옛 말씀 그른 것 하나도 없다. 금강산도 식후경, 쿠스코도 식후경. 우리는 쿠스코 경찰서 앞 광장에서 주말장을 구경하기 시작했다. 인디오 남자들이 차에서 손수 만든 가구를 내리고 있었고, 여자들은 기르던 화초를 진열하고 있었다. 젊은 아낙들은 직접 뜨개질한 앙증맞은 아기 옷으로 매대를 장식했다. 할머니들은 옷차림부터 시선을 확 사로잡았는데, 두 갈래로 곱게 땋은 머리, 검은 중절모, 풍성한 스커트, 거기에 상자 모양의 등짐을 넣은 화려한 숄을 어깨에 짊어짐으로써 옛 안데스 여인들의 복장을 완성시켰다.

장터의 하이라이트는 역시 먹자골목. 페루는 서쪽의 태평양과 동쪽의 안데스가 만나는 환경 덕분에 그야말로 광범위한 산해진미를 맛볼 수 있는 곳이다. 먹자골목은 발 디딜 틈 없이 붐볐다. 신선한 야채 샐러드가 산처럼 수북이 쌓여 있는가 하면, 치킨, 생선, 기니피그 등 육류 또한 빼곡했다. 기니피그는 잉카 때부터 집안에서 애완동물처럼 키우다 잡아먹었던 일종의 커다란 쥐. 항문부터 입까지 통째로 막대에 꿰어 굽는 것이 일반적인데, 고통으로 커다랗게 벌어진 입과 고스란한 이빨이 지나치게 리얼해서 음식임에도 차마 마주보기 어려웠다.

그릴에서는 각종 고기꼬치가 연기를 피워 올렸다. 그런데 꼬치마다 짝꿍으로 감자가 꿰어져 있었다. 오늘날 과학자들은 감자의 원산지를 페루와 볼리비아 북서부로 추정한다. 이쪽 안데스 고지대에서 만 년 전에도 감자를 키웠던 흔적이 발견되었기 때문이다. 'potato'란 이름은 케추아어 'papa'(덩이 식물)에서 비롯된 것으로, 감자는 잉카 정복 후 유럽에 전해졌다. 의심 많은 유럽 농부들이 이 작물의 가치를 인정하는 데에는 그로부터 100년이나 걸렸지만, 결국 18세기 유럽 인구가 팽창했을 때 기근을 막는 커다란 역할을 수행한 것이 바로 이 감자였다. 오늘날 페루에는 무려 3,800가지의 감자가 있다고 한다. 크기, 모양, 색깔은 물론 씹히는 질감까지 각기 구분되어 요리에 사용된다 하니, 감자도 감자지만 그 요리의 방대함에 놀라게 된다.

중빈은 일단 꼬치를 하나 들고 오렌지가 수북한 수레 앞에 앉았다. 아주머니가 싱싱한 오렌지를 골라 최후의 한 방울까지 알뜰하게 짜주었다. 장터 바닥은 흙이었는데, 닦아놓은 유리잔들에 먼지 한 톨 없는 것이 아주머니의 성격을 보여주었다.

어딜 가나 빠지지 않는 안데스 음악이 거기에도 있었다. 무대라고 하기엔 참 초라하고 불안정해 보이는 가건물 지붕 위에 마이크도 올라가고 드럼도 올라가고 무려 여덟 명이나 되는 남자 뮤지션들도 올라갔다. 부디 무너지지 않기를.

중빈의 컨디션 바늘은 50 위로 올라가는 듯했지만 잠깐뿐이었다. 곧 다시 머리가 아프다고 했다. 이번엔 가슴 통증까지 호소했다. 곧바로 숙소로 돌아왔다. 중빈은 쓰러지듯 잠이 들었다. 고산병에 약은 한 가지다. 휴식. 그래도 좋아지지 않는다면 내려가야 한다. 저녁나절 중빈이 일어났다.

"어때?"

"좀 나아. 그래도 힘이 없어."

마추픽추의 고도를 찾아보았다. 2,430미터(유네스코 자료 기준). 1,000미터나 낮아진다. 이동해야겠다. 주인 여자에게 내일 체크아웃 하겠다고 말하는 동안, 중빈이 주인집 어린 남매와 체스를 두기 시작했다.

"몇 판 둘 거야?"

"열 판."

잠시라도 쿠스코에 아쉬운 이별을 고할 필요가 있었다.

"그럼 엄마 산책 다녀올게."

"응."

하늘이 조금씩 오렌지 빛으로 물드는 시가이었다. 고산지대의 하늘은 24시간 내내 포토샵으로 만들어놓은 하늘처럼 드라마틱하다. 맑을 땐 채도를 끝까지 높인 파랑이 되고, 흐릴 땐 이곳저곳 먹물을 떨어뜨린 듯 뚜렷한 명도 차를 자랑한다. 지금, 노을도 스위치를 올린 네온처럼 선명하게 켜진다. 나는 일부러 중심가에서 멀어지는 방향으로 걸었다. 가격을 속이는 택시기사도 없고 여행객도 보이지 않는 곳으로.

비탈진 계곡 도시라, 골목 곳곳이 계단과 계단으로 연결되어 있었다. 세월에 모서리가 둥글어진 계단을 오르기 시작했다. 소박한 유니폼이라도 입은 것처럼, 집들이 빨간 기와지붕, 흰 벽, 파란 나무 덧문을 똑같이 지닌 채 계단을 따라 나란히 높아졌다. 계단 끝에 커다란 나무 한 그루가 있었고, 나무 아래 콜렉티보 정류장이 있었다. 거기 막 어른의 몸을 갖춘 청소년 둘이 앉아서 수줍은 연애를 시작하고 있었다. 그들 뒤쪽에서 비닐봉지가 바람을 타고 리듬감 있게 솟아올랐다 가라앉았다. 동시에 나뭇잎들도 일렁거렸다. 내 가슴도 일렁거렸다. 불과 십여 분 걸었을 뿐인데, 사과를 손아귀에 쥐듯, 쿠스코의 골목들이 내 심장을 움켜쥐었다.

아이들이 삼삼오오 층계참에 앉아 카드놀이를 했다. 우리에게도 저렇게 골목이 사교의 공간이던 때가 있었지. 아빠가 큰 국그릇을 들고 계단을 내려가고 그 뒤를 콩콩콩 작은 아이가 뒤따랐다. 저렇게 이웃으로 음식을 실어 나르던 때가 있었지. 식료품점을 나서는 청년의 손에 작은 세제와 통조림 하나가 들려 있다. 저렇게 매일 한두 가지씩 소박하게 장을 보던 때도 있었지.

검은 머리 여인이 휠체어에 앉아 멀리 어둠에 잠겨가는 아르마스 광장을 내려다보고 있었다. 나도 여인의 시선을 따라 광장을 내려다보았다. 여행 전문가들이 쿠스코를 남미에서 가장 아름다운 도시로 꼽는 것은 무리가 아니다. 동이 틀 때도, 어둠에 잠길 때도, 광장 안에 있을 때도, 이렇게 멀리서 내려다볼 때도, 아르마스 광장은 쿠스코의 정중앙에서 색다른 매력을 뿜어내며 보는 이를 사로잡는 까닭이다.

한 마리 비둘기가 노을 속으로 검은 점이 되어 사라졌다. 노을은 점차 깊숙이 안데스의 어둠에 몸을 섞었다. 낯설지 않다. 이 풍경, 언젠가 꿈에서 본 적이 있다. 다정함과 정겨움이 뒤섞이고, 오래된 것과 소박한 것이 뒤섞여 행인을 편안하게 감싸 안는 풍경. 그 속에선 낯선 길목도 어머니 품만 같았다.

'r'을 강하게 발음하는 스페인어가 덧문 안쪽에서 또르르 굴렀다. 그리면 잇따른다. Si, Si, Si, 그래요, 그래요, 그래요. 누군가 "스페인어는 'Si' 하나만 알아도 밤새 대화를 나눌 수 있다"고 했던 말이 떠올라, 미소 지었다.

더 한적한 골목 속으로 들어갔다. 뜻밖에도 늦은 시각, 식을 올리러 떠나는 웨딩카가 있었다. 턱시도를 입은 신랑이 타고, 웨딩드레스를 입은 신부가 타고, 신랑 신부 못지않게 들뜬 가족들이 서둘러 차에 올라탔다. 빵빵 크게 경적을 울리자, 가장 늦게 차에 올라타는 할머니. 내가 환히 웃으며 손을 흔들자 그들도 환히 웃으며 손을 흔든다. 밤새워 잔치를 하겠구나. 밤새워 안데스 음악이 울려 퍼지겠구나. 어둠은 한 겹 더 진해졌고, 결혼 잔치의 배경이 될 아르마스 광장은 이제 환한 조명 속에 빛나고 있었다.

　골목은 어느덧 공터로 이어졌다. 스페인어는 들리지 않았다. 고요했다. 말이 필요 없었다. 두 연인이 공터에 앉아 서로를 포옹하고 있었으므로. 때마침 성당의 저녁 종소리가 울려 퍼졌다. 녹음된 종소리가 아니었다. 쇠가 쇠를 두드려 실시간으로 울림을 만들어내는 신선한 종소리였다. 노을, 웨딩카, 연인, 종소리. 이 아름다운 로맨틱 영화의 관객은 조금 떨어진 곳에 엎드려 그들을 지켜보는 개 한 마리와 나뿐이었다. 내가 사진을 찍어도 좋겠느냐 묻자, 청년은 카메라가 있는 뒤쪽으로 고개도 돌리지 못하는데, 숱 많은 검은 머리의 인디오 처녀가 의외로 대담하게 끄덕 해준다. 생긋 미소도 지어준다. 그래, 어쩌면 이상할 것도 없지. 사랑의 주인공들은 언제나 여자들이니까. 본능에 이끌리는 남자들이 아니라, 감정에 충직한 여자들. 사랑의 굵은 스토리를 꿰어가고 디테일을 풍성하게 하는 건 바로 그들이지. 그러므로 처녀는 지금 한껏 대담하고 자랑스럽게 포옹을 할 필요가 있다. 영화 속 히로인들은 언제나 그렇듯 당당하게 사랑을 하므로.

● 알티플라노

한 송이 백합처럼
나는 살았네
Machu Picchu

 마추픽추로 가는 방법은 크게 두 가지다. 하나는 쿠스코 등지에서 '잉카 트레일'이라 불리는 트레킹 코스를 선택해서 사나흘 간 천천히 산길을 걸어 도착하는 방법. 다른 하나는 '마추픽추 트레인'을 타고 마추픽추 아랫마을인 아과스칼리엔테스까지 간 뒤 다시 버스를 타고 산을 올라 도착하는 방법.
 체력과 시간적 여유가 된다면 전자를 적극 권장한다. 기차보다 저렴할 뿐 아니라, 그것이 본래 잉카인들이 마추픽추에 다다르던 방식과 유사하기 때문이다. 며칠 밤낮을 걸어 장엄한 마추픽추에 도착해 해돋이를 맞이하는 기분은 기차와 버스를 코앞까지 대절해 덜컥 맞이하는 그것과는 비교할 수 없는 감동을 준다고 전해 들었다.

우리는 물론 선택의 여지없이 기차를 탔다. 잉카레일에서 운영하는 '마추픽추 트레인'은 깜짝 놀랄 만큼 화려했다. 외관에는 증기기관차 시절의 클래식함을 입혔고, 내부에는 현대적인 세련됨과 편리함을 담았다. 승무원들은 이제껏 내가 시장이나 거리에서 본 적이 없는 페루인들이었다. 선진국의 일급 호텔 직원들처럼 유창한 영어와 교육 받은 미소로 빈틈없이 승객을 보살폈다.

오늘은 7월 28일, 페루의 독립기념일이다. 페루의 독립은 남미의 두 독립영웅 '호세 데 산 마르틴'과 '시몬 볼리바르'의 도움으로 이루어졌다. 인디오들이 게릴라식으로 스페인에 저항하였지만 크게 힘을 규합하지는 못하던 상태에서, 1821년 아르헨티나의 장군 호세 데 산 마르틴이 리마에 입성하여 페루가 독립국임을 선포했다. 이어 그의 동지 시몬 볼리바르가 배턴을 넘겨받아 1824년 아야쿠초 전투에서 스페인을 물리침으로써 독립을 쟁취하게 되었다. 독립국으로서의 페루는 앞서 바예스타스 섬에서 잠시 언급했듯 '구아노' 판매가 호황을 맞이하면서 근대국가의 기초를 확립할 수 있었지만, 애석하게도 뒤이은 전쟁과 정치적 소요 때문에 신생독립국으로서의 뼈아픈 성장통을 겪어야 했다. 성장통은 아직까지도 진행 중이다.

승무원들은 승객들에게 독립을 기념하는 배지를 달아주고 간식용 도시락을 나눠주었다. 이제 고도는 2,792미터. 아이는 거짓말처럼 말짱해졌다. 달콤한 간식을 입안 가득 쑤셔 넣으며 예상치 못한 서비스에 함박웃음을 짓는다. 휴우, 살았다.

"넌 참 용감하구나. 고도가 높아 힘들지 않았니? 우린 그 때문에 딸들을 두고 왔는데."

기차 안에서 마주 보고 앉은 여성 승객 둘이 중빈에게 말을 걸었다. 서

른네 살 줄리아나와 리아나. 메스티소계 페루인들이다. 둘 다 아이 엄마라고는 믿기지 않는 몸매와 외모의 소유자들이다. 두툼한 입술과 기다란 속눈썹, 굴곡이 완벽한 몸매까지. 그들은 서로 오랜 단짝 친구여서, 이렇게 여행을 떠날 때는 줄리아나의 친정어머니가 외손녀뿐 아니라 리아나의 딸까지 돌봐주신다고 했다. 세상에, 정말 부러운 관계다. 그런데 그녀들도 내게 부러운 게 있는 모양이었다.

"네 피부는 정말 아기 같이 좋구나!"

아시아 여성들은 다른 대륙 여성들에게 종종 이런 말을 듣곤 한다. 나처럼 자외선을 많이 쬐는 사람조차. 리아나가 눈을 가늘게 뜨고 채근하듯 물었다.

"비결이 뭐야?"

나는 아들의 고산병 때문에 아침에 세수도 못하고 기차표를 구하러 나왔다가, 갑자기 표를 얻는 바람에 부랴부랴 기차를 탔다고는 차마 말하지 못했다. 대신 대부분의 한국 여성이 나보다 희고 고운 피부를 지녔다고 말해주었다. 그녀들은 여전히 눈을 가늘게 뜬 채 믿지 않았다.

"그러지 말고 빨리 말해줘봐."

고교 동창회라도 나와 있는 기분이다. 계집애 어쩌고저쩌고 하면서 허물없이 묻고 떠드는 그런 분위기. 내가 물을 한 모금 마시자, 그녀들이 속삭였다.

"물을 많이 마시기 때문인가봐."

그리고 동시에 생수병을 들어 벌컥벌컥 물을 들이켰다. 하하. 재미있는 친구들이다. 창밖으로는 빽빽한 밀림을 배경으로 우루밤바 강이 우렁차게 흘렀다. 눈 덮인 안데스 봉우리가 때때로 나타났다 사라졌다. 서서히 해가

지고 어둑어둑해졌다.

어둠 속에서 기차가 멈춰 섰다. 승객들이 우르르 짐을 챙겨 쏟아져 내렸다. 아과스칼리엔테스. 마추픽추 턱밑에 위치한 이 작은 마을은 연중 관광객의 발길이 끊이지 않지만, 특히 6월에서 9월 사이엔 하루 최대 4,000명의 관광객이 도착할 정도로 붐빈다. 마침 독립기념일 연휴가 끼었으니 오늘은 피크 중에 피크라 할 수 있겠다. 하지만 이런 날조차 습관적으로 예약을 하지 않고 다니는 나 같은 손님을 수용할 수 있을 만큼, 아과스칼리엔테스는 레스토랑과 호텔 천지다.

거리는 축제 분위기였다. 지나치게 큰 라이브 음악이 레스토랑마다 넘쳐흘렀다. 즐비한 기념품점에는 잉카 문명과 인디오의 삶을 보여주는 수공예품이 산더미같이 쌓여 있었다. 어디를 보나 폭발적인 성장의 흔적이 가득했다. 어디를 보나 돈이 쏟아져 들어오고 있었다. 레스토랑 메뉴판을 들여다보니 우리나라 강남의 레스토랑 가격과 엇비슷했다. 아이들은 늦은 시간에도 대낮처럼 거리에 나와 있었다. 늦은 시간까지 돈을 버는 부모 때문에 돌봄을 받지 못해 우는 아이들이 있었고, 늦은 시간까지 놀 수 있어 좋아하는 아이들이 있었다.

줄리아나와 리아나에게는 일행이 있었다. 이스라엘인 에런과 그의 페루인 아내 데비. 중빈은 "친구 만들어야지!"라고 말한 지 1분도 안 되어 에런 옆에 딱 붙어 조잘대고 있었다. 이제 곧 에런은 우리 가족에 대한 모든 비밀을 알게 될 것이다.

기차역을 벗어나자마자 산동네답게 비탈길이었다. 헉헉대던 데비와 리아나가 뒤처져 보이지 않자, 모두 걸음을 멈추고 기다려야했다. 에런이 전

역한 이스라엘인답게 한소리 한다.

"군대에서 저렇게 이탈자가 생기면 6개월간 전원 휴가를 갈 수 없었어. 뿐만 아니라, 여기서 저 산 위까지 열 번 정도 왕복하는 기합을 받지."

중빈이 기함했다.

"저…… 산…… 위…… 까지요?"

"그럼. 금방 해."

"아프거나 그래서 없어졌어도요?"

"무조건이지."

"여자인데도요?"

"JB, 우린 여자들도 군대에 가야한단다."

"오, 끝내준다~!"

한참 여자애들 괴롭히기에 열중하는 중빈은 이보다 좋은 뉴스는 들은 적이 없다는 듯 환호했다.

"그런데, 왜 여자도 가요?"

"우리가 이웃나라와 오랫동안 여러 위험한 문제에 처했었기 때문이야."

"왜요?"

"흠…… 그건 좀 긴 설명이 필요할 것 같구나. 오래전 신께서 유대인들을 선택하셨지. 당신을 섬겨 모시는 자로 말이야. 그리고 지금의 이스라엘 땅을 주셨지. 이웃나라 사람들은 이를 부정했어. 그때부터 전쟁이 시작되었단……."

중빈은 유대인의 선민의식에 입각한 역사를 귀담아 들었다. 사실 이스라엘의 '땅 되찾기'와 그로써 야기된 중동의 분열은 훨씬 더 균형 감각을 갖춰 접근해야 할 복잡다단한 문제이지만, 중빈에게는 언젠가 또 다른 견해를 만나 빠진 부분을 보강할 날이 올 것이다.

데비와 리아나가 우릴 따라잡았다. 이 정도 비탈에 괴로워하면서도 그들은 내일 와이나픽추에 오를 예정이라고 했다. 마추픽추는 '늙은 봉우리'란 뜻이고 와이나픽추는 '젊은 봉우리'란 뜻이다. 이름 그대로 와이나픽추는 마추픽추보다 가파르고 높은, 마추픽추 바로 옆 봉우리이다. 이곳 정상에서 마추픽추 일대를 내려다보면 잊을 수 없는 장관이 펼쳐진다고 한다. 그런데 매일 선착순 400명만 입장이 허용된다 하니 서두를 일이다. 우리는 마추픽추 버스 티켓을 구입해놓은 뒤 새벽 일찍 만나기로 하고 각자 방에 들었다.

사실 내가 지닌 가이드북은 6년 전 구입한 것이다. 나는 당시 세 돌밖에 안 되었던 중빈과 첫 번째 터키 여행을 마치고 돌아온 후, 꿈도 야무지게 '남미편' 가이드북을 샀다. 그리고 아이가 남미에 올 만큼 크는 데 6년의 시간이 흐른 것이다. 나란 사람은 '책값이 아까우니 남미에 꼭 한 번 가야겠다'는 얼토당토않은 계산을 6년간 놓지 않은 몽상가인지도 모르겠다. 뭐, 결국 꿈이란 얼토당토않은 것으로부터 시작해서 끝까지 내려놓지 않는 가운데 실현되는 것이니.

그러나 이 가이드북의 역할은 여기까지 나를 데려오는 데에만 쓸모가 있었던 모양이다. 정작 필요한 정보들을 찾아보면 더는 유효하지가 않았으니까. 아과스칼리엔테스만 해도 그렇다. '전력 사정도 좋지 못하고 온수가 나오는 호텔은 거의 없을 것'이라는 가이드북의 내용과 달리, 호텔마다 네온사인이 환하게 빛났으며 뜨거운 물도 콸콸 쏟아졌다. 마추픽추는 페루 최대의 황금알을 낳는 거위. 6년이란 시간 동안 불어난 자산은 어마어마했던 것이다.

그러나 급격한 성장에는 성장통이 따르는 법. 온수는 살이 델 듯 뜨거웠다 얼음처럼 차가웠다를 반복했다. 형광등은 환했다 이내 침침해졌다. 그들의 조상이 차후 발생할지 모르는 지진까지 고려해 마추픽추를 건축한 경이로운 기술력의 소유자였다는 것을 생각해볼 때, 오로지 돈을 좇아 중구난방으로 난립한 업소들의 현재 모습은 실로 놀라운 대조이자 역사의 후퇴였다. 난개발로 인해 2008년 마추픽추가 세계문화유산기금WMF이 선정한 '위기에 처한 세계 100대 유산' 가운데 하나로 선정된 것도 무리는 아닌 듯했다. 그럼에도 아직까지 조상님들의 영향력은 대단했다. 호텔들은 매우 질 낮은 서비스 정신으로 무장하고도 물을 빨아들이는 스펀지처럼 관광객들을 빨아들여 이내 객실을 흥건하게 했으니, 기차가 선 지 불과 30여 분 만에 말이다.

400명 안에 들기 위해, 중빈과 나는 일찍 잠을 청했다. 내일이면 마추픽추를 본다. 어떤 이들에겐 남미로 오는 유일한 이유가 되기도 하는 곳. 나는 설레어 늦도록 잠들 수 없었다. 유원지 같은 밖의 소란도 늦도록 잠들지 않았다.

망했다! 나를 깨운 건 알람소리가 아니라 마을 전체를 뒤흔드는 마추픽추 전용버스들의 엔진소리였다.

"중빈아, 일어나! 늦었다!"

우리는 대충 옷만 주워 입고 버스 승강장으로 뛰었다. 아직 깜깜한 어둠이었건만, 벌써 버스를 타려는 사람들이 승강장으로부터 먼 곳까지 골목을 돌고 돌아 줄을 섰다. 버스가 한 대씩 떠날 때마다 줄이 당겨졌다. 눈짐작만으로도 와이나픽추는 글렀다는 것을 알겠다.

마을에서 마추픽추까지는 8킬로미터. 산비탈에 지그재그로 난 길을 따라 버스가 올라갔다. 산세는 하나하나 외따로 '우뚝'했다. 그 봉우리마다 화관처럼 구름이 둘러져 있었다. 조금씩 어둠이 걷혔다. 하늘빛이 밝아질수록 산 빛은 진해졌다. 우뚝함이 도드라지고 영험함이 도처에서 스며들었다. 인간의 말이 압도당했다. 버스 안 승객들은 약속이라도 한 듯 완벽한 침묵. 때때로 감탄사만이 침묵을 깼다. 해발 2,430미터, 마추픽추다.

마추픽추는 아마 이 세상 모든 유적 가운데 가장 극적인 장소에 자리 잡았다 해도 과언이 아닐 것이다. 천혜의 요새처럼 산들로 둘러싸인 정상, 무대를 비추는 스포트라이트처럼 갓 떠오른 태양이 마추픽추를 향해 쏟아진다. 태양을 숭배한 잉카인들에게 이 자리는 절대 놓칠 수 없는 명당이었을 것이다. 또 천재적인 토목기사들이었던 그들에게 이곳은 '매우 도전해보고 싶은' 장소였을 것이다.

태양이 높아짐에 따라 마추픽추가 빛을 입고 그늘을 벗었다. 단지 태양 고도의 변화만으로 시시각각 달라지는 마추픽추의 인상은 실로 경이로웠다. 왜 새벽 6시부터 서둘러 입장을 시작하는지 알 것 같다.

중앙부의 광장을 중심으로 왼편은 태양의 신전과 인티후아타나, 콘도르 신전, 목욕탕 등 고급시설이 있는 '성스러운 구역'이다. 오른편은 출입구에서 가까운 곳에서부터 '산업지구'와 '일반 주거시설'로 추정된다.

사실 마추픽추의 모든 것은 추정일 뿐이다. 세계에서 가장 잘 알려져 있으나 가장 알려진 바가 없는 유적이라 해도 과언이 아닌 것이다. 학자들은 마추픽추가 15세기 잉카 황제 파차쿠티를 위해 지어진, 종교적 의식을 거행했던 신성한 장소였다고 (역시) 추정한다. 그리고 약 100년 뒤 스페인에게 정복되면서 천연두 등의 이유로 버려졌을 것으로 (또) 추정한다. 스페인 정복자들은 정글에 뒤덮인 마추픽추의 존재를 알아내지 못했다. 소수의 현지인들만이 그 존재를 계속 알고 있었는데, 그들은 당연히 탐욕스러운 외지인들에게 굳이 이것에 대해 정보를 흘리고 싶어 하지 않았다.

1911년 미국 역사학자 하이람 빙엄은 근처에서 빌카밤바잉카인들이 스페인인들을 피해 보물과 미라를 대거 숨겨놓았다고 알려진 황금도시라는 비밀 도시를 찾고 있다가, 아버지와 함께 도자기 물병을 들고 가는 열한 살 케추아 소년을 만났다. 학자인 빙엄은 이 물병의 범상치 않은 가치를 귀신같이 알아보고 어디서 구했느냐 물었다. 아버지는 외지인에게 알려주기를 꺼렸으나, 순진한 소년이 "정글로 뒤덮인 돌 더미에서"라고 말했고 빙엄을 안내함으로써 마추픽추는 세상에 알려지게 되었다.

물론, 이 외지인 또한 스페인인들 못지않게 욕심을 차렸다. 두 번의 발굴 작업을 통해 무려 46,300여 개의 유물들을 미국으로 빼돌렸던 것이다. 단 몇 달만 연구자료로 사용하겠다 둘러대면서. 그러나 그로부터 100여 년이나 지난 2012년이 되어서야, 그것도 페루 측이 보관처인 예일대를 상대로 한 긴 소송에서 이긴 후에야, 미국은 1차로 고작 350점을 마지못해 돌려주었다.

우리는 각 구역의 미로같이 좁은 돌길과 돌계단을 걸었다. 어디를 둘러보나, 돌과 돌의 아귀가 귀신같이 들어맞았다. 잉카에는 매우 독특한 전통이 있었는데, 바로 새 황제가 선대의 땅을 물려받지 않았다는 것이다. 아들일지라도 말이다. 선대의 땅은 황족들끼리 나눠 가졌다. 당연히 새 황제는 자기만의 영토를 적극적으로 개척해야만 했다. 새로 정복한 땅에 길을 깔고 건물을 지어야 했다. 그들이 귀신같이 돌을 다룰 수 있게 되기까지는 대대로 터전을 새로 장만해야 했던 이 전통이 크게 한몫했을 것이다.

"잉카인들은 가위로 종이 오리듯 돌을 다뤘던 것이 틀림없어. 그 사람들이 쌓은 돌은 보통 100킬로그램이 넘는 돌인데도 그 사이에 칼날조차 들어가지 않는대.”

내가 아는 척을 하면, 중빈도 미리 책에서 읽어둔 내용으로 아는 척했다.

"그런데, 엄마, 이 돌들은 저 아래에서 가져온 거래. 잉카시대에는 아직 바퀴가 없었는데, 어떻게 옮겼을까?”

"글쎄……?”

"남자들이 힘으로 밀어 부쳤대.”

"헐!”

기원전 1250년 안데스 산맥 지역에는 클랜, 나스카 등 몇몇 부족사회가 형성되어 있었다. 그중 페루에서는 치무족이 가장 힘센 부족으로서 대장 노릇을 하고 있었는데, 15세기에 황제 파차쿠티가 등장하면서 소규모였던 잉카가 급속도로 성장했다. 그들은 페루 곳곳에 나타나 인정사정없이 재물을 앗아가는 방식으로 세를 늘렸다.

잉카인들은 강인했다. 일반인들보다 60퍼센트나 더 많은 피를 공급할 수 있는 심장을 지녔다. 공기가 희박했던 만큼 주어진 공기를 더 잘 활용할 줄 알았던 것이다. 또 잉카인들은 잔인했다. 그들이 처한 환경이 혹독했던 것을 감안하면 자연스러운 '적응'이었다. 불과 몇 킬로미터 떨어진 곳에 닿으려 며칠씩 산을 넘어야 하고, 잦은 지진과 산사태로 몇 년씩 지었던 건물이 고스란히 파괴되는 곳. 그들은 더 강인하고 더 잔인해야만 살아남을 수 있었다. 반란을 일으킬 때에는 황제의 가족은 물론 시종들과 물지게꾼, 요리사, 정원사까지 모조리 학살했다. 때때로 너무 많은 남자들을 죽여, 여자 열 명당 한 명밖에 남지 않는 도시가 생겨날 정도였다.

"아이고, 다리야. 엄마, 좀 쉬었다 가면 안 돼?”

"오냐 오냐, 우리 좀 앉자.”

아닌 게 아니라 나도 다리가 아팠다. 어느덧 중앙광장이었다. 우리는 수많은 잉카의 직육면체 돌 가운데 주저앉았다. 아무 데나 대충 앉아도, 우뚝한 산봉우리와 새파란 하늘과 마추픽추의 드넓은 위엄 한가운데에 둘러싸였다. 광장의 연둣빛 잔디 위에서 라마 몇 마리가 따뜻한 아침 햇살을 즐기며 풀을 뜯어 먹었다. 잉카시대에는 희생'양'이 아닌 희생'라마'가 엄청나게 바쳐졌다고 한다.

"엄마, 잉카인들은 라마 위胃를 풍선처럼 불었대. 그래서 거기 나타난 혈관 무늬로 점을 쳤대."

"진짜? 그 점 복채가 꽤나 비쌌겠는 걸. 라마 한 마리를 잡아야 한 번 점을 볼 수 있었을 테니 말이야."

라마는 선사시대부터 안데스에서 가장 흔한 낙타과의 가축이다. 흔히 라마는 '침을 뱉는' 성깔 있는 동물로 유명하지만, 그것은 오징어가 먹물을 뿜듯 저장해둔 물을 뿜어 상대를 견제하는 낙타과 동물의 특징일 뿐 실제로 라마는 순하고 사교적인 성품을 지녔다고 한다. 고산지대에서 무거운 짐을 져주고 따뜻한 털과 고기를 제공해주었으며 똥마저 연료로 사용하게 해주었으니, 그야말로 척박한 안데스에서 인간이 뿌리를 내리게 도와준 일등공신이었던 것이다.

성스러운 구역을 돌아보고 다시 주저앉았을 때 아이는 그대로 드러눕고 싶은 모양이었다. 마추픽추는 사진에서 본 것보다 훨씬, 훨씬 넓었다. 게다가 '태양의 신전'이란 이름에 걸맞게 태양이 정수리에 대포 같은 직사광선을 쏘아댔는데 피할 수 있는 그늘은 거의 없었다. 게다가 우리는 모자도 없었다. 머리가 지끈거렸다. 마실 물도 얼마 남지 않았다. 준비성 없는 엄마라니.

구세주는 예상치 못한 곳에서 나타났다.

"소희! JB! 어서 이리 와!"

줄리아나와 리아나였다. 에런의 아내 데비도 있었다. 그곳이 와이나픽추로 입장하는 철문이라는 걸 그제야 알았다. 데비가 중빈에게 초콜릿 쿠키와 사과주스를 내밀었다. 중빈은 미친 듯이 꼬리를 흔들며 (이럴 때 녀석에겐 꼬리가 솟아난다) 데비에게 달려갔다.

"빨리 여기 들어와 줄을 서."

줄리아나가 우리를 잡아당겼다.

"아침에 다 마감된 거 아니었어?"

"그렇게들 알고 있지만, 기다리다보면 사람이 한 명씩 나올 때마다 한 명씩 들여보내주기도 해."

과연 우리가 줄에 합류한 지 얼마 지나지 않아 들어가도 좋다는 허락이 떨어졌다. 우리는 줄리아나 일행과 함께 와이나픽추를 오르기 시작했다. 중빈이 "몸 좀 풀어야겠어!" 하며 앞장섰지만, 일등인 줄리아나를 따라잡진 못했다. 그녀는 취미가 사이클링인데 선수급이라고 했다. 그것을 입증이라도 하듯 7센티미터의 힐을 신고도 산신령처럼 스르르 와이나픽추를 올랐다. 데비와 내가 그럭저럭 중빈 뒤를 따랐다. 문제는 리아나였다. 몇 걸음 딛다 말고 숨을 몰아쉬곤 했는데 그때마다 곧이라도 숨이 넘어갈 듯했다. 천식 때문이었다. 나는 그녀의 커다란 가죽 토트백을 받아들었다. 힐을 신고 토트백을 든 채 산에 오르는 멋쟁이 페루 아줌마들이라니.

'젊은 봉우리'라는 이름에 걸맞게 와이나픽추는 꽤 가팔랐지만, 등산에 익숙한 한국인들에게는 해볼 만한 도전이었다. 정상이 나타날 듯 나타나지 않을 때마다 하산객들이 아낌없이 나눠주는 응원이 힘이 되었다.

"헬로! 10분 남았어요. 힘내세요!"

"헬로! 5분 남았어요. 힘내세요!"

한 시간 남짓. 드디어 와이나픽추의 전망대에 이르렀다. 겁 없는 청년 둘이 절벽과 다름없는 망루에 아슬아슬하게 걸터앉아 아래를 내려다보고 있었다. 마추픽추가 한눈에 펼쳐졌다. 나아가, 마추픽추를 감싸고 있는 계곡, 다시 그 계곡을 감싸고 있는 계곡, 그 아래 유장하게 흐르는 우루밤바 강, 저 멀리 안데스의 설산 한 자락까지 파노라마처럼 펼쳐졌다. 누구라도 카메라를 꺼내들게 만드는 풍경이었다. 리아나는 천식을 견딘 보람을 느끼는 얼굴로 거기서 한참 숨을 골랐다.

겁도 없이 벼랑에 앉은 두 청년의 모습은 내게, 모터사이클 '포데로사'를 타고 라틴아메리카를 여행했던 두 청년 에르네스토(체 게바라)와 알베르토를 떠오르게 했다. 그들이 꿈에 그리던 마추픽추에 도착한 것은 1952년 4월 3일이었다. 마추픽추를 둘러본 그날 밤, 에르네스토는 남미 해방의 영웅 시몬 볼리바르의 서간집을 읽으며 밤을 지새웠다. 그리고 그것이 자신의 생애에서 가장 아름다운 추억 중 하나라고 썼다.

> 이튿날, 동이 트자마자 에르네스토는 알베르토와 함께 우아이나픽추를 올라갔다. [……] 그들은 정상에서 사진을 찍은 뒤 언젠가는 이곳에 다시 찾아오겠다는 글을 쪽지에 적어 병에 담았다. 에르네스토는 이미 흘러간 시간의 망망대해 속으로 돌려보내듯 그 병을 조심스레 내려놓았다. 그가 여기서 발견한 과거, 인간들과 돌들이 만들어낸 과거, 그것은 그에게는 또한 미래가 될 터였다. 그는 그 자리에서 파블로 네루다의 시를 큰 소리로 암송했다. [……]
>
> 잠시 후, 그들은 임시 망루로 쓰이는 희생의식의 방에서 한때는 처녀

들이 제물로 바쳐졌을 바위 위에 앉아 마테차를 마셨다. 알베르토는 희생자의 판석 위에 길게 드러누워 생각나는 대로 지껄이기 시작했다.

"나는 쿠스코에 사는 마리아 막달레나와 결혼할 거야. 그녀는 망코 카팍 2세의 후손이니까 나는 망코 카팍 3세가 되어야지. 그리고 정당을 하나 만들어서 우리 부족의 표를 모아 투팍 아마루 혁명을 이루는 거야. 진정한 의미에서 아메리카 인디오 혁명을 실현하는 거지."

『체 게바라 평전』, 장 코르미에 지음, 김미선 옮김, 실천문학사(2005)

2001년 당선된 페루 대통령 알레한드로 톨레도는 저 아래 마추픽추에서 화려한 취임식을 거행하였다. 그는 남미 역사상 최초의 인디오 대통령이었으며, 닉네임은 '파차쿠티'였다. 쿠스코에서부터 서남미를 모조리 정복했던 잉카 최전성시대를 이끌었던 황제이자, 잉카인들이 마추픽추를 건설해 바친 황제 파차쿠티. 그 이름의 뜻은 '지구를 흔드는 사람'이다. 아마도 그 시절의 영광을 되살리려는 페루인들의 염원이 톨레도 대통령을 파차쿠티로 명명했을 것이다. 페루의 숨 막히게 가난한 어촌에서 열여섯 남매 중 여덟째로 태어나 구두를 닦고 복권을 팔며 주경야독으로 간신히 학교를 다닐 수 있었던 톨레도. 그러나 그는 페루의 경제를 살리는 데 실패했고 곧 그의 인기도 덧없이 사라졌다.

   뜰에 핀 한 송이 백합처럼 나는 태어났고
   한 송이 백합처럼 나는 자라났네
   세월은 흘러 나는 늙어갔고
   이제 시들어 죽어가네

황제 파차쿠티가 죽음을 기다릴 때, 당대의 시인 페드로가 차분하게 읊었다는 시다. 와이나픽추에서 내려다보는 마추픽추는 이 시에 가장 걸맞은 모습이었다. 인생이 나고 자라고 늙고 죽듯, 문명도 그러하다.

내내 보이지 않던 에런이 전망대에 나타났다. 배탈이 나서 화장실에 다녀오는 길이라고 했다. 괜찮으냐고 묻자, 그다운 답을 한다.

"이스라엘 군 생활을 하면 이 정돈 아무것도 아니죠!"

우리는 조금 더 이동했다. 한 사람이 간신히 통과할 정도의 비좁은 동굴을 통과하자 정상에 이르렀다. 에런이 이스라엘 버전으로 소감을 피력했다.

"내 군대 동기들에게 와이나픽추 정상에 왔다는 말을 해주면 믿지 않을 거야."

중빈은 열 살 사내아이 버전으로 에런의 소감에 경의를 표했다.

"여기까지 올라오는 기합을 받으려면 무슨 잘못을 저질러야 할까요? 총을 자기 엉덩이에 쏘는 것?"

줄리아나와 리아나는 멋쟁이 아줌마 버전으로 감동을 표현했다.

"소희! 네 좋은 카메라로 우릴 좀 찍어줘!"

그리고 내가 한 컷 찍을 때마다 반드시 화면을 확인하며 외쳤다.

"노, 노, 더 섹시하게!"

신기하게도 리아나는 슈퍼모델처럼 섹시한 포즈를 잘 취하다가 셔터 소리만 멈추면 곧바로 천식환자가 되어 드러누웠다. 아니, 내내 천식환자였다가 셔터 소리만 나면 슈퍼모델이 되었던가. 데비만이 무난하고 고요하게 주변을 감상하고 있었다. 때때로 중빈에게 초콜릿을 권하면서.

이들과 함께 있자니 이곳이 세계적으로 대단한 문화유산임을 자꾸 잊게 된다. 오히려 어느 일요일 일가친척들과 관악산에 오른 기분이 든다. 해병대를 나온 삼촌은 모든 걸 군인정신에 갖다 붙이고, 어린 조카는 되도 않는 소릴 지껄여대고, 깍쟁이 이모는 계속 화장을 고치며 투덜대지만 끝끝내 따라오고, 온화한 엄마는 조용히 준비해온 도시락 뚜껑을 여는…… 그런 서민적이고 복닥거리는 분위기 속에 감싸인 기분.

하산할 때는 순서가 뒤바뀌었다. 줄리아나의 7센티미터 힐 때문이었을 것이다. 힐은 경사진 곳을 오를 땐 편하지만 내려갈 땐 몹시 불편하니까. 중빈이 제일 앞서 뛰어 내려갔다. 마주치는 모든 이들에게 자신이 올라올 때 받았던 응원을 되돌려주면서.

"헬로! 5분 남았어요. 힘내세요!"

"헬로! 10분 남았답니다. 힘내세요!"

그러면 사람들이 웃었다.

"하하, 잉카 보이로군!!"

"오, 메신저 보이!"

문자가 없던 잉카시대에는 우체부 대신 '차스키'라는 전령들이 있었다. 청년들이 다음 초소까지 1킬로미터씩 달려 외워둔 소식을 전하는 잉카식 연락망이었다. 전령들은 단어 하나까지도 정확하게 전달해야 했음은 물론, 숲을 지날 땐 곤봉으로 야생동물의 공격도 물리쳐야 했다. 이런 식으로 차스키들은 하루 240킬로미터까지 소식을 전달했다고 한다. 해산물을 좋아하는 황제가 있으면, 차스키는 해산물도 '싱싱하게' 배달했다고 한다. 잉카식 퀵서비스였던 것이다.

내가 아들 뒤에 조금 떨어져 내려가노라면, 처음 보는 사람들이 친숙한 얼굴을 하고 "당신 아들이 방금 내려갔어요" 하고 알려주었다. 나는 장난을 쳤다.

"어머, 절 언제 봤다고 제 아들을 아세요?"

그러면 사람들이 하하 웃으며 지지 않고 받았다.

"당신 아들 잘 알죠. 그 유명한 메신저 보이잖아요!"

내려올 때까지 그런 유쾌한 대화가 몇 번이나 계속되었다.

호스텔로 돌아오자마자 피곤하다는 아들을 욕실에 집어넣고 나는 침대에 뻗었다. 언제나 엄마들은 애들을 먼저 챙긴다. 씻을 때까지도. 그리고 자신들은 잘 안 씻는다. 우리는 꿈적도 않고 내리 열두 시간을 잤다.

잉카는 어떻게 무너졌을까?

잉카는 어떻게 무너졌을까? 사실 이 질문에 대한 답은 '스페인은 어떻게 중남미를 정복했을까?'라는 질문의 답과 크게 다르지 않을 것이다. 스페인이 잉카를 정복할 수 있었던 이유가 중남미의 다른 지역 다른 문명에서도 유사하게 적용되기 때문이다. 알다시피 우리는 스페인의 영향을 빼놓고 남미의 현대를 말할 수 없다. 스페인은 어떻게 라틴아메리카를 집어삼켰나?

  내가 페루의 잉카 문명에 대해 관심을 갖게 된 것은, 아이러니하게도 잉카가 스페인에 의해 함락되던 순간의 기록을 읽은 뒤부터였다. 바로 재레드 다이아몬드의 『총, 균, 쇠』를 통해서였는데, 제목 그대로 '무기, 병균, 금속'이 인류의 운명을 어떻게 바꿨는가를 다루고 있는 책이다. 이 책에는 특히 스페인의 피사로 일행이 잉카의 황제 아타우알파를 생포하는 장면이 상세히 묘사되어 있는데, 요약해보면 다음과 같다.

유럽인과 아메리카 원주민의 관계에서 가장 극적인 순간은 1532년 11월 16일 잉카의 황제 아타우알파와 스페인의 정복자 프란시스코 피사로가 페루의 고지대 도시인 카하마르카에서 최초로 마주친 사건이었다. 168명의 스페인 오합지졸을 거느린 피사로는 낯선 땅에 들어왔다. 그는 그 지역 주민들을 잘 몰랐고 가장 가까운 곳(북쪽으로 1,600km나 떨어진 파나마)에 있던 스페인인들과도 연락이 완전히 끊어졌으므로 때맞춰 원병이 도착할 수도 없는 상황이었다.

반면 아타우알파는 수백만의 백성이 있는 자기 제국에 버티고 있었으며, 더구나 다른 인디언과의 전쟁에서 막 승리를 거둔 8만 대군이 그를 둘러싼 형국이었다. 그런데도 두 지도자가 얼굴을 맞대고 미처 몇 분이 지나기도 전에 피사로가 대뜸 아타우알파를 사로잡아 버렸던 것이다. 피사로는 그로부터 8개월 동안이나 이 인질을 붙잡아놓고 나중에 풀어준다는 약속 하에 역사상 가장 많은 몸값을 뜯어냈다. 피사로는 가로 6.7m, 세로 5.2m에 높이 2.4m가 넘는 방을 가득 채울 만큼의 황금을 몸값으로 받은 후에 약속을 저버리고 아타우알파를 처형하고 말았다.

『총, 균, 쇠』, 재레드 다이아몬드 지음, 김진준 옮김, 문학사상사(2005)

어떻게 168명의 오합지졸이 군사를 단 한 명도 잃지 않고 수만 명을 물리칠 수가 있었을까? 『총, 균, 쇠』에서는 이날의 충돌을 스페인 황제에게 보내는 편지로 재구성해놓았다. 좀 긴 듯하지만 생생함을 살리기 위해 여기에 대부분의 내용을 발췌해보고자 한다. 읽고 나면, 한동안 그 피로 얼룩진 장면이 뇌리에서 씻겨나가지 않을 것이다.

하느님께 영광을 돌리고 가톨릭 황제 폐하께 미력하나마 도움을 드리기 위해 소신은 이 이야기를 기록하여 폐하께 바침으로써 여기 담긴 내용을 모두가 알게 하고자 합니다.

그 누가 스페인의 위업에 필적할 수 있으리까? 우리 스페인 사람들은 그 수가 적어서 모두 200명이나 300명을 넘지 못했고 때로는 100명이나 그 이하에 불과했으되 일찍이 알려진 바도 없고 기독교도와 이교도를 막론하고 그 어느 군주도 소유한 바 없을 만큼 드넓은 땅을 우리 시대에 정복했습니다.

카하마르카의 초입에 이르렀을 때 저희는 멀리 5km 거리의 산자락에 펼쳐진 아타우알파의 숙영지를 보았습니다. 인디언들의 숙영지는 흡사 아름다운 도시 같았습니다. 저들의 천막이 너무 많아서 저희 모두는 크게 우려하게 되었습니다. 그러나 저희는 두려움을 드러내거나 뒷걸음질치지 않았습니다. 저희는 짐짓 충천한 사기를 내보이며 그 마을과 천막들을 유심히 관찰한 후 골짜기를 타고 내려가서 카하마르카에 입성하였습니다.

저희는 앞으로 할 일에 대해 오랜 시간 동안 의논했습니다. 그날 밤에는 잠을 잔 이들이 별로 없었고 저희는 카하마르카의 광장을 감시하며 인디언 대군의 모닥불들을 바라보았습니다. 무서운 광경이었습니다. 모닥불은 대부분 산비탈에 지펴졌는데 서로 가까이 붙어 있어서 마치 수많은 별들이 하늘을 수놓은 듯했습니다.

이튿날 아침, 아타우알파의 사자가 도착하자 대장이 이렇게 말했습니다.

"주인에게 가서 아무 때나 원하는 방식으로 오시되 어떻게 오시든 나는 친구이며 형제로서 삼가 맞이하겠다고 전하시오."

대장은 카하마르카의 광장 주변에 병력을 감춰놓았습니다. 정오 무렵이 되자 아타우알파가 신하들을 정렬시켜 다가오기 시작했습니다. 저희는 곧 들판 전체가 인디언들로 가득 차는 것을 볼 수 있었습니다. 아타우알파 전면에는 2,000명의 인디언이 앞장서서 길바닥을 쓸었습니다. 그다음은 전사들이었는데 절반은 아타우알파의 좌측, 절반은 그 우측에서 들판을 따라 행진했습니다. 그 뒤에서는 각기 다른 옷을 입은 세 무리가 춤을 추고 노래를 불렀습니다. 다음은 갑옷을 입고 커다란 금속판을 들고 금은관을 쓴 남자들이 뒤따랐습니다. 그들은 금붙이와 은붙이를 너무도 많이 지니고 있어서 햇빛에 일제히 반짝이는 광경은 정말 장관이었습니다. 그들 속에는 아타우알파의 모습도 보였습니다.

그는 머리에 왕관을 쓰고 목에는 큼직한 에메랄드로 만든 목걸이를 두른 채 가마 위에서 화려한 쿠션이 깔린 조그마한 의자에 앉아 있었습니다. 가마는 여러 빛깔의 앵무새 깃털로 덮여 있었으며 금판과 은판으로 장식되어 있었습니다.

한편 우리 스페인 사람들은 뜰에 숨어 대기하면서 몹시 두려워했습니다. 겁에 질린 나머지 자기도 모르게 오줌을 지리는 자들도 많았습니다. 이윽고 광장 중앙에 도착한 아타우알파는 그대로 가마 위에 높이 앉아 있었고 그의 군대는 잇따라 행진해 들어오고 있었습니다.

피사로 대장은 비센테 데 발베르데 수사를 아타우알파에게 보내어 하느님과 스페인 국왕의 이름으로 주 예수 그리스도의 율법에 복종하고 스페인의 국왕 전하를 받들 것을 요구하도록 했습니다. 그리하여 수사는 한 손에 십자가와 다른 손에는 성경을 들고 인디언 군대 사이를 비집고 아타우알파 앞에 나아가서 이렇게 말했습니다.

"나는 하느님의 사제로서 기독교인들에게 하느님의 일들을 가르치나니 그대를 또한 가르치러 왔소. 내가 가르치는 것은 하느님께서 이 책으로 우리에게 말씀하신 것들이오. 그러므로 하느님과 기독교인들을 대신하여 그대가 그들과 벗이 되기를 청하는 바, 그것이 하느님의 뜻이요 또한 그대에게도 유익하기 때문이오."

그러자 아타우알파는 성경을 보여달라고 요구했으며 수사는 성경을 닫힌 채로 건네주었습니다. 그러나 아타우알파는 성경을 어떻게 펼쳐야 하는지 몰랐습니다. 수사가 대신 해주려고 손을 내밀자 아타우알파는 성경을 펼치기 싫다는 듯이 갑자기 격노하여 수사의 팔을 때렸습니다. 그러더니 자기가 손수 펼쳤는데, 글자나 종이를 보고도 전혀 놀라지 않고 얼굴이 시뻘게지더니 대여섯 걸음 저쪽으로 휙 내던졌습니다.

수사는 피사로에게로 돌아오면서 이렇게 외쳤습니다.

"나오시오! 기독교인들이여! 하느님의 일들을 거부하는 개 같은 적들을 물리치시오! 내가 죄를 사하나니 어서 나와서 저 자를 치시오!"

그러자 대장은 칸디아에게 신호를 보냈고 칸디아는 당장 총을 쏘기 시작했습니다. 그와 동시에 나팔 소리가 울려 퍼지자 갑옷을 입은 스페인 군대가 기병과 보병을 막론하고 각각 숨어 있던 곳에서 한꺼번에 쏟아져 나와 광장에 가득 모여 있던 무장하지 않은 인디언들을 덮치며 스페인의 전투 함성을 외쳤습니다.

우렁찬 총 소리와 요란한 나팔 소리, 딸랑이 소리 때문에 인디언들은 크게 놀라 갈팡질팡했습니다. 스페인 사람들은 그들에게 덤벼들어 가차없이 베어 넘기기 시작했습니다. 인디언들은 겁에 질린 나머지 서로 짓밟고 올라가다가 산더미처럼 쌓여 질식해 죽는 자가 부지기수였습니다. 무장을 하지 않은 상태였으므로 그들을 공격하는 기독교인들에게는 아무런 위험도 없었습니다. 기병대는 말을 몰아 인디언들을 쓰러뜨리고 죽이거나 부상을 입히면서 그들을 추격했습니다.

대장도 스페인 사람들과 함께 칼과 단검을 들고 인디언들 속으로 뛰어들어 용맹을 떨치며 아타우알파의 가마에 이르렀습니다. 그는 두려움 없이 아타우알파의 왼팔을 붙잡고 "산티아고!" 하고 외쳤으나 가마가 너무 높아서 아타우알파를 끌어내릴 수는 없었습니다. 저희는 가마를 멘 인디언들을 마구 죽였지만 그때마다 다른 자들이 그 자리에 들어와서 가마를 높이 들어올렸고 그런 식으로 인디언들을 죽여 없애는 데 꽤 오랜 시간이 걸렸습니다.

드디어 아타우알파를 사로잡았습니다. 가마를 메고 있던 인디언들과 아타우알파를 호위하고 있던 자들은 끝까지 그를 저버리지 않고 모두 그 곁에서 죽어갔습니다.

아타우알파가 데려온 나머지 인디언 병사들은 카하마르카에서 1.6km 쯤 떨어진 곳에서 싸울 준비를 갖추고 있었지만 한 명도 움직이지 않았고 그때까지 스페인 사람에게 무기를 겨눈 인디언은 한 명도 없었습니다. 마을 바깥 들판에 남아 있던 인디언들의 부대는 다른 인디언들이 고함을 지르며 도망치는 것을 보더니 대부분이 역시 겁에 질려 도망치고 말았습니다.

정말 놀라운 광경이었습니다. 20~30km에 걸쳐 계곡 전체가 인디언들로 완전히 뒤덮였던 것입니다. 이미 밤이 되었지만 우리 기병대는 계속 들판에서 인디언들을 찔러 죽이고 있었습니다. 만약 밤이 오지만 않았더라면 4만이 넘는 인디언 대군 중에서 살아남은 자는 거의 없었을 것입니다.

아타우알파가 죽은 후 피사로가 잉카의 수도 쿠스코로 진격하기까지 그러한 전투는 네 차례 있었다. 네 번의 전투에 참전한 스페인 기마병은 100명 안팎이었다. 네 번의 전투 모두 수천에서 수만에 달하는 인디오들과의 싸움이었다. 쿠스코는 불과 40명의 기마병에 의해 함락되었다.

어째서 이렇게 어이없이 패배했을까? 흔히 잉카족이 스페인인들을 잉카의 창조신인 '비라코차'의 현신으로 착각했기 때문이라고들 한다. 또는 스페인의 무기와 말이 인디오들에게 생경했기 때문이라고도 한다. 재레드 다이아몬드는 조금 더 큰 안목에서 이 이유를 설명한다.

첫째, 총이다. 당시의 화승총은 총으로서 미미한 수준의 것이었지만, 필요할 때 발사만 할 수 있어도 심리적인 효과는 충분했다는 것이다.

둘째는 쇠칼, 창 등의 단단하고 예리한 무기들이었다. 인디오가 가진 곤봉은 때려서 부상을 입힐 수는 있어도 죽이지는 못했다. 또 스페인의 쇠갑옷은 곤봉의 타격을 막을 수 있었지만, 인디오들의 퀼트식 갑옷은 쇠 무기 앞에 쓸모가 없었다.

셋째, 말이다. 기마병들은 인디오 파수꾼이 아군에게 소식을 알리기 전에 간단히 앞지를 수 있었다. 말이 돌진할 때의 엄청난 충격, 조종하기 쉽다는 점, 신속한 공격이 가능한 점 때문에 보병들은 거의 무력할 수밖에 없었다.

넷째, 천연두이다. 당시 아타우알파가 카하마르카로 오게 된 것은 스페인 이주민들이 남미에 퍼뜨린 천연두가 잉카의 황제와 후계자를 죽여버렸기 때문이었다. 이어서 아타우알파가 제위다툼에서 승자가 되었고 이 다툼 때문에 잉카는 분열되어 있는 상태였다. 사실 유럽의 병으로 죽어간 아메리카 원주민의 수는 콜럼버스 이전 인구의 95퍼센트 수준에 육박한다.

다섯째, 배와 중앙집권적 정치 조직이다. 스페인이 자금을 마련하고 배를 건조하고 선원을 고용하고 장비를 구입하기 위해선 당연한 필요조건이었다.

여섯째, 문자이다. 문자는 더 멀리, 더 정확하고 자세하게 정보를 전달했다. 편지나 책자는 신세계로 가려는 동기를 부추겼을 뿐 아니라, 항해에 필요한 지식도 제공했다. 스페인인들은 책을 통해 유럽에서 멀리 떨어진 동시대의 수많은 문명에 대해 알고 있었으며, 유럽의 수천 년 역사와 전술을 알고 있었다.

반면, 문자가 없던 아타우알파는 스페인에 대한 정보가 거의 없었다. 바다 건너에서 쳐들어온 침략자들을 경험한 적이 없었을 뿐 아니라, 다른 장소와 사람들에게, 역사적으로 무수히 일어났던 유사한 침략에 대해서도 듣지도 읽지도 못했다. 당시 그가 가진 정보는 입으로 전해진 빈약한 것이었는데, 피사로의 부대가 해안에서 내륙으로 들어올 때 그들을 방문한 칙사에게 들은 것이 전부였다. 그 칙사는 스페인인들이 가장 흐트러져 있을 때 그들을 보았고, 인디오 200명이면 그들을 모조리 잡아들일 수 있을 거라 전했다.

스페인이 아메리카에서 세력을 확장해가는 동안, 빈약한 사전정보를 지니고 결정적 실수를 저지른 황제는 아타우알파뿐만이 아니었다. 아타우알파가 처형된 지 겨우 9개월 만에 유럽에서 피사로의 업적을 기록한 책이 출간되고, 그 책이 베스트셀러가 되어 수많은 이주민들이 페루로 흘러들게 된 것과 극단적인 대조를 이룬다고 할 수 있겠다.

안아라, 내일은 없는 것처럼
Aguascalientes

마추픽추가 고되긴 고되었나 보다. 우리는 정오가 되어서야 침대에서 벗어났다. 늦은 아침을 해결하기 위해 식당으로 향하는데, 오른쪽 무릎에 통증이 느껴졌다. 자세히 보니 부어 있다. 어제 와이나픽추를 오를 때 무리를 했나? 삐끗한 기억은 없다. 대수롭지 않게 여기며 식사를 마쳤다. 일어서기 전, 무릎을 다시 들여다보았다. 어느새 조그만 풍선이 되었다. 걸음을 디뎌 보니 극심한 통증이 느껴진다. 망했다!

본래 장기여행을 하는 사람들은 거대한 유적을 본 다음 날을 조심해야 한다. 대부분의 거대한 유적은 접근이 까다롭다. 마추픽추는 그중 일등감이었다. 쿠스코에서 아과스칼리엔테스까지 달리는 기차는 고작 80킬로미터를 느릿느릿 달리면서 서울에서 부산까지 KTX로 달리는 것과 맞먹는 요금을 챙겼다. 가장 저렴한 티켓의 경우에 그렇다는 얘기다. 다시 아과스칼리엔테스에서 마추픽추까지 올라가는 버스는 고작 8킬로미터 거리에 16,000원을 받는다. 마추픽추에 도착하면 다시 6만 원짜리 입장료가 기다린다.

　이해는 한다. 이 경이로운 고대유적을 보기 위해 세계 각지에서 지갑을 활짝 열고 몰려든 관광객들에게 바가지를 씌우지 않는다면, 가난한 페루 정부는 달리 어디서 이 정도로 만만한 세수를 확보하겠는가. 그럼 이제 관광객의 주머니를 다 털었는가? 아니. 입장료가 무색하게도 마추픽추의 부대시설은 한없이 열악하다. 엄청난 숫자의 관광객이 하나뿐인 화장실을 이용하기 위해 긴 시간 뙤약볕 아래 줄을 서야 한다. 마침내 줄이 짧아지면 화장실 이용료 1달러를 (또!) 내야 한다. 아마 배탈 때문에 화장실에 다녀왔던 에런은 죽을 고생을 했을 것이다. 왜냐하면 와이나픽추에서 화장실까지는 건장한 이스라엘 군 출신에게도 왕복 한 시간 반 거리였기 때문이다. 볼일을 참기 어려운 노약자들은 급하면 바지에 실례를 하는 수밖에 없다. 그래서 영험한 젊은 봉우리 와이나픽추에는 곳곳에 지린내가 진동했다.

　이것은 마추픽추만의 이야기가 아니다. 한때 문명이 성하였으나 지금은 쇠한 나라의 거대 유적들은 모두 비슷하게 험난한 접근구조를 지니고 있다. 그래서 다시 말하지만, 거대한 유적을 본 다음 날을 조심해야 한다. 슬금슬금 질문이 생기기 때문이다. '상당한 시간과 경비와 노력, 과연 그 모든 걸 감수할 가치가 있더냐?' 게다가 질문은 또 있다. '다음 목적지는 어디지? 애개개, 엄청 작은 곳이로구먼.' 여행자는 커다란 프로젝트를 마쳤을 때와 흡사한 허탈감과 피로를 동시에 느끼게 된다.

　물론, 지금 이곳은 피로와 허탈감을 달래기에 적절한 장소가 아니다.

물가가 높은 아과스칼리엔테스에서 마추픽추 구경을 마친 사람이 해야 할 첫 번째 똘똘한 일은 서둘러 방을 빼는 일일 것이다. 체크아웃을 하기 위해 식당을 나섰다. 이제 나는 누가 보아도 절름발이였다.

우리 방은 3층. 짐을 꾸린 뒤 아이가 먼저 자신의 배낭을 메고 내려갔다. 큰 가방이 내 차지였는데 방문 밖에 그것을 내놓기가 무섭게 주저앉고 말았다. 통증이 격렬해졌기 때문이다. 숙소는 무허가 건물답게 3층에서 1층까지 비좁고 불규칙한 계단으로 연결되어 있었다. 도저히 이 상태로는 가방을 나를 엄두가 나지 않았다. 절름대며 방으로 들어와 근육통에 바르는 크림을 듬뿍 바르고 진통제를 한 알 삼켰다. 어쩔 수 없이, 다른 할 일도 없이, 약이 효과를 내기 기다리며 가만히 앉아 있었다. 문득, 이것이 매우 낯선 상황임을 깨달았다.

얼마나 많은 여행자가 후다닥 짐을 내놓은 뒤에 도로 머물렀던 방에 앉아 자신이 남긴 흔적을 되돌아볼까. 빠뜨린 물건이 없나 휙 둘러보는 것 말고, 찬찬히 앉아서 말이다. 비단 여행뿐 아니다. 우리는 인생에서 많은 이동을 한다. 직장을 옮기고 이사를 하고 연인을 바꾼다. 그때에 내가 떠난 자리를, 그 자리가 새로운 것으로 채워지기 전에 다시 돌아가 바라본 적이 있는지?

오후의 지친 햇살이 커튼 사이로 스며들었다. 매트리스는 한 귀퉁이 시트가 벗겨져, 함부로 어깨가 드러난 여인처럼 속살을 드러내고 있었다. 쓰레기통에는 쓰레기가 가득했다. 죄다 우리가 버린 것들이었다. 불과 만 이틀 만에 쓸모가 없어져버린 것들. 이를테면 이제 종이 짝에 불과해진 값비싼 마추픽추 입장권이나, 거기서 우리가 아껴가며 목을 축였던 생수병 같은 것들. 과자 봉지와 휴지들. 떠난 자리는 적나라했다.

이 방은 그동안 얼마나 많은 이들을 품었을까. 얼마나 많은 이들을 놓아주었을까. 어지르고 다시 정돈하고, 떠나고 다시 돌아오고, 끝내고 다시 시작하는 행위의 축적. 나는 우리가 인류의 거대한 유적으로 숭앙해 마지않는 마추픽추, 그것이 있는 마을인 아과스칼리엔테스, 거기 수백 개의 너저분한 호텔 가운데 하나, 그 어질러진 방이 바로 또 하나의 유적이란 걸 깨달았다. 인류가 생겨난 이래 지속적으로 만들고 허물어온 소규모의 유적. 우리는 매일 하루를 살고 하루를 죽으며 '오늘의 유적'을 만들어낸다.

흔히들 이야기하듯, 우리는 생의 나그네들이다. 천년만년 살 것처럼 일하고 금은보화로 창고를 채워두려 하지만, 사실 나그네에게 축적은 무의미하다. 생은 '현재'에 짤막하게 머물다 사라지는 것. 그 짤막한 현재에서 해낼 수 있는 최상의 일은 미련하게 방을 금은보화로 채우는 것이 아니라, 그 방의 침대에서 매트리스가 벗겨지도록 행복하게 뒹구는 일일 것이다. 그리고 떠난 뒤 머물 다음 사람을 위해 쓰레기통을 비워주는 일 정도일 것이다.

다시 한 번, 거대한 유적을 본 다음 날을 조심해야 한다. 성취'감'이란 결국 감각의 일종이며, 모든 감각은 꼬집힌 자리의 통증이 사라지듯 사라지게 되어 있다. 그 사라진 자리에 홀쭉해진 지갑과 공허가 끼어드는 것이다. 때론 풍선 같은 무릎까지도.

'그 모든 걸 감수할 가치가 있더냐?'

나는 자신 있게 대답했다.

'예스! 마추픽추는 훌륭했어.'

더불어 분명히 알고 있었다. 내게 마추픽추가 훌륭한 것은 바로 이 순간까지를 포함하기 때문이란 걸. 고맙게도 내가 무릎을 다쳐 주저앉은 순간, 그래서 곧바로 또 다른 감각적 성취를 향해 뛰쳐나가지 못한 채, '오늘의 유적'을 찬찬히 되돌아본 바로 이 순간. 마추픽추가 내게 감각 이상의 것으로 완성된 것은 이 뒤돌아본 순간의 교훈 때문인 것이다. 부디 개미처럼 살지 말라. 모두가 인류사에 길이 남을 건축물을 지을 필요는 없다. 새로운 사조의 창시자가 될 수도 없다. 정복 같은 건 더더욱 할 필요가 없다. 그저 나무를 심어라. 그저 꽃에 물을 주어라. 그저 자식을 낳아라. 나이를 먹으며 약간의 지혜를 얻거든 어린 이들에게 물려주어라. 그로써 그들이 살아갈 세상이 조금 더 나은 세상이 될 발판을 닦아놓아라. 다음에 올 사람을 위해 떠나는 방의 쓰레기통을 비워놓듯이.

지금 네가 머무는 곳에 앉아라. 곁에 있는 사람의 입을 맞추고 사랑을 속삭여라. 죽을 때 후회되지 않을 만큼 사랑해, 사랑해, 그리고 또 사랑해 속삭여라. 이유를 묻지 말고 안아라. 내일을 생각하지 말고 안아라.

아들과 함께 기차역으로 향했다. 다리가 불편한 엄마를 위해 아들은 제 몸보다 큰 가방을 끌었다. 점점 힘이 세진다. 키도 곧 추월당할 것이다. 기쁘게. 절뚝거리며 기차역에 다다르자, 도착했던 그 밤처럼 기차가 도착했다. 새로운 관광객들이 우르르 쏟아져 내렸다. 호텔들이 다시금 스펀지처럼 그들을 빨아들였다. 기차 역시 구경을 마친 관광객들을 쭉 빨아들였다. 출발의 기적이 울린다. 모두 다가온다. 모두 사라진다. 관광객들은 영원한 유적을 보러왔지만, 영원한 것은 없다. 모두 자신만의 유적을 남기고 지우고 다시 새길 뿐이다.

기차가 쿠스코를 향해 출발하자, 아이가 책을 꺼내 읽기 시작했다. 나는 마추픽추가 전해준 소중한 교훈을 행동으로 옮기기 위해 아이가 보는 책 위로 얼굴을 들이밀었다.

"중빈아, 우리 뽀뽀하자!"

아이가 삐쭉 입술을 갖다 대더니 도로 책으로 시선을 옮긴다.

"좀 찐하게 하자. 엄마 다리도 아픈데~ 약이 필요해~"

아이가 아주 찐하게 주둥이를 갖다 댄다.

"몇 살까지 엄마한테 뽀뽀해줄 거야?"

"죽을 때까지!"

"진짜?"

"진짜!"

거짓말이라도 좋다. 이 순간으로 족하다. 마추픽추가 조금씩 멀어진다. 우리가 방에 남겨놓은 유적도 멀어진다. 방금 나눈 입맞춤도 시간과 더불어 유적이 되리라. 그렇게 한 시절이 지나가고 한 생이 지나갈 것이다. 그러하니, 부단히 또 사랑하며 살리라.

국경을 넘으며
4인조가 되다

Puno

쿠스코에서 푸노까지는 여섯 시간. 고도는 3,830미터, 다시 그 어느 때보다 높아졌다. 푸노는 티티카카 호수를 끼고 있는 호반도시다. 티티카카는 남미 최대의 호수로서 페루와 볼리비아 사이에 걸쳐 있다. 그러므로 여행자들은 조금 더 관광상품이 다양한 페루 쪽에서 티티카카 투어를 떠날 수도 있고, 아직 관광화가 덜 되어 있지만 비교적 물이 깨끗하고 물가가 저렴한 볼리비아 쪽에서 투어를 할 수도 있다. 우리는 볼리비아 쪽에서 티티카카 투어를 떠날 예정이었다. 그러기 위해서는 페루의 국경도시 푸노에서 볼리비아 비자를 발급받아 국경을 넘어야 했다.

  오후에 출발한 버스가 푸노에 도착할 무렵 이미 사위는 어두웠다. 계곡을 달리던 버스는 이제 내리막길로 접어들었다. 저 아래 밤바다처럼 보이는 것이 티티카카 호수일 터이다. 호반을 따라 수만 개의 촛불을 켜둔 듯 따뜻하게 도시가 반짝이고 있다. 페루처럼 GDP가 5천 달러 남짓한 나라의 소도시는 밤풍경이 포근하다. 극심한 전력난으로 암흑 속을 헤맬 일도 없지만, 눈을 부시게 하는 도시의 위용도 없기 때문이다. 버스는 내리막길을 따라 모자라지도 넘치지도 않는 빛의 아늑함 속으로 들어갔다.

버스에서 내리니, 더 높아진 고도 때문인지 얼어붙을 것만 같았다. 안 그래도 페루에 전례 없는 혹한이 몰아쳐 사망자가 대량으로 속출하고 있다는 뉴스가 연일 계속되고 있었다. 우리가 선택한 여인숙은 비교적 단단히 지어져 외풍이 덜해 보였다. 담요도 세 겹이나 깔려 있었다. 거친 날씨에도 불구하고 페루인들에겐 난방 개념이 없다. 어떻게 추위를 면하느냐고 물으면 담담히 대답한다.

"알파카* 담요를 한 겹 더 뒤집어쓰면 되지요."

비자에 필요한 것들을 준비하러 문방구를 찾았다. 복사를 하고 지우개를 집어드니, 1솔을 달란다. 오, 착한 가격. 막 관광지를 벗어난 탓인지 주인의 정직한 눈빛에 마음이 편안해진다. 밤거리엔 차도 없다. 덕분에 소음도 없다. 공기는 맑고 달달하다. 시클로를 닮은 자전거 택시만 조용히 체인 감는 소리를 내며 멀어졌다. 우리는 광장까지 걸었다. 머리를 땋아내리고 풍성한 페티코트로 스커트를 부풀린 할머니들이 담요를 몇 겹씩이나 어깨에 둘러 거구가 되었다. 침침한 가로등 아래 꼼짝 않고 앉아 있는 그들은 마치 길가에 쌓아놓은 하나의 옷더미처럼 보였다. 그들 앞에는 휴지나 비누 등 사

* 라마와 유사한 낙타과의 안데스 가축. 털이 길어 의복을 만드는 데 특히 요긴하다.

소한 생필품을 늘어놓은 좌판이 있었다.

손수레 앞에 서자, 할머니가 뜨거운 김이 모락모락 올라오는 컵에 설탕을 가득 넣어 내민다. 두툼한 손, 햇빛에 검게 익고 추위에 붉게 터진 뺨. 할머니가 내민 것은 코카차다. 후후 불어 마시니 이가 딱딱 부딪히던 몸에 온기가 돌았다. 할머니의 수레 뒤에는 겹겹이 쌓아 만든 담요 덩어리가 있었다. 한참을 보고서야 유모차라는 걸 알았다. 담요 아래 깊이 파묻혀, 아기는 형체도 없었다. 이들은 이렇게 탄생과 함께 혹독한 추위에 길들여지는 것이다.

쿠스코와 마찬가지로 푸노의 광장 역시 이름이 아르마스다. '무기 광장'쯤의 뜻이 될 것인데, 이는 스페인 정복자들이 도시를 구획할 때 군사적인 용도를 일차적으로 고려했기 때문에 붙여진 멋없는 이름이다. 적들이 공격해오면 시민들은 광장으로 일단 피신했고, 광장에서 방어할 무기를 나눠 받았다고 한다. 광장은 휑했고 가게들은 대부분 문을 닫았다. 가정집 유리창 안쪽에서 움직이는 사람들의 실루엣이 노란 불빛을 입어 따뜻하게 보였다. 어쩌면 지금이 하루 중 여행자가 가장 집을 그리워하게 되는 시간일 것이다. 우리는 손을 꼭 잡고 걸었다.

"아빠도 같이 있었으면 참 좋았겠다."

"응. 아빠도 페루를 좋아했을 텐데."

"왜?"

"페루엔 고기가 많잖아. 뭘 주문하든 고기가 꼭 들어 있으니까."

우리는 새벽부터 삼겹살을 구워 먹고 출근하던 아빠에 대해 이야기하며 킥킥 웃었다. 그리움이 조금 달래졌다.

광장 한쪽에 드나들기 힘들 만큼 좁은 골목이 있었다. 호기심에 들여다보니 허름한 식당이 숨어 있다. 뿌연 김으로 뒤덮인 유리창 안쪽에 꽤 많은 현지인들이 북적이고 있었다. 페루의 여느 서민적인 가게들처럼 주인의 살림 세간이 테이블과 뒤섞여 어수선했다. 테이블은 여섯 개. 우리는 딱 하나 비어 있는 구석 자리 테이블에 앉았다. 다른 사람들이 먹는 것을 살핀 뒤 눈치껏 손으로 가리켜 주문을 했다. 오래 달여 진한 고깃국물 냄새가 진동했다.

나는 옆자리의 어린 부부에게 시선을 빼앗겼다. 둘 다 정말 어렸다. 열여섯 살 정도? 어린 엄마는 한쪽 어깨에 인디오식 슬링을 걸쳐 아기를 앞으로 안았다. 슬링 위로 담요 두 장이 덮여 있어서 아기는 칭얼대는 소리로만 때때로 자신의 존재를 알렸는데, 그때마다 어린 엄마는 격렬히 흔들어 (이곳에서는 흔히 그런다) 아기를 재웠다. 아기가 잠든 듯 고요해지자 엄마는 담요 속에 얼굴을 묻고 아기에게 입을 맞췄다. 그리고 나서야 식은 수프를 먹기 시작했다.

내가 시선을 뗄 수 없었던 것은 그녀가 너무나 예뻤기 때문이다. 외모도 갓 피어난 꽃처럼 어여뻤지만, 비단 외모만 예쁜 것이 아니었다. 그녀는 마치 아이돌을 바라보는 10대 소녀의 환상 가득한 눈망울로 남편을 쳐다보고 있었다. 그녀는 온몸으로 '난 정말 행복해요'라고 말하고 있었다. '난 영원히 행복할 거예요'라고도 말하고 있었다. 그렇게 예쁨으로 꽉 찬 아기 엄마는 처음 보았다.

어린 아빠는 예쁨으로 곧 폭발할 것 같은 눈앞의 아내에게 눈길조차 주지 않았다. 아내가 아기를 어르고 재우고 차가운 수프를 입에 넣을 때까지, 그들과는 상관없는 사람처럼 위장을 채울 뿐. 녀석은 이미 아내에게서 관심을 잃었다. 유혹하였고, 데려다놓았고, 자신의 아기까지 낳았으니. 아기를 받아 재우는 것을 도와주거나, 수프가 식기 전 아내에게 떠먹여 주는 것을 기대한 것은 아니다. 그저 어차피 뜨고 있는 눈, 아내에게로 돌리기만 하면 행복한 가정을 얻게 되는 것을, 거저나 다름없는 몫도 찾아 갖지 못하는 녀석이 어떻게 한 가정의 행복을 지켜낸단 말인가. 나는 "좀 쳐다봐라 마!" 하고 한 대 쥐어박고 싶은 것을 간신히 참았다.

조사에 의하면, 여자는 감정에 충직해서, 남자가 자신에게 무관심하여 외로움을 견디기 힘들 때 밖으로 눈을 돌린다고 한다. 반면 남자는 본능에 충실해서, 곁에 매력적인 여자가 나타나면 그대로 흔들린다고 한다. 그러므로 공식대로라면 대부분의 부부관계에 첫 금이 가는 것은 필연적으로 남자의 무심함이나 바람기가 그 이유가 될 것이다. 나는 행복으로 충만한 꽃봉오리 같은 저 소녀가 조금씩 지치고 시들어 갈 나날들이 예감되어 마음이 짠했다. 선배로서 귀띔해주고 싶은 마음이 들기도 했다. '괜찮다. 그 뒤에 또 살아갈 이유들이 온다.' 물론, 소녀는 스스로 배울 것이다. 뿌리처럼 질긴 여성성의 힘으로.

꼬질꼬질한 알파카 스웨터 소매를 걷어붙인 아저씨가 우리 자리에 엔트라다 애피타이저로 소파 수프를 내왔다. 진한 갈비탕 국물에 쿠스쿠스가 잠겨 있다. 페루는 아침식사를 제외하고 대부분 코스 요리로 식사가 제공된다. 메누델디아 오늘의 요리라는 서민들의 백반이 그러하다. 대접받는 느낌이 좋고 양도 푸짐해 좋다. 무엇보다 한국인에게는 엔트라다인 소파가 빠지지 않으니 국물이 있어 좋다.

"와, 구수하고 부드럽다!"

"음, 맛있어. 맛있어."

알파카 아저씨가 세군도 두 번째란 뜻. 주요리를 들고 나타났을 때, 우리는 열광적으로 엄지손가락을 추켜세웠다. 아저씨가 튼 뺨 가득 미소를 지었다. 접시에는 야채, 닭고기, 밥이 고르게 담겨 있었다.

마지막은 포스트레디저트. 대개는 세군도에 딸려 나오는 주스로 대신하고 생략되는데, 우리의 알파카 스웨터 아저씨가 아이스크림을 들고 나타나셨다!

"오, 예~!!"

중빈이 지붕이 들썩일 만큼 환호했다. 꼬질꼬질하고 북적북적하고 살뜰히 정성스러운 그 식당의 일인당 가격은 1,100원. 페루에서도 찾아보기 힘든 감동의 가격이었다. 물가가 저렴한 볼리비아가 가까워졌음을 실감했다.

어제의 감동은 중빈의 설사로 이어졌다. 평소에 변비로 고생하는 체질인데다 심한 증세는 아니었기에 약을 주며 위로했다.

"시원하게 장 청소하는 셈 치자."

대충 몸을 추스린 뒤, 푸노 시내에 있는 볼리비아 영사관으로 향했다. 때마침 영사관은 한국인 단체관광객들로 가득했다. 오랜만에 한국인을 만난 게 반가워 "어머, 안녕하세요!" 인사하니, 그중 한 명이 "쉿!" 한다. 푸노의 영사가 성질 고약하다는 소문이 파다한데 시끄럽게 굴면 내쫓는다는 것이다. 아무렴 그렇게까지야. 그러나 모두들 벌 받는 아이들처럼 입을 꾹 다물고 앉아 있었기에 나도 그 어색한 고요에 합류했다. 비자를 못 받아 발이 묶인다면 좋을 건 없겠지.

내 차례가 되었다. 고백하건대, 나는 서류 지능이 70이다. 한국에서도 서류와 관련된 일이라면 평균 세 걸음은 해야 마무리가 된다. 하물며 페루에서야. 영사는 나의 실수들을 콕콕 찍어주었다. 그때마다 나는 지적받은 서류를 보완하러 가까운 PC방에 왔다 갔다 했다. 그동안 한국인 단체 관광객들은 모두 비자를 받아 나갔고, 심지어는 내 한참 뒤에 왔던 젊은 한국인 커플도 사라졌다. 그리하여 서류가 완벽해졌을 때, 나는 어린아이처럼 기뻤다.

영사는 소문처럼 깐깐하거나 괴팍한 사람이 아니었다. 대부분의 남미 공무원들과 '달리' 철저하게 원칙을 준수하는 사람이었을 뿐이다. 내가 최종적으로 서류를 제출하자, 그는 한국에서 온 덜렁이를 치워버릴 수 있게 되어 후련한 듯 번쩍 손을 들며 말했다.

"아디오스!!!"

오후 버스에 몸을 실었다. 오늘 이 버스로 국경을 넘어 볼리비아의 코파카바나에 도착할 예정이다. 코파카바나는 말하자면 티티카카 호수를 사이에 두고 페루의 푸노와 마주보고 있는 볼리비아의 영토. 푸노에서 코파카바나까지는 불과 3시간 거리다. 우리는 거기서 하룻밤 묵은 뒤 내일 티티카카의 섬으로 들어살 것이다.

버스가 출발하기 직전, 우리 뒷자리에 한국인 커플이 자리 잡았다. 푸노의 영사관에서 보았던 젊은 커플이었다. 우리는 가볍게 인사를 나눴다. 커플 중 여자 친구가 좀 지쳐보였다. 만나는 사람만 보면 엉기는 중빈이 그들을 방해하지 않도록 붙잡아 앉혔다. 버스가 달리는 동안, 중빈이 학교 친구에 대해 이야기를 했다. 그때 뒷좌석의 아가씨가 물었다.

"혹시 지금 말하고 있는 친구 엄마 이름이 수 아니에요?"

"…… 네. 어떻게 아세요?"

"수 언니 잘 알아요. 전에 같이 중국을 여행했어요. 뒤에서 듣자니, 애 이름이랑 학교 이름이랑 동네까지 똑같아서 혹시나 했는데……."

평소에 나는 수 언니의 태평양 같은 오지랖을 존경해왔다. 수많은 사람과 사건들을 품으면서도 당최 지치는 법이 없는 사람. 그러더니 급기야 그

오지랖이 페루까지 뻗치는구나. 우리는 동시에 외쳤다.

"이럴 수가!"

학창시절 내가 수학 중에서 가장 어려워했던 챕터는 '확률'이었다. '순이가 철수네 가는 길은 차로 가는 길이 세 갈래, 걸어가는 길이 두 갈래 있다. 순이가 갈 때는 차로 가고 돌아올 때는 걸어올 확률은?' 나는 이런 문제가 도통 쉽지 않았다. 순이가 차도로 가다가 자전거가 타고 싶어질 수도 있잖아? 차 사고가 나서 중간부터 걸어갈 수도 있잖아? 뻗치는 상상 속에서 답을 낼 수 없었다. 그런데 여기, 대한민국에서 지구를 반 바퀴 돌아, 새털같이 많은 날 중에 오늘, 새털같이 많은 버스 중에 이 버스를 타고 페루의 국경을 넘어가다가, 새털같이 많은 화제 중에 중빈의 친구 얘기를 해서, 그 친구의 엄마가 '아는 동생'을 만날 확률은 얼마나 될까? 생각만 해도 머리 아프다. 그냥 이것이 매우 귀한 인연이란 것만 알겠다. 그래서 '진'은 그 자리에서 내 동생이 되었다.

깡마른 몸에 긴 머리를 늘어뜨린 건축학도 진의 옆에는 다부진 체격에 스포츠머리를 한 해병대 출신의 새신랑 철이 있었다. 둘은 일반적인 결혼식과 럭셔리 신혼여행을 포기하고 대신 그 비용으로 1년짜리 배낭여행을 선택했다. 이 여행을 위해 회사도 그만두었다. 중미에서 시작된 여행은 지금 5개월에 접어들었다.

사람들은 신혼을 '달콤하다' '깨가 쏟아진다' 등으로 표현하지만, 신혼의 실상은 대부분 그렇지 못하다. 결혼이란, 성격도 배경도 다른 두 남녀가 만나 결혼이라는 새로운 경첩으로 연결되는 것. 이 새 경첩은 문이 열릴 때마다 삐거덕 소리를 낸다. 제대로 닫히지 않기도 한다. 잘 닫히지 않는다고 상대를 비난할 때도 있다. 훨씬 부드러운 문을 꿈꿨다며 좌절할 때도 있다.

세상을 향해 매끄럽게 여닫히는 '대문'으로서 기능하려면 세월이 필요하다. 그런데 오래된 부부도 싸우고 돌아서기 딱 좋다는 여행을 5개월째 하고 있다니. 처음에 진이 좀 지쳐보였던 이유를 알 것도 같다.

나는 일단 둘의 선택을 지지했다.

"멋지다! 요즘 젊은이들 결혼식을 일생일대의 쇼핑 찬스로 생각하고 화려하게 하지 못해 안달한다던데, 이렇게 허례허식은 쏙 빼고 알짜배기 세상 공부를 하러 나오다니 너무 기특한 걸."

진은 이제 20대 중반이다. 당연히 여섯 살 차이가 나는 '오빠' 철이 훨씬 어른인 줄 안다.

"오빠랑 나이 차가 많이 나서 서로 생각이 달라 다툴 때가 있어요."

"여섯 살이 뭐가 많아? 걱정 마. 남자들은 살수록 나이가 줄어서 금방 너보다 -6살 돼."

내 말에 진이 깔깔 웃는다. 그녀는 '언니'를 만나 장장 5개월 동안이나 입이 근질근질했던 이야기를 쏟아 놓는다.

"오빠는 덩치가 저보다 훨씬 좋은데 고도적응도 힘들어 하고 툭하면 힘들다며 잠만 자요."

"하하. 우리 남편도 여행할 때 그랬어. 덩치는 내 두 배인 사람이 고도적응을 못 해 며칠이나 끙끙 드러누웠다니까."

철이 옆에서 머쓱하게 말했다.

"중빈아, 네 아빠는 참 매력적인 분이시구나!"

다 같이 웃었다. 보아하니, 빠르게 적응하는 진이 귀여운 불평을 늘어놓으며 철을 이끌면 철은 뚝심 있게 들어주며 뒤처리를 하는 형태로 여행을 하는 것 같다. 하지만 지금 새신랑에 대해 불평하는 진은, 실은 어린 나이에

리조트를 버리고 벼룩이 난무하는 싸구려 숙소를 마다않는 용감한 여성이다. 이런 알뜰여행을 할 땐 호흡조절이 중요하다. 하루쯤 깨끗한 데서 자고 좋은 음식을 먹으며 여행 자체 내에 휴식을 두어야 한다. 그렇지 못하면 여행이 고행이 된다. 더구나 명색이 신혼여행이 아닌가. 하지만 회사까지 그만두고 떠난 여행에서 여유를 부리기란 쉽지 않을 것이다.

내가 제안했다.

"코파카바나에 가면 '라 쿠풀라'라는 호텔이 있어. 독일인 주인이 구석구석을 아담하고 아름답게 꾸몄대. 열일곱 개 방이 다 개성 있고 다르게 생겼는데, 티티카카가 한눈에 내다보이는 멋진 스위트룸도 하나 있대. 지금 그대들에게 딱 필요한 곳이야. 내가 그대들을 그 방에 넣어줄게. 결혼 선물이야."

뜻밖의 선물에 진의 얼굴이 발그레한 행복에 젖었다. 그 모습을 보니 절로 기분이 좋아진다.

창밖으로 티티카카가 나타나기 시작했다. 4천 미터 가까운 높이에 있는 바다처럼 거대한 호수. 고도 때문에 하늘도 물도 그 '진함'이 사뭇 놀라운 감동이었다. 얼핏 돌아보니 어느새 철은 졸고 있다. 진이 아름다운 광경을 함께 보지 못하는 것이 속상해 철의 뺨을 손가락으로 콕 찌른다. 미소가 지어졌다. 뭐든 함께 하고 싶던 그때, 그것을 사랑인 줄 알던 그때가 생각나서.

그렇게 우리는 4인조가 되었다.

어느 날 나는 미니버스 창밖으로
지나가는 사람들을 카메라에 담다가,
문득 한 가지를 깨닫고 마음이 얼얼해져
더 사진을 찍을 수가 없었다. 퇴근길이었다.
거리로 인파가 쏟아져 나오고 있었다.
그 많은 인파 가운데 '세 사람 중 한 사람'이
반드시 웃고 있었다.

BOLIVIA

가방이
없어졌어!
Copacabana

코파카바나까지 세 시간이 걸린다던 버스는 결국 국경에서만 세 시간을 지체했다. 본래는 페루 쪽에서 승객들이 버스를 내려 걸어서 국경을 넘은 뒤 볼리비아 쪽에서 입국 도장을 받고 다시 버스를 타는 단순한 과정이었는데, 그날따라 국경마을에 축제가 있었다. 볼리비아의 독립기념일을 기리는 축제였다.

　볼리비아는 페루가 스페인으로부터 독립한 지 약 '일 년 일 주일' 뒤에 독립했다. 때문에 마추픽추에서 페루의 독립기념일을 맞았던 우리는 일주일 뒤 다시 국경지대에서 볼리비아의 독립기념일을 맞이하게 된 것이다. 묘하게 맞아떨어진 시기 덕분에 가는 곳마다 축제 분위기였다. 여성들은 중절모를 쓰고 부풀린 스커트를 동그랗게 돌리며 뱅글뱅글 군무를 추었다. 남성들은 군악대처럼 열 지어 악기를 연주하며 행진했다.

볼리비아는 이전에 '상上 페루'라는 페루의 일부분으로 존재했다. 1800년대부터 이 지역에서 스페인에 저항하는 수많은 봉기가 일어났으나 제대로 된 독립은 이루지 못했다. 1824년 페루가 독립을 쟁취한 뒤, 남미의 독립 영웅 시몬 볼리바르는 상 페루를 자신의 원대한 꿈인 '남아메리카 연방'●에 복속시키고 싶어 했다. 그러나 그의 부관 안토니오 호세 데 수크레가 이 지역의 자치 필요성을 강력히 전했다. 결국 의회에서 표결에 부친 결과, 상 페루는 자치권을 얻게 되고 시몬 볼리바르의 이름을 딴 '볼리비아'로 태어났다.

축제 분위기 자체는 흥겨웠다. 문제는 가는 곳마다 숙박이나 교통편이 미어터지는 불편함이 따라왔다는 것이다. 국경에서는 그 불편함이 정점을 찍었다. 곧 나타난다던 버스는 완벽한 어둠이 내릴 때까지 나타나지 않았다. 뒤엉킨 버스 행렬은 일보전진도 할 수 없는 것처럼 보였다. 극심한 정체와 무질서 속에, 마을 사람들은 춤을 추었고 승객들은 자기 버스를 찾아 헤매고 다녔다. 국경의 노점상들, 환전상들, 각종 사기꾼들이 그 무질서 속에 양념처럼 끼어들었다. 아무런 안내도 없이 바야흐로 알아서 살아남는 서바이벌이 시작되었다.

버스를 찾아 몇 시간이나 어둠과 진흙길을 우왕좌왕했다. 굉장히 위험할 수 있는 상황이었다. 국경이란 항상 조심해야 하는 지대인 까닭이다. 재수 없으면 이 나라에서도 저 나라에서도 떠맡고 싶어 하지 않는 도둑질이나

● 지금의 콜롬비아, 베네수엘라, 에콰도르, 파나마, 페루 북부, 브라질 북서부를 통틀어 말하며, 시몬 볼리바르는 1819년 당시 이 나라들을 스페인으로부터 독립시킨 뒤 '그랑 콜롬비아'라 하여 거대한 연방국으로 통일했다. 그러나 이 연방국은 오직 12년 동안만 존속되었다.

소매치기에 휘말려 어느 쪽에도 하소연하지 못하는 수가 있다.

　어둠 속에서 기진맥진 간신히 버스를 찾았을 때, 운전기사와 차장은 태만하다 못해 무료한 얼굴로 앉아 있었다. 내가 "이게 어찌된 상황이냐?" 물으니, 운전기사가 "문제없어!" 하고 한마디 내뱉는다. 그 무사안일주의와 뻔뻔함에 글자 그대로 머리 뚜껑이 열려버렸다. 항의하는 사람이 없다면 상황은 개선되지 않는다. 그가 알아듣든 말든 소리를 높였다.

　"당신이 승객의 안전을 책임지고 적극적으로 나서서 안내했어야죠! 이건 문제없는 게 아니라, 문제가 있는 겁니다! 몇 시간 동안이나 문제가 있었고, 그 문제는 아주 큰 문제로 발전될 뻔 했다고요!"

　차 안이 조용해졌다. 기사가 무안했는지 차장에게 "왜 네가 제대로 안 챙겼냐?"는 식의 책임전가를 하고 구시렁대며 차를 출발시켰다.

　볼리비아의 코파카바나에서 맞는 첫날 아침, 티티카카에서 불어오는 바람은 차가웠다. 4인조는 옷을 잔뜩 껴입고 코파카바나의 시장 노점 테이블에 앉았다. 철이 타고난 식성으로 샌드위치를 뚝딱 먹어치웠다.

　"삼촌은 음식을 막 마셔. 정말 울 아빠랑 똑같다!"

　중빈은 철과 아빠의 공통점이 반가운 듯했다.

　"제가 아이스크림을 먹으려고 하면요. 아빠가 밤에 다 먹어버리고 만날 없어요."

　진이 웃으며 말했다.

　"안 그래도 오빠가 페루에서 아이스크림을 먹고 싶다고 하길래 볼리비아 올 때까지 참으라고 했어요."

　볼리비아는 남미의 최빈국이다. 피부로 느낄 만큼 모든 물가가 저렴했다. 갓 만든 토마토 치즈 샌드위치에 김이 모락모락 올라오는 초코라테를 마시니 600원이었다. 나는 세 명에게 선언했다.

"아이스크림이든 뭐든 먹고 싶은 거 다 먹어. 이 시장에선 내가 쏜다!"

우리는 언덕 위에 있는 라 쿠풀라로 갔다. 아기자기한 조각상들과 꽃으로 가꿔진 정원 아래 아름다운 티티카카가 내려다보였다. 정원의 나무 해먹에 흔들흔들 몸을 누이면 천국이 따로 없겠구나.

안타깝게도 스위트룸은 차 있었다. 더블룸 하나만 비어 있는데 산뜻한 마린풍 인테리어에 마당까지 딸린 별채였다. 더 볼 것도 없이 철과 진을 거기 들였다.

"고마워요."

진이 감격에 겨워했다. 내가 귀에 대고 속삭였다.

"내가 인도에서 험하게만 여행하다가 딱 하룻밤 좋은 데서 잤는데 글쎄 중빈이가 생겼잖아?"

진이 내 귀에 대고 속삭였다.

"어휴, 언니이~, 저 지금 마법에 걸렸어요."

"앗, 그럼…… 어렵겠구나."

우리는 자매처럼 키득거렸다.

진과 철이 라 쿠풀라에 머무는 동안 중빈과 나는 티티카카의 섬 중 하나인 '이슬라 델 솔'태양의 섬에서 하룻밤을 보내기로 했다. 우리를 배웅하러 진과 철도 부둣가로 내려왔다. 나와 진이 여행사에 들어가 보트 티켓을 구입하고 정보를 얻는 동안 중빈과 철이 앞에서 공 던지기를 시작했다. 불과 이삼 분이나 지났을까? 밖에서 철의 당황한 외마디가 들렸다.

"앗, 가방!!!"

철이 후다닥 뛰어 언덕을 올라갔다.

"무슨 일이야?"

"엄마, 삼촌 가방이 없어졌어!!!"

"어디 있었는데?"

"요기!!!"

그곳은 말하자면 여행사 입구이자 거리인, 여행사도 거리도 아닌 애매한 위치였다. 애매했기에 안심하면 안 되는 위치였는데, 애매했기에 오히려 안심하고 내려놓았을 것이다. 어쨌든 이 북적대는 부둣가, 온갖 잡범이 넘나드는 국경 근처 마을에서 가방을 몸에서 떼어놓은 것이 실수였다. 아마도 여기서 이런 식으로 밥벌이를 할 소매치기는 아까부터 이 마을 새내기인 우리를 매의 눈으로 좇으며 가방을 내려놓을 때만 기다렸을 것이다. 이들은 전문가들이다. 여행자들이 끌고 다니는 캐리어나 등 뒤에 매는 대형배낭엔 더러운 옷가지 정도밖에 들지 않았다는 것을 경험으로부터 알고 있다. 돈이나 카메라 등 귀중품은 따로 작은 배낭에 챙겨 넣고 절대 몸에서 내려놓지 않는다는 것 역시. 그렇기에 더더욱 '그 순간'을 놓치지 않았을 것이다. 철이라고 이 사실을 모를 리가 없다. 그렇기에 지난 5개월 간 아무 탈 없이 여기까지 올 수 있었던 것이다. 그런데 "삼촌! 삼촌!" 사탕처럼 부르며 따르는 중빈과 누나 같은 나를 만나 가족적인 분위기 속에서 잠시 긴장을 늦추고 말았다. 철이 가방을 찾아 뛰어다니는 사이, 우리 곁의 볼리비아인들은 페루인 소행이라고 수군거렸다. 페루인들은 볼리비아인 소행이라고 수군거렸다.

진은 곧 눈물이 터질 것 같은 눈을 하고서도 놀랍도록 차분했다.

"돈은 얼마나 들었니?"

"많이 안 들었어요. 아침에 환전한 200볼1볼은 약 200원이요."

"카드는?"

"씨티카드요. 그런데 현금인출카드는 제가 따로 가지고 있어요."

"다행이다. 재발급은 천천히 하고 분실신고만 하면 되겠네. 여권은?"

"큰 가방에 따로 두고 나왔어요. 평소에 안 가지고 다녀요."

"정말 잘했다. 카메라는?"

"작은 디카예요. 여분 카메라가 큰 가방에 하나 더 있어요."

"좋아. 사진은?"

"마침 어젯밤 다 옮겼어요."

훌륭한 여행자들이다. 위험은 분산시켜야 한다. 철이 돌아왔다. 가쁜 숨을 몰아쉬며 범인을 잡기는 어려울 것 같다고 했다. 동감이다. 어떤 멍청이가 훔친 가방을 들고 밖을 나다니겠는가. 일찌감치 성공적인 하루벌이를 끝마쳤으니 어디 지하방에서 축하주라도 처먹겠지. 철이 경찰서에 다녀오기로 했다. 범인을 잡아줄 거란 기대보단 보험처리에 필요한 서류 때문이었다. 나머지 셋은 카드 분실신고를 하러 PC방의 전화부스로 들어갔다. 내가 더듬더듬 탱크톱 브라에서 씨티카드를 꺼내 전화번호를 불러주고 진이 국제통화를 마쳤다. 간단하게 끝났다. 철도 돌아왔다.

"그래도 피해가 크지 않으니, 작게 액땜했다 치자. 이젠 정말 좋은 일만 있을 거야."

내가 위로를 건넸다. 진과 철은 신혼부부답게 금방 웃음을 되찾았다. 그들에게 남은 문제 한 가지는 코파카바나에 ATM이 없다는 것뿐이었다. 다음 목적지인 볼리비아의 수도 라파스에 가야 현금을 찾을 수 있을 것이다.

"엄마, 엄마가 여기서 돈 빌려주고 삼촌이 라파스에 가서 갚으면 되잖아."

철이 말했다.

"애는 어른이야!"

"엄마, 빨리 삼촌 줘!"

나는 다시 탱크톱 브라 자리를 더듬었다.

"알았다고! 지금 꺼내고 있다고! 이 사람들 오늘 여러 번 가슴 더듬게 하네."

진이 강아지 같은 눈망울을 하고 말한다.

"너무 폐를 끼쳐서…… 라파스 가서 꼭 갚을게요."

"폐는 무슨. 크게 잃지 않고 이만하길 천만다행이지. 미안해 할 필요 없어. 그리고 돈은 라파스 말고 한국 가서 갚아. 앞으로 한참 더 여행할 사람들인데, 사람 일은 정말 어떻게 될지 모르는 거잖아."

중빈이 나를 구석으로 부르더니 또 어른 노릇을 한다.

"엄마, 자꾸 이모한테 작은 걸 잃었다고 하지 마. 그래도 이모랑 삼촌에겐 소중한 물건들일 텐데 듣기 싫을 수 있어."

"알았어……. 엄마는 위로하려던 것뿐이었어."

완전, 시어머니시다.

"그리고 나는…… 자꾸 이 일이 나 때문인 것 같아. 내가 공 던지기를 하자고 해서, 그래서 삼촌이……. "

시어머니께서 울먹하셨다.

"아니야, 절대 그런 거 아니야! 이게 도둑놈 탓이지 어찌 네 탓이냐. 이건, 말하자면 걷다가 돌에 걸려 넘어지는 거랑 똑같은 거야. 나쁜 사람은 어디나 있고 그저 조심하는 수밖엔 없어."

정신없는 오전이었다. 진과 철이 내일 이슬라 델 솔로 들어와 합류하기로 하고 우리는 선착장으로 갔다. 진을 가볍게 포옹하며 물었다.

"혹시 가방 때문에 여기 머물기 싫어진 건 아니지?"

진이 고개를 저으며 싱긋 웃었다.

"좋아. 마침 이런 날 편한 데서 쉬게 돼 다행이다. 다 잊고 즐거운 시간 보내."

두 신혼부부가 씩씩하게 대답했다.

"네!!!"

BOLIVIA

● 라 쿠풀라 전경

창문에
루브르의 명화가 걸리다

Isla del Sol

보트는 서양인들로 만원이었다. 50명이 넘는 인원이 갑판과 객실의 나무 좌석에 빈틈없이 엉덩이를 붙이고 앉아 있었다. 흔히들 '세상에서 하늘과 가장 가까운 호수'라 부르는 티티카카는, 해발 3,812미터로 남미에서 가장 큰 호수. 실로 망망대해다. 하늘이 가깝기 때문인지 구름이 한 겹 홑이불처럼 수면을 내리덮고 있다. 홑이불 가장자리로 눈 덮인 안데스 산봉우리가 병풍처럼 펼쳐져 있다. 눈과 물과 하늘, 세상은 지금 군더더기 없이 흰색과 파란색뿐이다. 중빈이 갑판에 다녀오겠다며 사라졌다가 한참 만에 나타났다. 사라졌다 돌아오면 언제나 하는 말이 같다. 엄마, 나 또 친구 만들었어! 이 친구는 어느 나라에서 왔냐면…….

이슬라 델 솔의 소박한 선착장에 보트가 닿았다. 산처럼 솟은 섬이다. 평지는 거의 없다. 숙박업소에서 나온 소년들이 짐이 부려지기 무섭게 다짜고짜 자신들의 어깨에 올린다.

"얘야, 왜 그러니? 그건 내 가방이야."

"우리 호스텔로 가요. 저어기 위에요. 지금 저랑 가면 가방을 들어드릴게요."

그러고 보니, 대부분의 호스텔들이 꽤 높은 산기슭에 있었다. 가방을 들어준다는 건 솔깃한 유인책이다.

"전망이 아주 좋아요. 뜨거운 물도 나와요."

나는 본래 숙소를 직접 눈으로 보고 선택하는 편이다. 게다가 소년들은 고작 중빈보다 두세 살 더 먹었을 뿐이었다. 아무리 여기서 무거운 짐을 드는 게 그들의 생활일지라도, 또래 아들을 가진 엄마로서, 아들이 보는 앞에서 어린아이에게 가방을 들어달랄 수는 없었다. 내가 거절하자, 소년은 금세 다른 고객을 찾아내 산기슭을 올랐다. 다른 소년들도 우르르 가방을 짊어지고 사라졌다.

소년을 따라 산기슭을 올라갔어야 했다. 아니면 재빨리 선착장 근처 호스텔을 잡던지. 이도 저도 안 하고 시간을 끌던 나는 그로부터 무려 한 시간이나 빈방을 찾아 헤매야 했다. 마침내 우리가 짐을 푼 곳은 아직 완성조차 되지 않은 호스텔. 죽을힘을 다해 산중턱까지 가방을 들고 올라와, 완성한 지 5분 정도밖에 안 된 것 같은 허술한 방에 들어앉았다. 옆방은 주인 할아버지와 아들이 부지런히 망치질하고 못질해가며 만들고 있었다. 우리 방에는 중빈이 한 번 세게 점프하면 바로 부서질 것 같은 싱글 침대가 두 개 있었다. 그 매트리스는 이미 누군가 백만 번 점프한 듯 납작하게 꺼져 있었다. 값싼 중고물품들로 방을 꾸민 것 같았다. 아무래도 좋았다. 거기 티티카카를 그림처럼 담아내는 커다란 창문이 있었기 때문이다. 아아아, 탄성이 절로 터져 나왔다. 파랗다 못해 검푸른 물과 쨍한 하늘 아래 새하얀 안데스 설산. 1분 정도 뒤돌아 짐을 정리하고 창 쪽으로 고개를 돌리면, 아아아, 다시 탄성이 터져 나왔다. 겨울이지만 방문과 창문을 모두 열었다. 섬의 푸름 속에 원색 옷을 입은 로컬들이 꽃처럼 점점이 뿌려져 있었다. 어디를 봐도 아름다움뿐이었다. 이거야 원, 안에 있어야 할지 밖에 있어야 할지. 안에 있어도 좋고 밖에 있어도 좋고. 우리는 해가 지기 전에 산책을 하기로 했다.

급한 경사 때문에 좁다란 흙길은 지그재그로 나 있었고, 그 길은 집집마다 연결되어 있었다. 한 무리 양떼가 길을 내려갔고 목동이 뒤를 따랐다. 우리는 무작정 양떼를 따라가다 개울이 졸졸 흐르는 곳에 이르렀다. 풀이 무성한 그곳에는 당나귀 떼가 머물고 있었다. 그들은 빨간 줄, 파란 줄, 초록 술이 현란한 안데스풍의 손뜨개 방석을 안장으로 얹었고, 목에는 댕강댕강 다정하게 울리는 방울을 달고 있었다. 멀지 않은 덤불 속에서 돼지들이 꿀꿀거렸다. 어디를 보나 목가적 풍경의 전형이었다. '알프스 소녀 하이디'와 '알퐁스 도데의 별'을 합쳐 놓은 그림책 속에 들어앉은 착각이 들 만큼.

한 아낙이 돌계단에 천을 펼치고 앉아 있다. 천 위에는 자신이 직접 만든 손뜨개 작품들을 전시해놓았다. 아낙은 고개를 푹 수그린 채 열심히 실을 꼬고 틈틈이 판매를 했다. 이런 곳에서는 판매와 제작이 늘 동시다발적이다.

아까 가방을 들어주겠다던 소년을 만났다. 소년이 날 보고 씩 웃는다. 네 집이 여기냐 물으니, 고개를 끄덕인다. 장난감 집처럼 앙증맞은 호스텔이로구나. 앙증맞은 마당에 앙증맞은 의자, 앙증맞은 꽃들 사이에 앙증맞은 강아지. 이 호스텔의 앙증맞은 창으로 내려다보는 티티카카도 끝내주겠구

나. 때로는 무작정 삐끼를 믿고 따라가볼 일이다.

한 더벅머리 소년이 우리 곁을 어슬렁거린다. 중빈 또래인 듯하다. 두 소년은 통하지 않는 말 대신 미소를 주고받았다. 소년이 지니고 있던 것을 중빈에게 건넸다. 머리칼처럼 땋은 검은 알파카털 장신구이다. 소년이 그것을 중빈의 가방에 매달아주었다. 이제 중빈은 자신을 지켜줄 잉카의 부적을 얻었다. 우리는 소년과 함께 돌담장에 나란히 앉아 아무리 봐도 질리지 않는 하늘빛, 물빛, 산 빛을 철철 넘치도록 마음에 담았다.

이 천국에서 살아가는 천사들은, 그러나 돈맛을 아는 천사들이다. 이들은 전통적으로 물고기를 잡아서 내다 팔거나 자급자족 수준의 목축을 하거나 농사를 지었을 것이다. 그러다 섬에 온 여행자들을 위해 식사나 잠자리를 제공하면, 힘든 노동을 하지 않고도 목돈을 쥘 수 있다는 것을 알았을 것이다. 지금 유행처럼 섬사람들은 호스텔을 짓고 있다. 1차 산업 종사자에서 하루아침에 3차 산업 종사자로 변신하는 것이다. 필연적으로 여러 가지 문제가 생겼다. 우선 자본금이 없다. 그리고 3차 산업 종사자로서의 서비스 개념도 알지 못한다. 내가 머무는 호스텔만 해도 주인 여자의 남편과 시아버지가 종일 흙칠을 하고 배선을 하고 나무를 잘랐다. 자재들은 수도 라파스로부터 코파카바나를 거쳐 다시 배를 타고 (그러니까 점점 비싸지면서) 섬까지 들어올 것이다. 아무리 직접 발 벗고 나서서 인건비를 아낀다 해도 수중의 돈을 초과한 지는 보나마나 오래. 그렇다고 집이란 게 짓다 말 수도 없는 법. 꾸역꾸역 들어가는 자재비 때문에 그들은 당황스러워 하고 있었다. 그 당황스러움이 시작된 건 바로 우리 '관광객' 때문인 듯, 주인 여자는 우리가 체크인하자마자 매우 적대적인 얼굴로 돈을 걷어갔다. 밥을 먹자마자 또 돈을 걷어갔다. 짓다 만 듯 물이 나오지 않는 화장실에는 휴지가 없었다. 휴지가 없다고 말하자 새로 갖다놓는 즉시 또 돈을 걷어갔다. 나는 애초에 이 변화를 초래한 관광객들 중 하나로서, 또 살림을 하는 아낙 중 하나로서 그녀가 처한 상황을 이해했다. 그러나 내가 그녀의 요구에 순순히 응해주어도 그녀의 분노는 해갈되지 않는 것 같았다.

파랑과 하양뿐이던 창밖 풍경에 붉은빛이 스며들었다. 한낮에도 창문은 마치 루브르 박물관에 걸린 액자처럼 훌륭한 그림을 제공했지만, 노을이 깃들자 루브르를 통째로 갖다준대도 바꿀까 말까 망설일 만큼 뛰어난 명화를 제공했다. 해발 4,000미터의 거대한 물그릇에 용해되는 태양이라니. 붉은빛이 쩌렁쩌렁 세상을 울린다. 호랑이처럼 호령하는 노을이다. 세상을 꼼짝 못하게 포박하는 노을이다. 바라보는 사람의 얼굴까지 붉게 물들고 만다. 중빈과 나는 빛에 묶인 사람들처럼 제자리에 못 박혀 창밖을 바라보았다. 주홍빛 노을이 마침내 어둠에 까맣게 덮일 때까지. "아아……!" 우리가 한 말은 그게 다였다.

어두워지자 호스텔에는 우리만 남았다. 황당하게도, 주인 가족들은 모두 고모네로 자러 가버렸다. 허술한 합판으로 만들어진 문에는 형식적인 잠금장치도 없었다. 사라지는 주인 내외를 붙들고 안전하냐고 물었을 때, 주인 남자는 턱으로 의자를 가리킬 뿐이었다. 의자를 문에 받쳐놓으면 된다는 뜻이었다. 그러나 이 섬에 확실하게 못 믿을 것이 있다면 바로 저 허술한 의자일 것이다. 아까 중빈은 저 의자에 앉아 저녁을 먹다 그대로 바닥에 추락했으니.

명화가 담기던 창문에는 조금 오싹할 만큼 완벽한 어둠이 담겼다. 전기가 들어오지 않는 곳이라, 창가에 놓인 초를 밝혔다. 아이는 촛불 아래 일기장을 펼쳤다. 이동하느라 밀린 일기를 쓰려면 아직 멀었는데, 이국땅에서 불사르는 형설지공이 흥미롭기만 한 듯 벽에서 거대하게 함께 움직이는 자신의 그림자를 쉼 없이 힐끔거린다. 초가 녹는 소리와 연필이 종이 위를 구르는 소리 외에 호반의 섬은 적막에 잠겼다. 때때로 불어오는 밤바람에 호숫물이 파도 소리를 내고 나면 다시 그뿐.

고산지대의 겨울은 일교차가 극심하다. 한낮엔 재킷을 벗어버릴 만큼 볕이 강하고, 밤이 되면 아무리 껴입어도 춥다. 남미에 온 이래로, 밤이 되면 가방을 탈탈 털어 옷을 꺼내 입었다. 스웨터 위에 재킷, 재킷 위에 또 재킷, 양말 위에 양말, 그 위에 또 양말, 털모자 위에 후드, 후드 위에 또 후드. 그렇게 입고 겹겹의 담요 속으로 기어 들어가면 그제야 간신히 밤을 보낼 만했다. 때때로 중빈은 침대 속에서 신음하곤 했다.

"엄마, 옷도 너무 많이 입고…… 담요도 너무 무거워서…… 숨을 못 쉬겠어."

"그러게 말이다. 이거야 원, 고치에 갇힌 애벌레 같구나. 우리 이러다 한국 갈 때 나비 되는 거 아냐?"

"킥킥. 그럼 비행기 안 타도 되겠네."

"비행기값 굳었어. 조금만 더 참기로 하고 오늘은 빨리 잠들어버리자!"

그런 대화를 나누며 잠이 들곤 했다. 다행히 잠은 언제나 쓰나미가 덮치듯 왔다.

이슬라 델 솔에서 우리는 두 침대에 있는 담요를 한쪽으로 모았다. 그리고 한 침대에 끌어안고 누웠다. 냉동창고 같은 화장실에는 얼음같이 차가운 물뿐이어서 씻는 건 아예 포기했다. 강인한 안데스인들에게 온수의 개념이 도입된 지는 얼마 되지 않는다. 여전히 대부분의 안데스인들이 겨울에도 찬물로 씻는다. (혹은 잘 씻지 않고 체온을 보호한다.) 외국인들이 드나드는 숙박업소에는 온수 보일러가 달려 있지만, 막상 샤워를 시작하면 대부분 미지근한 물이 부슬부슬 흩어져 나오거나 찬물과 섞여 쏟아지곤 해서, 우리는 이 엄청난 한파 속에서 종종 비명을 지르며 욕실에서 뛰쳐나와야 했다. 페루보다 경제수준이 낮은 볼리비아에서는 기대치를 더 낮춰야 할 것이다.

촛불을 끈 후, 별빛만 남은 어둠 때문일까. 중빈은 잠이 오지 않는가보다.

"엄마, 난…… 페루에서 렌조랑 로알드랑 헤어질 때도…… 사실은 되게 슬펐거든. 앞으로 이모 삼촌이랑 헤어질 때도…… 슬플 것 같아."

"응, 알 것 같아. 그런데…… 로알드나 렌조와 헤어져 여기까지 오지 않았다면 어떻게 삼촌과 이모처럼 좋은 사람들을 만났겠어?"

"그건 그렇네."

"삼촌과 이모는 내일 또 만날 거고, 나중에 한국에서도 또 만날 수 있을 거야."

"응. 다행이야."

바람이 우웅 불고 철썩 파도 소리가 난다.

"엄마, 이렇게 촛불 켜는 섬에 와서 붙어 자니까 되게 좋다."

"엄마도. …… 그런데 엄마 방금 방귀 뀌었다."

"알아. 난 엄마 방귀 냄새를 알거든."

"하하. 어떤데? 지독해?"

"응."

우리는 같이 깔깔거렸다.

"그게…… 난 내 냄새에 익숙하잖아. 엄마 건 낯설어서 좀 지독하게 느껴지는 거야. 그래도 나쁘진 않아. 한약 냄새랑 비슷해."

다시 깔깔.

"엄마, 우린 언제까지 이렇게 여행을 하게 될까?"

"글쎄…… 중빈이가 혼자 다닐 수 있고 또 그러고 싶어질 때까지가 아닐까?"

"그게 언젤까? 열일곱? 스물?"

"일단 어른이 되어야겠지? 스스로 여행 경비도 벌고 몸도 지킬 수 있으려면."

"…… 엄마. 난 새로운 경험을 하는 게 참 좋아."

대화를 나누는 동안 몸도 마음도 포근해졌다. 합판으로 만든 문이 주는 불안함은 사라지고 그 너머 대자연이 편안하게 다가왔다. 우리는 짓다 만 호스텔에 누워 있는 게 아니라, 거대하고도 위대한 티티카카의 품에 안겨 있는 것이다. 이슬라 델 솔의 수많은 별들처럼 우리도 마침내 그 밤의 일부가 되었다. 호수에서 불어온 바람이 망가진 의자로 받쳐놓은 문을 덜커덩 흔드는 소리가 시나브로 다정한 노크 소리로 들릴 무렵 잠이 들었다.

날이 밝았다. 우리는 밖에 나란히 서서 티티카카에 태양이 솟아오르는 것을 보며 양치질을 했다. 이거야말로 백만 불짜리 양치질이로구나. 그저 사방이 아름답고 좋아서 실실 웃음이 나왔다. 분노의 여주인이 나타나 아직 가방도 꾸리지 않은 내게서 무섭게 키를 빼앗아 갈 때까지.

진과 철이 섬에 도착했다. 라 쿠폴라가 어땠느냐 묻자, 진의 얼굴이 활짝 펴졌다.

"어쩌면! 뜨거운 물이 철철 나왔어요. 어제 샤워하면서 너무 좋아서 오늘 아침 체크아웃 하기 전에 한 번 더 샤워하고 나갈까 하고 오빠한테 물어봤지 뭐예요."

알뜰살뜰 장기여행이니 그간 불편한 점이 한두 가지가 아니었으리라. 철이 옆에서 들릴 듯 말 듯 중얼거렸다.

"……미안하다."

"침대도 얼마나 좋았다고요. 쿠션이 너무 좋아서 정말 푹 잘 수 있었어요. 게다가 히터를 실컷 틀 수 있어서 하나도 춥지 않았고요……."

진은 종달새처럼 지저귀었다. 철이 또 미안한 표정을 지었다. 두 성인이 좋아서 만났고 합의하에 결혼하여 여행을 떠나왔는데, 이럴 때 '경제적으로' 더 잘 해주지 못해 미안한 표정을 짓는 것은 이 세상에서 대한민국 남자들뿐일 것이다. 아내와 아이를 두 어깨에 짊어지고 자신은 고생할지라도 처자식은 고생시키면 안 된다는 '고독한 가장'으로서의 인이 뼈에 박힌 가여운 한국 남자들.

내가 철을 툭 쳤다.

"뭐가 그렇게 미안해. 이렇게 좋은 곳까지 같이 와주는 남편인데. 그리고 시작은 다 이렇게 하는 거야. 그래야 나중에 웃으며 추억할 게 있고 감사할 것도 많지."

함께 섬을 산책하기로 했다. 사실 이슬라 델 솔은 생각보다 큰 섬이어서 고도에 잘 견디는 장정에게는 하루, 보통 사람에게는 1박 2일 걸리는 트래킹 코스가 있다. 차야팜파—유마니—후엔테 델 잉카로 이어지는 이 코스는 보트와 연계되어 있어 트래킹을 마치는 즉시 선착장에서 곧바로 코파카바나로 돌아갈 수도 있다. 4인조는 이 천국 같은 섬에서 트래킹으로 땀을 빼기보다 느긋하게 걷는 걸 선택한 것이다.

흙길마다 새로운 날의 나귀 똥이 쌓였다. 낮은 돌담 사이에는 꽃이 활짝 피었고, 돌담 위에는 아기 고양이가 눈을 꼭 감은 채 아침 햇살을 쬐고 있었다. 돌담 너머를 보니 원색의 강보 안에 싸인 아기가 직사광선 아래 고요했다. 발갛게 뺨이 튼 아이들이 와르르 계단을 뛰어내려왔다.

섬의 꼭대기에는 레스토랑이 여럿 있었다. 사방으로 뚫린 창마다 티티카카와 안데스가 훤히 보이는, 실로 엄청난 전망을 지닌 레스토랑들이었다. 다 너무 훌륭했기 때문에 우리는 아무거나 택해 들어갔다. 손님은 없었다. 주인도 없었다. 차를 주문하자, 보이지 않는 안쪽에서 가느다란 여자 목소리가 대답했을 뿐이다. 넓은 레스토랑 안채와 정원이 오롯이 우리 차지였다. 루브르를 전세 내 우리끼리 관람하는 기분이로구나.

4인조는 성별로 갈라졌다. 남자들은 밖을 구경하고 여자들은 마주 앉았다. 진의 등 뒤로는 티티카카가 에메랄드처럼 빛나고 있었다. 진이 그 배경에 꼭 맞는 아름다운 이야기를 들려주었다.

"우리 엄마는 굉장히 활동적인 분이세요. 여자지만 버스 운전기사로 꽤 오래 일하셨거든요. 제가 사진을 배우고 싶어 했을 때, 엄마는 제가 형편 때문에 말을 못 하고 혼자서 카메라 살 돈을 모으고 있다는 걸 아시고 선뜻 돈을 보태주셨어요. 그리고 제가 출사를 나갈 때마다 함께해주셨어요. 둘이 같이 주말여행을 다닌 거죠."

"와! 너는 엄마가 고마웠겠지만, 엄마도 네가 참 고마우셨겠다. 다 큰 딸이 주말마다 시간을 내주었으니."

"재미난 에피소드도 있었어요. 우리가 텐트를 치고 있는데, 저쪽 이웃 텐트에서 총각 둘이 자꾸 이쪽에 관심을 보이는 거예요. 아가씨 둘이 온 줄 안 거죠. 결국 우리 쪽으로 놀러 와서 엄마인 걸 알고 어찌나 무안해 하던지……."

"하하하. 엄마가 어떻게 하셨어?"

"엄마는 '자, 이것도 인연이니 받아요' 하고 기분 좋게 술 한 잔 건네고 돌려보내셨어요."

멋진 분이다!

"세계 일주 떠난다고 회사를 그만둘 땐 뭐라 하셨어?"

"네 인생을 내가 대신 살 수는 없겠지. 대신 네가 힘들 때 날 찾으면 언제라도 조언을 해줄 수는 있을 거다."

모든 어머니가 다 특별하지만, 그중에서도 특별한 어머니였다. 엄마 이야기를 하는 동안 진의 눈에는 헤아릴 수 없는 감사와 그리움이 담기더니, 마침내 눈물로 번졌다.

"엄마가 너무 보고 싶어요."

숨어 있던 여인이 차를 내왔다. 우리는 차를 마시며 각자 엄마 생각에 잠겼다. 나는 나의 엄마에 대해서, 엄마가 된 나에 대해서, 머지않아 엄마가 될 진에 대해서도 생각했다. 나의 엄마가 알던 것의 일부를 지금의 나는 어렴풋이 알게 되었고, 앞으로 진이 알게 될 것에 대해서는 알고 있다. 아기를 낳지 않은 젊은 여성의 얼굴을 보면 그래서 짠하다. 엄마가 나를 볼 때도 비슷한 마음이겠지. 내가 아직 알지 못하는 엄마의 나머지 생을 살면서 나는 나이가 들 것이다. 똑같지는 않지만, 결국은 매우 닮은 엄마라는 삶. 고달프고도 영광된 그것.

코파카바나로 돌아가는 보트에 올랐다. 선착장에서 내가 머물던 호스텔의 주인 남자를 발견했다. 그는 상심에 젖은 얼굴을 하고 새로 도착한 화물을 쳐다보고 있었다. 무거운 철근이었다. 저 정도 무게라면 뱃삯 또한 상당했으리라. 보트가 이슬라 델 솔에서 멀어지는 사이, 그가 철근 한쪽을 어깨에 올렸고 그의 늙은 아버지가 다른 한쪽을 마저 어깨에 올렸다. 그것이 상심한 천국 이슬라 델 솔의 마지막 모습이었다.

● 에보 모랄레스 대통령이 그려진 볼리비아의 거리 ©César Angel. Zaragoza

용맹한 투팍 카타리의 현신, 에보 대통령

페루에서 국경을 넘을 때 볼리비아 입국사무소에는 인상적인 사진이 하나 걸려 있었다. 넓적한 얼굴에 큼지막한 코, 좁은 이마를 숱 많은 더벅머리가 빈틈없이 덮어버린 아저씨 사진.

"저 아저씨가 볼리비아의 대통령이야."

내가 말해주자, 중빈은 다짜고짜 웃음을 터뜨렸다. 안다. 나무꾼 같다. 후안 에보 모랄레스 아이마.

"네가 저 아저씨의 활약을 듣고 나면, 나무꾼 같은 외모가 다시 보일 걸?"

"왜?"

"엄청나게 멋진 일들을 해냈거든."

"뭐데? 말해줘."

페루에서 스페인의 침략과 잉카의 몰락에 대해 언급하지 않고 넘어갈 수 없었다면, 볼리비아에서는 바로 에보 대통령과 그를 둘러싼 현대사에 대해 언급하지 않을 수가 없다. 그에 대한 이야기는 국제사회의 비화를 가감 없이 펼쳐 보이는 저서 『빼앗긴 대지의 꿈』장 지글러 지음, 양영란 옮김, 갈라파고스(2010)에서 자세히 다루고 있다. 코파카바나의 숙소에서 나는 그 책을 꺼내 아이가 이해하기 쉽게 바꾸어 읽어주었다.

"우리나라가 일본에 대항해 독립운동을 했던 것 알고 있지? 마찬가지로 안데스 산맥 일대에서도 스페인에 대항해서 계속 독립운동이 있었어. 일본처럼 스페인도 독립군들을 처참하게 진압했어. 그런데 독립군 중에는 훌리안 아파사라는 아이마라족 젊은 리더가 있었어. 사람들은 그를 '투팍 카타리'라고 불렀는데 아이마라어케추아어와 함께 안데스의 2대 지역어로 '용맹한 이 무기'라는 뜻이야. 그는 자신의 목을 베려는 형리에게 이렇게 예언처럼 말했대. '당신은 그저 나 하나를 죽일 뿐이다. 하지만 나는 다시 돌아올 것이고, 그때의 나는 혼자가 아니라 수백만 명이 될 것이다'. 멋지지?"

"우와!"

숙소에도 역시 에보의 사진이 걸려 있었다.

"안데스 사람들은 저 사진 속 아저씨 그러니까 에보 대통령이야말로 투팍 카타리가 살아 돌아온 거라고 믿어. 왜냐하면 에보는 볼리비아에서는 처음으로 '인디오' 대통령이 되었거든. 스페인 식민지가 된 후부터 인디오들은 500년 동안이나 가장 가난하고 낮은 신분으로 살아왔어. 스페인인들은 심지어 인디오들을 '신의 창조물'이 아니라고 생각했어. 노예로 부려도 되는 동물로 여긴 거지. 그런데 그 인디오 중에 한 명이 드디어 대통령이 된 거야.

이건 스페인에게서 독립한 것만큼이나 축하할 일인 거야. 스페인의 통치 흔적을 완전히 지우고 옛 인디오들의 당당한 역사를 다시 이어가는 거니까.

남미에서 최초로 대통령이 된 인디오는 페루의 톨레도였는데, 톨레도는 보란 듯이 인디오들의 성지인 마추픽추에서 취임식을 가졌어. 에보는 남미에서 두 번째 인디오 대통령이야. 에보도 보란 듯이 티티카카 호수에서 전통적인 인디오식 취임식을 거행해. 태양신 타이타 인티과 대지의 여신 파차마마을 섬기는 사제들이 에보의 벗은 상체에 약초를 발랐고, 에보는 우렁차게 연설을 했어.

'투팍 카타리가 우리에게 물려준 투쟁은 지금도 계속되고 있으며, 우리는 투쟁을 멈추지 말아야 합니다. 체 게바라가 우리에게 물려준 투쟁을 끝까지 밀고 나가 성취해야 합니다. 이 투쟁은 부자가 가난한 자들을 지배하는 세상에서는 결코 끝나지 않을 것입니다. 에보만 대통령이 아니라 여러분 모두가 대통령입니다.'

자, 이런 사람이 대통령이 되었으니 이제 볼리비아의 인디오들은 하루아침에 행복해졌을까?"

"아니."

"어째서?"

"음…… 음…… 하루아침은 너무 짧으니까."

"하하. 맞아. 500년 동안이나 뒤틀린 역사를 뒤집기엔 하루가 너무 짧지. 게다가 에보 한 사람의 힘으로 바꾸기엔 역부족이지. 힘을 합쳐도 시원찮은 판에 방해하는 세력들이 있으니까."

흔히들 남미에서 가장 가난한 나라 볼리비아를 '황금의자에 앉은 거지'라고 부른다. 금, 은, 구리 등 풍부한 자원이 오히려 이 나라를 거지로 만들었다. 300년에 걸친 스페인의 지배, 인접 국가와의 잦은 분쟁도 모두 자원 때문이었다. 그런데 적은 외부에만 있는 게 아니었다. 진짜 적은 내부에 있었다.

"볼리비아의 지배자들이 문제였어. 이 사람들은 자기 나라 국민인 인디오들을 짐승이라고 불렀어. 국민들은 배가 고프거나 말거나 미국의 수영장 딸린 궁전에 살면서 자기 나라를 팔아치웠어. 에보 전 대통령인 로사다도 그런 사람이었어. 오죽하면 볼리비아 사람들이 그를 '나라를 조각내 팔아치우는 사람'이라 불렀을까."

"엥? 나라를 조각내 팔아치우는 사람?"

"응. 우리말로는 매국노라고 하지."

한·미 FTA 체결 과정에서 우리나라의 한 보수 일간지가 '괴담'이라 명명했던, 그러나 명백히 '실화'인 '물 이야기'의 주인공이 바로 그다.

"로사다는 자기 나라에서 돈 될 만한 자원은 모조리 외국에 팔아넘겼어. 그러다 더 이상 팔아넘길 게 없어지자 영국 회사에 먹는 물까지 팔았어. 이건 광산을 팔아넘기는 것과는 또 다른 문제야. 금이나 은이 없어도 사람은 살 수 있지만, 물 없이 살 수 있는 사람은 없거든. 그래서 물처럼 생존과 직결되는 자원은 나라에서 철저하게 관리하면서 국민들 모두가 저렴하게 누릴 수 있도록 지켜야만 하는 거야. 그런데 이걸 외국에 팔아버렸으니 어떻게 되었겠어? 이 영국 회사는 수돗물 가격을 엄청 올렸어. 수돗물 값을 낼 능력이 없는 사람들은 더러운 개천 물 같은 걸 먹기 시작했어. 어린아이들이 설사로 죽었어. 물을 구하려다 악어에 물려 죽는 사람까지 생겨났어. 사람들은 분노해서 대대적인 시위를 벌였어. 로사다 대통령은 미국으로 도망쳤어. 대통령직을 이어받은 사람이 물을 지키겠다고 약속했는데 결국 지키지 않앉어. 지키기는커녕 군인들을 동원해서 인디오 가족들을 몰살했어."

"헐!"

저항운동단체들과 노동조합이 연합했다. 그중 주요 지도자였던 에보가 급부상했다.

"에보는 1959년 안데스에서 가난한 집 아들로 태어났어. 네 형제가 영양실조로 죽었을 만큼 가난한 집이었어. 부모는 남은 세 아이를 살리기 위해 몸부림쳤어. 어린 에보와 아버지는 사탕수수 베는 일을 하러 아르헨티나로 떠났어. 그러나 1981년 엘니뇨라는 천재지변이 들이닥쳐서 사탕수수 농사에 큰 타격을 입었어. 에보 가족은 하는 수 없이 새로운 일을 찾아 열대의 정글로 들어갔어. 나무를 베고 오두막을 지어 코카를 재배하기 시작했어."

코카는 정당한 농업용 재배와 조직범죄로서의 재배로 나뉜다. 이 둘 사이의 경계를 설정하는 것은 언제나 문제가 되어왔다. 그리고 당연히 이 '경계'에 미국의 마약단속국과 특혜 받는 상류층이 개입해왔다. 청년 에보는 어느 날 볼리비아 농부가 말다툼 끝에 미국 마약단속국 직원을 대동한 볼리비아 장교들에게 산 채로 불태워지는 걸 목격했다. 그는 충격을 받았고 코카 재배자 노동조합에 가입했다.

"에보는 노동조합에 가입해 활동하면서 여러 번 체포되고 고문 받았지만 기적적으로 살아남았어. 그리고 2006년 1월 볼리비아 역사상 가장 높은 지지를 얻어 대통령이 되었어. 대통령이 된 에보가 제일 먼저 한 일은 뭘까?"

"물을 돌려주는 거?"

"맞아. 에보는 재빠르게 천연자원을 국유화했어. 외국에 팔아치웠던 것들을 도로 나라 것으로 만들었다는 얘기야. 대통령이 된 지 다섯 달만에 에보는 한 천연가스 시설에 도착했어. 이 가스관 시설은 미국 회사가 만들었는데, 볼리비아인들에게 '세계에서 가장 높은' 사용료를 받고 있었어. 대통령이 오셨다 하니, 업체 대표가 달려 나와서 어느 시설을 방문할 것이냐고 물었어. 에보는 말했지. '나는 이곳을 잠깐 방문하러 온 게 아닙니다. 볼리비아 국민의 이름으로 이 시설을 책임지러 왔습니다' 라고."

"오, 짱이다!"

"같은 날, 볼리비아 전국에서 특수부대가 석유, 철도, 터미널, 통신센터 같은 걸 모두 되찾았어. '에너지 주권 회복 작전'이라 불리는 이 작전은 치밀하게 준비되었던 거야. 에보가 선거에 승리한 다음 날부터."

에보는 에너지 주권 회복 작전을 위해 알제리와 베네수엘라, 그리고 당시 노동당이 정권을 잡고 있던 노르웨이의 도움을 받았다. 알다시피, 서구 기업들은 자신의 이권을 놓치지 않으려 제3세계에서 쿠데타를 일으키고 정권을 전복시키는 것조차 주저하지 않는다. 1981년 에콰도르의 롤도스 대통령도 아마존의 유전을 국유화한다고 공표하는 연설을 마친 뒤 비행기에 타자마자 비행기 폭발로 사망했다. 에보는 살해당하지 않기 위해 세련된 방식으로 작전을 진행해야 했다. 먼저 노르웨이의 전문가들을 이용해 정확한 데이터를 얻고 서구 회사들이 받아들이지 않을 수 없는 조건을 제시해 합법적으로 재계약을 체결했다.

"당시 브라질은 볼리비아의 가스 사업에 크게 이권이 개입되어 있었어. 무슨 뜻이냐면 브라질이 볼리비아에서 가스 사업으로 돈을 많이 벌고 있었다는 뜻이야. 그런데도 브라질 대통령은 이익을 순순히 포기하고 '볼리비아의 에너지 주권 회복 작전이 꼭 필요한 것임을 이해한다. 우리 브라질이 손해를 보더라도 기꺼이 볼리비아를 돕겠다'고 발표해. 놀랍지? 이 브라질 대통령이 바로 룰라 대통령인데, 에보 대통령처럼 가난한 집에서 태어나 노동운동을 하면서 대통령이 된 분이야. 이분도 브라질에서 엄청 사랑받는 훌륭한 대통령인데, 이 아저씨 이야기는 브라질에 가서 다시 이야기해줄게."

브라질이 이렇게 나오자 서구 기업들은 자국 내에서 반대 여론을 형성할 길이 원천봉쇄 되었다.

"볼리비아가 석유회사로부터 얻게 된 수익은 엄청나게 늘어났어. 2003년에 2억 2천 달러에서 2007년 14억 달러로. 어마어마하지? 에보 대통령은 지금까지 비행기 폭파 같은 사고를 당하지 않고 잘 살아남았어. 그리고 남미에서 가장 가난한 볼리비아 국민들에게 잘살 수 있다는 희망을 주고 있어. 어때, 저 아저씨 얼굴 다시 보니 아까보다 좀 잘생긴 것 같지 않아?"

"응! 좀 슈퍼맨을 닮은 것 같네. 코가 되게 되게 큰 슈퍼맨!"

따뜻한 동전들이 쌓인다

La Paz

해발 3,660미터, 세계에서 가장 높은 수도 라파스볼리비아의 헌법상 수도는 수크레. 라파스는 실질적인 행정수도는 잊을 수 없는 야경으로 다가왔다. 스타워즈의 비행선이 한밤에 지구에 착륙할 때 위에서 내려다 본 도시가 그렇게 펼쳐졌을까. 우주의 검은 어둠을 가르던 비행선 앞에 갑작스럽게 다가온 도시의 조밀한 조명들. 안데스의 어둠 속을 달리던 버스 아래로, 꼭 그렇게 운집한 빛의 점들이 한꺼번에 드러났다. 그런데 이 빛의 꽃밭에는 뭔지 모를 아련한 데가 있었다. 장미도 백합도 없이 제비꽃으로만 가득한 꽃밭이라고나 할까. 수도라고는 하지만 조금도 화려하지 않은, 누런 알전구들이 모여 사람의 체온 같은 온기를 내고 있었다. 저기 어느 골목 전신주 아래 작은 창을 지닌 방이 있겠지. 그리 들어가 누우면 밤은 길고 평안하겠구나……. 그것이 여행자가 한 나라의 수도에서 받은 첫인상이었다. 남미의 가장 가난한 나라 볼리비아, '평화'란 뜻의 라파스에서.

라파스에서의 첫 아침. 중빈과 나는 사가르나가 거리 구경에 나섰다. 사가르나가는 우리나라의 인사동쯤 되는 곳이다. 안데스 특유의 패브릭과 장신구들이 산더미처럼 쌓인 가게가 골목 끝에서 끝까지 즐비하고, 노점상들은 잉카의 창조자 비라코차를 새긴 석조 장식품들을 바닥에 늘어놓는 곳. 거리에 나서자마자 눈에 띄는 건 옷차림이었다. 페루에서는 시골 할머니들이나 입던 전통 인디오 의상을 볼리비아에선 아직 많은 여성들이 일상복으로 입었다. 부풀린 치마에 중절모를 쓰고 등짐을 진 여성들이 사가르나가 언덕을 오르내렸다. 가게마다 울려 퍼지는 볼리비아 전통음악은 살사니 삼바니 따질 것도 없이 그저 '뽕짝'스러웠다. 건물들은 낮아졌다. 담벼락은 더 오래되었다. 보도는 더 반질반질 닳았고 곳곳에서 퀴퀴한 냄새가 풍겼다. 한 나라의 수도 중심가를 걸으면서도 북적대는 시골 장터를 걷는 듯 소박하고 편안했다.

편안함은 곧 감격으로 바뀌었다. 감격은 "콴토?"(얼마?)라고 묻는 순간 시작되었다. 중빈이 관심 있게 집어든 '상어이빨 화석' 목걸이는 그 액세서리 좌판에서 최고가였는데 7,000원이었다. 200만 년도 더 된 화석이라는 믿기 힘든 정보가 뒤따랐다. 주스 노점상 아주머니에게 오렌지주스를 하나 주문하니, 크고 튼실한 놈으로 세 개나 집어들어 꾹꾹 눌러 짰다. 그녀가 오렌지 하나를 짜 작은 플라스틱 컵을 찰랑찰랑 채운 뒤 우리에게 건네면, 우리는 엄마가 만들어주는 간식을 기다리던 어린아이들처럼 공손히 받아 단숨에 비웠다. 그녀가 같은 컵에 두 번째 오렌지를 짜주면 또 꿀꺽 비운 뒤 컵을 건넸다. 그렇게 세 번 잔이 오고가야 세 개의 오렌지가 소진되고 한 잔의 오렌지주스가 완성되었다. 그 가격 또한 고작 300원이었다. 대번에 "우리 여기서 살자"라는 말이 튀어나왔다.

사가르나가에는 '마녀시장'이란 이름을 지닌 음침한 골목도 있었다. 이곳엔 말린 라마의 태아가 북어포처럼 주렁주렁 매달려 있었고, 다양한 종교행사에 사용되는 향료들이 기묘한 냄새를 풍기며 진열되어 있었다. 스페인이 퍼뜨린 천주교는 안데스의 전통적인 제의를 만나 독특한 형태로 발전되어 왔다. 천주교도인 인디오들은 하나님께 중요한 소원을 빌 때 아직도 살아 있는 라마를 잡아 바친다. 혹은 좀 더 간단하게 말린 라마 태아를 사서 바친다. 나는 실제로 푸노로 가는 버스에서 만난 목수 아르카디오로부터 그가 라마를 잡아 바치고 남은 다리 가죽으로 만든 물병을 선물받기도 했다. 또, 쿠스코에서 만난 인디오 남성 유리는 내게 흥미로운 종교관을 들려주었는데, 그는 음식을 먹을 때 어머니신인 땅의 신에게 먼저 바치고 아버지신인 산의 신에게 바친 뒤 자신의 입에 음식을 넣는다는 것이다. 독실한 천주교신자인 그가 신을 생각할 때 떠올리는 이미지는 바로 태양이었다.

라파스에서, 중빈에게는 큰 계획이 있었다. 바로 생애 처음으로 거리의 악사가 되어보는 일이었다. 그런데 막상 나서려니 부끄러운 모양이었다.

"괜찮아. 잘될 거야."

아이는 침대에 얼굴을 묻고 딴청을 피웠다.

"난…… 싫어."

언제나 사람들 앞에서 연주하는 걸 좋아했던 아이였다.

"진짜?"

"…… 응. 난…… 그냥…… 연습하려고 들고 온 거야."

"진짜 연습 때문에 여기까지 힘들게 들고 온 거야?"

중빈은 일곱 살 때부터 제3세계를 여행할 때마다 바이올린을 들고 다니며 연주했다. 아프리카의 고아원에서도, 필리핀의 코코넛 나무 아래서도. 연주가 시작되면 이 신기한 현악기를 보러 온 동네 아이들이 우르르 몰려들었다. 아이들은 언제나 생애 처음 들어보는 클래식 음악에 열광적인 환호를 보내주었다. 호기심이 다할 때까지 직접 악기를 만져보거나 연주해보기도 했다. 그러는 사이 어색함이 사라지고 너나없이 친구가 되었다. 바이올린은 언제나 친구를 만들어주는 좋은 맺음의 도구였을 뿐 아니라, 훌륭한 나눔의 도구였다.

"꼭 잘 연주해야 하는 건 아니야. 우리가 가진 걸 함께 나누는 게 중요한 거지."

"그건…… 알아. 그런데…… 난 너무 떨려."

무리도 아니다. 거리의 악사라니! 왜 그런 발상을 하였는지는 우리 중 누구도 정확히 기억하고 있지 않다. 다만 우리가 이 발상을 너무나 자연스럽게, 신나게 받아들였다는 것을 기억한다. 그동안 여행을 다니면서 수많은 거리의 악사들에게서 향기로운 음악을 선사받았다. 우리는 거리의 악사를 사랑하고 음악도 사랑한다. 게다가 악기를 들고 떠돌아다닌다. 자, 그러니 이제 거리의 악사가 되어보는 건 어떨까? 그렇게 생각했던 것 같다. 게다가 거리의 악사로서 번 돈은 여행지의 불우한 아이들을 위해 쓰자는 약속도 해놓은 터였다.

"엄마가 중빈이의 떨리는 마음을 몰라줬구나. 그래, 엄마라도 떨리겠다. 처음이니까."

나는 아이를 꼭 안았다. 한참 후 아이가 침대에 파묻었던 얼굴을 들었다. '할지 안 할지는 모르겠지만' 일단 들고 나가겠다며 용기를 냈다.

먼저 시장으로 갔다. 중빈이 뾰로통하게 말했다.

"여긴 너무 시끄러울 것 같아."

광장 앞 사거리로 갔다. 다시 뾰로통하게 말했다.

"여긴 차가 너무 많아."

육교에 올라섰다. 망설이는 목소리로 말했다.

"…… 여기가 좋겠어."

중빈이 긴장된 듯 눈을 내리깔고 케이스를 열었다. 이제 악사만의 시간이다. 나는 아이를 격려해주고 조금 떨어진 곳으로 물러났다. 도시화가 덜 되었기 때문일까? 몇몇 사람들은 이미 관심을 보이고 있었다. 동양 어린이가 무슨 일을 벌일지 길음을 멈추고 서서 기다리는 사람도 있었다. 중빈의 얼굴에 갑작스런 책임감과 결연함이 어렸다. 바이올린을 어깨에 올리더니 힘차게 활을 긋기 시작했다. 스페인의 영향으로 기타는 흔히 볼 수 있지만, 바이올린은 보기 드문 악기이다. 육교를 건너던 인파의 대부분이 중빈을 쳐다봤다. 중빈은 그들 나이로 고작 아홉 살. 그 눈길이 신기한 듯 대견한 듯 따뜻했다. 아이스크림 행상을 하는 아저씨가 수레를 끌고 가다 말고 미소를 지으며 첫 동전을 넣었다. 열심히 쳐다보던 또래 소년이 두 번째 동전을 넣었다. 중빈의 얼굴이 발갛게 상기되었다. 동전이 떨어질 때마다 목례했다.

"그라시아스!" (감사합니다!)

점차 상기된 얼굴에 미소가 어렸다. 여유도 어렸다. 본 적 없이 성실하게 음악을 연주하는 진짜 악사가 되었다. 오늘 아침 엉덩이를 흔들며 힘이 남아돌아 근지럽다고 고래고래 노래하던 꼬마는 사라졌다. 점점 많은 사람들이 중빈을 에워쌌다. 점점 에워싼 겹이 두터워졌다. 세 겹, 네 겹…… 아이가 가려져 보이지 않았다. 우리 중 누구도 이 정도의 반응을 기대하지 않았다. 행인들이 미소 짓고 미소 짓고 또 미소 지었다. 동전이 떨어지고 떨어지고 또 떨어졌다. 아이가 여섯 살 되던 해부터 연주를 지켜보았던 내게, 그것은 이웃을 괴롭히던 소음이 비로소 음악이 되어 이웃에게 감동을 선사하는 순간처럼 다가왔다. 설사 오케스트라와 협연했다 한들 그런 감동을 느끼진 못했을 것이다. 그것은 훨씬 낮은 곳의 이야기였기 때문이다. 지하철에서 장애인 할머니가 껌을 팔 때 명품가방을 들고도 눈을 질끈 감고 동전을 아끼는 우리네 도시풍경과는 확연히 다른, 순수한 곳의 이야기였기 때문이다.

하루 벌어 하루 사는 남루한 옷차림의 사람들이 미완의 음악을 듣고 걸음을 멈춘다. 음악은 집으로 가져갈 수도 없고 배를 부르게 해주지도 않는 것인데, 이 가난한 도시인들은 음악이 부르니 시간을 낸다. 귀를 기울인다. 작으나마 감동을 받는다. 서슴없이 그 대가를 지불한다. 순수함은 작아도 계산하지 않는구나. 망설임 없이 나누는구나. 뭉클하게 깨닫는 사이 동전들이 쌓여갔다. 땀에 젖은 귀한 동전들이. 아이는 여전히 벌건 얼굴로 머리카락 한 올까지 최선을 다하고 있었다. 음악적으로 부족한 부위는 따뜻한 박수소리를 만나 충분해졌다. 이런 음악에 대한 이야기를 들어본 적이 있던가, 나는 더듬어보았다. 따뜻하고 낮고 순수해서 서로가 서로를 만나 온전해지는 음악에 대한 이야기를.

얼마나 시간이 흘렀을까. 중빈이 활을 내려놓았다.
"휴~, 이제 그만."
아이가 동전을 보며 행복한 비명을 질렀다.
"이거 어디다 놓지?! 너무 많은데!"

아이가 당황하는 동안에도 동전은 계속 떨어졌다. 정말 인심 좋은 사람들이다. 바로 그때 경찰이 다가왔다. 뭐야, 불법영업으로 혼나는 거야?

"육교에서 연주는 안 됩니다. 다음부턴 시장으로 가십시오."

중빈이 정중하게 "페르돈!"(미안합니다!) 고개를 숙이자 씩 웃더니 사라졌다.

중빈은 동전이 든 케이스를 들며 엄살을 피웠다.

"이거 100톤은 되는 거 같아!"

우리는 거액을 소매치기 당할까 두려운 백만장자들처럼 급히 가까운 샌프란시스코 성당으로 들어갔다. 중빈은 가슴이 벌렁대서 진정이 안 되는 모양이었다.

"여기선 돈을 꺼내도 될까? 성당이니까 안전할까?"

인적이 뜸한 구석에서 동전을 세었다. 0,5볼이라도 빼놓을까 봐 중빈은 신경을 곤두세웠다.

"엄마!!! 34.8볼이야!!! 34.8볼!!!"

35볼이면 5달러 정도. 그러나 볼리비아에선 꽤 쓸모 있는 돈이다.

"엄마, 이 정도면 뭘 할 수 있는 액수야?"

효용가치를 극대화해서 대답해야 하리.

"여기선 하루 동안 충분히 생활할 수 있는 돈이야. 이제 중빈이 혼자 여행 다녀도 되겠네!"

아이가 납작해지도록 안아주었다.

"애들 학용품도 많이 살 수 있겠다. 우리 중빈이 정말 자랑스러워!"

"으앗, 엄마, 살살 안아. 나 부서지겠어!"

우리에겐 특정한 종교가 없다. 그러나 세상의 모든 성소에서 그곳 방식대로 기도를 올린다. 우리는 샌프란시스코 성당에서 무릎을 꿇고 감사의 기도를 올렸다. 중빈은 여느 때보다 오래 기도했다. 그 순간 감사할 일이 많았으리라.

구름 위를
달리다
Yungas

어두운 새벽, 다양한 국적을 지닌 10여 명의 여행자들과 라파스의 여행사 직원이자 전문 바이커인 볼리비아 남성들이 승합차에 올라탔다. 탑승자 수와 똑같은 수의 자전거가 승합차 위에 묶였다. 일일 자전거 투어의 시작이다. 시계를 보니 예정된 출발보다 한 시간이나 지체되었다. 차가 계속 오르막을 달리며 라파스를 빠져나가는 동안 서서히 동이 텄다. 제비꽃 가득한 꽃밭 같던 밤 풍경과 달리, 저 아래 겨울 아침 햇살을 받아내는 라파스는 창백했다. 우리는 점점 높이 올라갔다. 중빈은 운전석 옆자리, 여행사에서 나온 전문 바이커들 사이에 끼어 앉는 행운을 잡았다. 터프한 바이커들이 록 음악을 높이며 중빈을 '사나이'라고 부르자, 중빈은 신이 났다. 오늘 녀석은 어른들이 자전거를 타는 동안 운전사 아저씨와 함께 승합차에 탄 채 뒤따라 올 것이다.

차가 향하는 곳은 동북부의 융가스 지역. 융가스란 아이마라어로 '따뜻하다'는 뜻이다. 이름 그대로 이 지역은 볼리비아 북부의 아마존 열대다우림 지역과 연결되어 있다. 우리는 그곳에서 몹시 험한 길을 자전거로 달릴 것이다.

사실 4인조는 라파스에서 이틀 정도만 머물고 우유니 사막을 향해 남쪽으로 내려갈 예정이었다. 그런데 버스 파업 때문에 발이 묶였다. 볼리비아에서 파업이 시작되면 그게 언제 끝날지는 대통령도 모른단다. 하는 수 없이 라파스에서 가능한 일일투어에 대해 알아보았다. 이 투어에 대해 정보를 준 건 진과 철이었다.

"데스 로드 Death Road 라고 하는 길을 달리는 거예요. 아주 험한 산길인데 자전거로 달리는 거죠."

"자전거로 산을 올라가는 거야? 이 고도에서? 어휴, 이 나이에 그런 거 하면 죽어."

"오르막은 차에 자전거를 싣고 가고 내리막만 달린대요."

"진짜? 막 당기는데? 나 자전거라면 환장해. 요즘 버스만 타고 다녀서 몸도 근질거리고. 가자!"

"쉽지는 않아요. 사실 너무 위험해서 종종 참가자가 죽기도 한대요. 그래서 '죽음의 길'이라 부르는 거래요."

"에이, 자전거 타다 죽기가 어디 쉽나? 살살 타면 되지."

나중에야 알았다. 그 길이 여러 매체와 기관 등에 의해 '세계에서 가장 위험한 길'로 명명된 길이며, 한 해에 적게는 100명에서 많게는 500명까지 사망자가 속출하는 곳이라는 걸.

한 시간쯤 뒤, 차가 멈췄다. 누렇고 황량한 알티플라노 고원 한가운데에 에메랄드 빛 호수가 아름답게 빛났다. 직원들이 호숫가 근처에 자전거를 내렸다. 제법 올라왔는지 새하얀 설봉들이 선뜻 가까웠다. 직원들이 여행자들에게 헬멧과 팔꿈치 패드, 조끼, 바이킹용 바지를 나누어주며 착용하라고 했다. 그리고 주의 몇 가지.

"브레이크를 잡을 때는 반드시 왼쪽을 잡으세요. 뒷바퀴를 세우는 브레이크죠. 만약 오른쪽 브레이크를 잡는다면 앞바퀴가 서겠죠. 그럼, 내리막길에서 어떤 일이 벌어질지 아시죠? 자전거에서 튕겨져 나와 하늘을 날게 될 겁니다."

우리는 일단 새로 포장된 길을 달리며 워밍업을 했다. 우리가 본격적으로 달릴 데스 로드는 이 길이 생기기 전의 구도로이다. 구도로는 1930년대에 볼리비아와 파라과이 사이에 일어난 '차코 전쟁(1932~1935)' 중 파라과이 포로들이 건설하였다. 남미에서 가장 가난한 두 나라가 불행히도 전쟁을 벌인 이유는, 차코 지역에 대서양으로 연결된 강이 있다는 지정학적 중요성과 또 이 지역에 석유가 매장되어 있을 거라는 '헛된' 추측 때문이었다. 이것은 20세기 남아메리카에서 가장 비극적인 전쟁으로 손꼽힌다.

칠레에게 아타카마 사막의 일부를 빼앗기면서 내륙국이 되어버린 볼리비아는 차코 지역의 대서양으로 나가는 길이 필요했다. 이 지역은 스페인 점령기 동안 볼리비아의 땅이었는데, 독립 전쟁을 겪는 동안 파라과이의 소유가 되었던 것이다. 볼리비아와 파라과이는 이 국경 문제를 놓고 신경을 곤두세웠다. 이때 차코 지역에 유전이 발견되었다. 엄청난 석유가 매장되어 있다는 추측 속에 두 석유회사가 들러붙었다. 미국의 석유왕 록펠러 소유인 스탠더드 오일 사가 볼리비아에, 경쟁사인 셸 사가 파라과이에. 이제 국경 문제는 차라리 지엽적인 것이 되었다. 세계적인 두 경쟁사가 20세기 최고의 '부'인 석유를 놓고 들러붙었으니. 1932년부터 4년씩이나 전쟁이 지속되었다. 결과는 파라과이와 셸 사의 승. 정말로 기막힌 것은, 전쟁이 끝난 뒤 죽어라고 차코 지역의 땅을 팠지만 석유가 나오지 않았다는 것이다. 13만 명에 가까운 목숨을 낭비한 뒤에.

파라과이 포로들이 건설한 죽음의 길은 60여 킬로미터에 걸쳐 라파스와 코로이코를 잇는다. 비포장 일차선이며 가장 넓은 길의 너비가 3.2미터를 넘지 않는다. 게다가 높이 600미터는 족히 되는 낭떠러지가 구불구불 사각지대를 만들며 지속적으로 이어지는데, 가드레일 같은 건 없다. 생각해보라. 3.2미터 미만의 너비에서 서로 반대 방향으로 가는 트럭 두 대가 만났을 때를. 둘 중 하나는 길섶 여유 공간이 있는 곳까지 후진해야 한다는 이야기다. 구불구불한 절벽도로에서!

지난 2006년, 20년 동안의 공사를 마치고 드디어 신도로가 완공되었다. 포장된, 다차선의, 가드레일까지 갖춘 도로다. 이후 구도로는 거의 차나 사람이 다니지 않는다. 자전거를 즐기는 모험 추종자들만이 점점 늘어날 뿐. '융가스'라는 이름 그대로 '따뜻한' 이 지역에는 비나 안개가 많아 우기에는 앞이 잘 보이지 않고 미끄러운 진흙탕 길이 되어 바이커들을 위협한다. 그러나 건기인 지금은 군데군데 남아 있는 웅덩이들만 조심하면 비교적 안전하다. 신도로를 달리며 워밍업 하는 동안, 여행사 바이커들은 함께 달리며 일행이 속도를 높이지 않도록 하는 데 가장 주안점을 두었다. 그것으로도 모자라 15분마다 세우고 휴식을 취하도록 했다. 몸이 근지러운 나는 슬슬 미칠 것 같아졌다.

"대체 언제 달리는 거야? 설마 이 속도로 계속 달리는 건 아니겠지?"

진이 동감한다.

"글쎄요. 감질나네요."

직원들은 한술 더 떠 스낵 타임까지 갖는다.

"아니, 뭘 했다고 먹는 거야?"

그렇게 말하면서도 나는 간식을 참 많이도 먹었다.

직원들이 일행을 비포장도로로 이끌었다. 드디어!

"이곳부터 구도로의 시작입니다. 여기는 고도 4,650미터입니다. 여기서부터 64킬로미터를 달려 1,200미터를 내려가게 될 겁니다. 그리고 나면 코로이코에 있는 마을에 도착하게 되죠."

그들은 젖은 길과 속도 등에 대해 다시 한 번 주의를 준 뒤 그 중요성을 강조하기 위해 덧붙였다.

"매년 적어도 한두 명의 여행자가 자전거를 타다가 여기서 죽습니다. 지난 5월에도 이스라엘 여성이 한 명 사망했지요. 조심하십시오."

모두 조금은 긴장한 채로 달리기 시작했다. 이렇게 높은 산꼭대기에서 자전거를 타고 달릴 수 있다니. 바로 옆에 구름이 있다. 아래에도 있다. 말하자면 구름 위를 달린다. 내려다보면 발치 아래로 계곡이 까마득하다. 안데스의 산들이 구겨진 초록 담요처럼 사방을 에워싸고 있다. 거대한 매와 나란히 달린다. 저절로 미소가 지어진다. 저절로 비명이 터진다. 오직 한 가지 생각만이 온몸을 꽉 채운다. '이대로 계속 달리고 싶다!'

바로 그때, 여행사 바이커들이 또 일행을 멈추고 휴식을 취하게 한다. 의도적으로 흥분 상태를 가위질함으로써 속도가 지나치게 높아지는 것을 방지하는 것이다. 나는 더 참지 못하고 질문을 하고 말았다.

"휴식시간이 너무 잦지 않나요?"

이 질문이 얼마나 부적절한가를 알려주기 위해서는 굳이 직원이 나설 필요도 없다는 듯, 일행 중 한 명인 프랑스 남성이 대신 대답했다.

"여긴 비포장도로이고, 계속 핸들을 꽉 잡고 있으면 팔이 아플 수도 있어요."

다시 달리기 시작했을 때 버스가 지나갔다. 나에게 버스는 그저 갈 길을 방해하는 무엇이었는데, 뒤돌아보니 그 프랑스 남성이 맨 뒤에 남아서 뒤쳐져 오는 일행이 안전하게 버스를 피하도록 일일이 챙기고 있었다. 얼굴이 화끈거렸다. 나의 주체는 '나'이고, 그의 주체는 '우리'이다. 나를 먼저 생각하는 건 언제나 쉽고 추하다. 우리를 먼저 생각하는 건 언제나 어렵고 아름답다. 할 수만 있다면 시간을 30분 전 휴식시간으로 되돌리고 싶구나. 그리고 아까 했던 질문일랑 빡빡 지워버리고 싶구나.

내려갈수록 차가운 알티플라노에서 열대다우림으로 바뀌었다. 절벽 꼭대기를 구불구불 감아 도는 길이었다. 예전에는 어쩌자고 이 좁은 길을 대형차들이 쌍방향으로 지나다녔을꼬. 북부 아마존과 라파스를 잇는 길이 이것뿐이었으니 물자를 공수하기 위해선 어쩔 수 없었을 것이다. 비와 안개가 가득한 우기에도! 해마다 사망자 수가 그토록 많았던 것이 하나도 이상할 것이 없다.

가늘게 떨어지는 폭포 밑을 지난다. 사람들이 순서대로 꺅 즐거운 비명을 질렀다. 젖은 몸에서 더위가 한 김 날아갔다. 한 번쯤 오르막이 있었을 뿐 정말로 내내 내리막이다. 그야말로 게으른 바이커들의 에덴이라 할 만하다. 울퉁불퉁한 바닥이 전신에 동물적인 자극을 전달한다. 점점 가속도가 더해진다. 점점 아드레날린이 다량으로 분비된다. 처음에는 90도로 꺾어지는 코너링이 아드레날린을 진정시켜주지만, 금세 깨닫게 된다. 코너링을 할 땐 오히려 브레이크를 놓아야 부드럽게 돈다는 것을. 눈을 들어 절벽 너머를 바라보면 떡하니 구름이오, 떡하니 설봉이다.

직원들은 변함없이 "포토 타임!"을 외치며 휴식시간을 알렸다. 그때마다 뒤따르는 승합차에서 중빈과 운전기사가 함께 고개를 내밀고 장난꾸러기 두 아들들처럼 외쳤다.

"마미 타임! 포토 타임!"

둘 중 진짜 내 아들만 차에서 폴짝 내려 내게 다가왔다. 아이는 자전거 따라잡기가 몹시 재미있는 모양이다.

"엄마! 엄마! 아저씨들이 다른 여행사 아저씨들 보면 욕 쓰래. 그래서 내가 '난 겨우 아홉 살이란 말이에요. 그런 짓은 나빠요!' 라고 말해줬어."

거칠고 장난기 많은 여행사 바이커들끼리는 다른 여행사 소속이라도 모두 아는 사이여서 중간에 마주칠 때마다 장난을 걸거나 농을 던지곤 했다. 서로 목을 조르거나 주먹을 얼굴에 날리는 제스처를 취하면서. 중빈은 태어나서 처음으로 자신에게 욕을 하라 권하는 사나이들을 만나 싫지 않은 듯 연신 싱글벙글이었다. 그리고 철을 향해 외쳤다. "삼촌! 삼촌도 아이 낳으면 꼭 영어를 가르치세요!"

흐음, 중빈, 엄마가 네게 영어를 가르친 건 '소통의 기쁨'을 알게 해주기 위해서였다만, 거기 욕이 포함되어 있었는지는 잘 모르겠구나.

마지막 한 시간은 이 투어의 하이라이트였다. 작정한 듯 휴식이 없었다. 진과 철은 5개월 동안이나 계속 여행 중인 사람들답게 내내 맨 앞에서 달리는 괴력을 발휘했다. 중간 중간 여자 친구를 기다려주던 브라질 청년도 나 몰라라 하고 달렸다. 프랑스 남성도 앞으로 나섰다. 모두들 흙먼지를 뒤집어 쓴 채 하강과 질주의 쾌감을 최고조로 높여 달렸다. 저 아래 코로이코가 보일 때까지.

　코로이코의 마을에서 식사를 하고 휴식을 취하다, 해가 기울 무렵 라파스를 향해 출발했다. 그런데 차가 달린 지 얼마 되지 않아 작은 마을에서 멈췄다. 우리 앞의 차들도 다 거기서 멈췄다. 축제였다. 축제에 살고 축제에 죽는다는 남미인들. 아직도 독립을 축하하고 있는 게야? 밴드가 행진하며 음악을 연주하고 마을 사람들이 길로 쏟아져 나와 밴드 음악에 맞춰 춤을 추고 있어 통행이 불가능했다. 국경을 넘을 때와 같은 상황이다. 운전기사와 스태프들은 즉각적으로 차에서 내려 축제인파에 휩쓸렸다. 이제야 월경 당시 승객을 위험한 상황에 버려두었던 무책임한 운전기사와 차장이 어디서 무얼 했는지 알겠다. (그들이 술이나 안 얻어 마셨다면 다행인 거다!) 볼리비아인들은 길을 막고 축제를 하는 사람들이 있으면, 길을 내달라고 요청하는 대신 하던 일을 내던지고 무조건 놀고 보는구나. 제아무리 급한 일도 노는 게 우선인 거다. "바쁘다 바빠!" 하면서 언제나 일이 먼저인 한국인과 섞어놓으면 참 완벽해질 민족성이다.

　당연히, 이번엔 나도 축제에 휩쓸렸다. 온 동네 아저씨들이 한 양복점에서 단체로 맞춘 듯 똑같은 회색 양복을 입고 춤을 추었다. 여성들도 똑같은 축제 의상을 입고 있었다. 극도로 화려한 붉은 꽃무늬 티어드 스커트에 기다란 황금 술이 달린 숄을 둘렀다. 귀에는 커다란 귀고리를 하고 머리엔 황금 장신구로 멋을 낸 중절모를 썼다. 회색 양복 아저씨 밴드가 흥이 나는 음악을 연주하자 아줌마 댄서들이 황금 술을 휘날리며 뱅글뱅글 춤을 추었다. 의식이 끝나자, 모두 흩어져 춤을 추고 술을 마시기 시작했다. 우리네 옛 시골 잔치처럼 이들은 외지에서 온 우리들에게 서슴없이 다가왔다. 스페인어를 못하는 나도 알아듣게 말하면서.

"이리 와 같이 춤춰요!"

"이리 와 같이 마셔요!"

한 아주머니와 아저씨가 사진을 찍는 나를 아예 붙잡아 세운다.

"이거 마셔 봐!"

초콜릿 향도 나고 시큼한 향도 나는 액체가 작은 플라스틱 컵에 담겨 있다.

"이, 이게 뭔가요?"

나는 체질적으로 맥주고 와인이고 반 잔이면 잠이 들어버린다. 어린 아들 데리고 타향에서 주는 대로 마셔댈 수가 없다. 더구나 볼리비아의 시골에서 마시는 술은 가정에서 직접 제조한 독주일 가능성이 많다. 이들의 폭주 습관은 제법 유명하나.

"초코라테야. 원샷 해, 원샷!"

"초코라테…… 라고요?"

초콜릿향이 나긴 한다만, 시큼한 향은 곡주임에 틀림없다. 둘러보니 함께 자전거를 탔던 일행 모두 동네 사람들에게 붙잡혀 권하는 술을 마구 마셔대고 있었다. 아주머니와 아저씨는 초코라테라는 거짓말이 생각할수록 재미있는지 연신 벙실댔다. 눈으로는 나를 뚫어지게 바라보면서. 마실 때까지 한 발자국도 물러서지 않겠다는 얼굴이었다. 이렇게 인심이 후할 수가 있나. 그리고 이렇게 부담될 수가 있나. 벌컥, 마셔버렸다. 둘은 갓난아기에게 이유식을 떠먹이는 부부처럼 좋아하며 깔깔 웃었다.

"잘했어! 잘했어! 자, 또 한 잔 받아! 초코라테잖아!"

이런, 하는 수 없다. 나는 그냥 내뺐다. 어딜 보나 술판이다. 독립을 축하하는 건지 양껏 마실 기회를 축하하는 건지 알 수가 없다. 철은 한국식으로 어른이 주시는 술을 넙죽넙죽 사양 못하고 받아 마시고 있다. 벌써 열잔째란다.

"어휴, 저한테 유난히 권해요. 제가 좀 시골에서 통하는 얼굴이잖아요."

결국 철은 마신 걸 도로 쏟아내러 구석자리를 찾아야 했다. 곡주를 겁 없이 받아 마시던 다른 서양인 일행들도 상황이 크게 다르지 않았다. 날은 이미 어두워졌다. 그래도 스태프들은 갈 생각을 하지 않았다. 마을 사람들과 주거니 받거니 하면서 밤을 샐 판이었다. 일행 중 몇몇이 나처럼 '술 권하는 사회'에서 도망쳐 승합차에 올라탔다. 그리고 스태프들에게 그만 가자고 청했다. 국경을 넘던 버스운전사와는 달리, 외국인을 주로 상대하는 스태프들은 눈치가 있었다. "오케이!" 하며 차로 돌아와 시동을 걸었다. 이크, 바야흐로 음주운전이다.

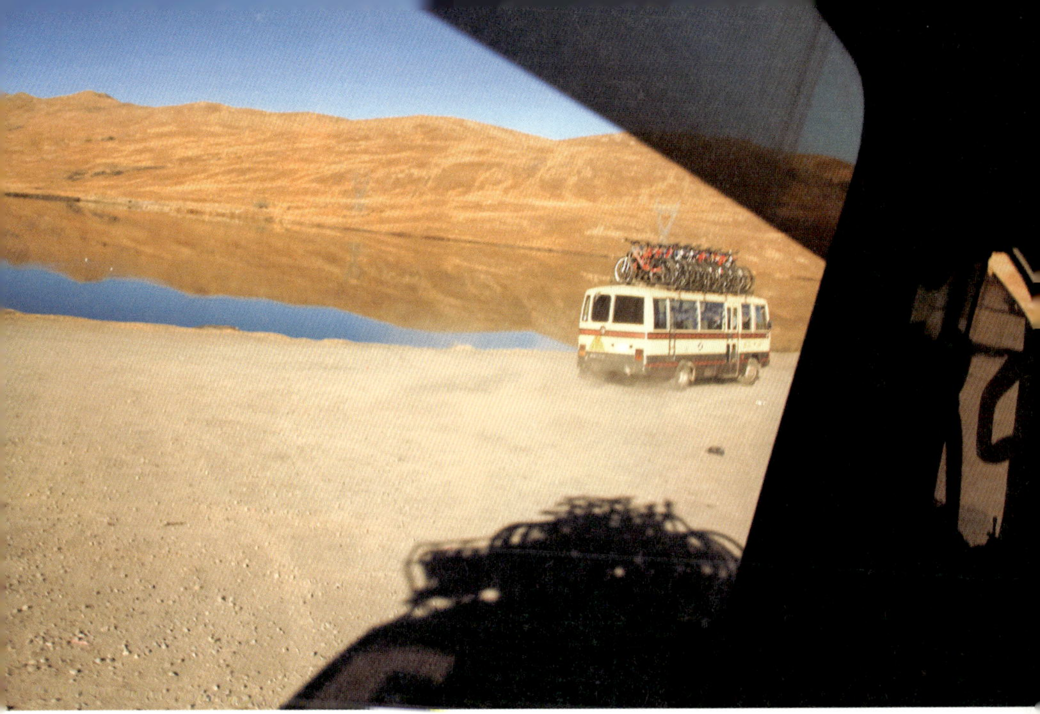

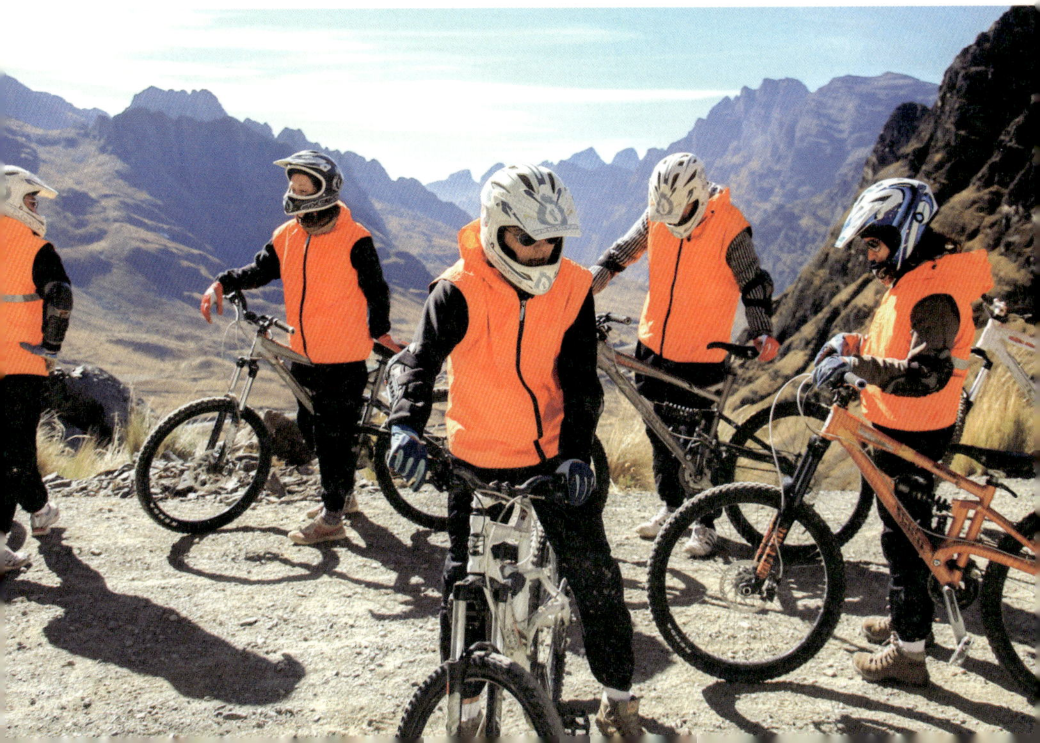

아담은 화장실에서 뭘 한다니?
Amazon

루레나바케행 18인승 경비행기는 불안한 굉음을 내며 떠올랐다. 이른 아침이었으나, 예정보다는 이미 한 시간 늦은 시각이다. 죽음의 길을 갈 때도 그렇고 볼리비아에서 한 시간쯤 늦어주는 것은 아무래도 예의인 것 같다.

공항에서 아이가 물었다.

"엄마, 우리만 이렇게 오래 기다리는 거야?"

"아니, 언제나 이렇게 오래 기다리는 거야."

비좁은 기내는 옆 사람과 어깨가 닿을 듯하다. 거구의 서양 남자들은 자그마한 동굴에 들어앉은 곰처럼 몸을 웅크리고 있다.

버스 파업은 풀릴 기미가 보이지 않았다. 기차 등 다른 대안들도 파업이 거세지면서 덩달아 운행을 멈췄다. 한마디로 남부로 가는 모든 길이 봉쇄된 것이다. 4인조는 일단 라파스에서 마지막 하루를 보내고 파업의 영향이 미치지 않는 곳으로 이동하기로 했다. 중빈과 나는 북부의 아마존으로, 진과 철은 내려갈 수 있는 곳까지만 내려가보기로.

어젯밤 철은 중빈이 가장 좋아하는 프라이드치킨을 사주었다. 그리고 극구 코파카바나에서 빌린 돈을 갚았다. 우리는 밤거리를 걸어 인적 드문 작은 공원에 이르렀다. 스페인풍의 장방형 공원이었다. 가로수 몇 개가 가지런했고 작은 수목들이 심어져 있었다. 우리는 바로 옆 상점에서 캔맥주를 사서 벤치에 앉아 마셨다. 가족이 저녁 산책을 나선 듯 이완된 분위기였다. 소매치기나 좀도둑 때문에 긴장을 늦출 수 없는 남미에서는 좀처럼 맛보기 힘든, 넷이니까 가능한 밤 야유회였다. 넷이 그동안 이모 삼촌 언니 누나로 얽혀 가족처럼 지냈기 때문에 가능한 순간이기도 했다. 진은 내게 여행을 떠난 뒤 가장 평화로웠던 멕시코에서의 며칠을 이야기해주었다. 그때 그 순간처럼 평화롭다고 말해주었다. 나는 진의 손을 꼭 잡았다.

중빈이 숙소로 돌아와 이모와 삼촌을 앉혀놓고 작은 이별 콘서트를 열었다. 까불이 모드를 내려놓고 진지하게 마음을 담아 연주했다. 이모와 삼촌은 감탄해주었다.

"와, 중빈이 다시 보인다."

당부도 했다.

"여행할 동안 다른 사람들을 위해서도 계속 연주해줘야 해."

우리는 모두 진한 이별의 포옹을 주고받았다.

경비행기에서 내려다보니, 안데스의 봉우리 사이마다 물이 스며들 듯 구름이 차 있다. 마치 봉우리 사이로 구름 강이 흐르는 듯하다. 그저께는 저

구름 사이를 자전거로 달리고 오늘은 그 위를 나는구나. 중빈이 저 구름 사이 어딘가에서 곰 발자국을 보았다고 우겼다. 그리고 그것이 진짜 곰 발자국임을 인정하지 않으면 끝까지 쳐다보겠다는 식으로 나를 뚫어지게 쳐다보았다.

"오냐, 곰이다. 곰."

그제야 고개를 돌리더니, 이내 잠이 들었다.

비행기에서 내리니, 후끈하다. 추운 라파스를 벗어나 아마존으로 들어온 것이 실감났다. 아마존은 남미의 페루, 볼리비아, 브라질, 에콰도르, 베네수엘라 등 5개국에 걸쳐 뻗어 있다. 그중 볼리비아는 물가가 저렴한 만큼 가장 저렴하게 아마존 투어를 해볼 수 있는 곳이다. 물론 저렴하다는 것은 늘 서비스 또한 그 가격에 합당한 수준이라는 것을 의미하지만.

루레나바케 공항청사는 판잣집 수준이었다. 활주로 표식도 제대로 없음을 물론, 그나마 활주로가 아닐까 추측되는 영역에는 돼지가 뛰놀고 있었다. 공항 철조망 너머에는 정글이 무성했다. 이토록 간단하다 못해 초라한 공항인데, 한 남자가 공항버스가 있다며 기다리란다. 잠시 후 다 부서져가는 버스가 덜덜덜 소리를 내며 등장했다. 승객들에게 1달러를 내고 타라고 했다. 버스는 덜덜거리며 30미터가량 전진했다. 눈앞에 빤히 보이는 판잣집 청사를 향해. 운전사가 다 왔다고 내리라 하자, 뒤에서 금발의 백인 남성이 야유했다.

"다음번엔 반드시 걸어가죠. 이렇게 멀다는 걸 알았으니."

공항 앞에 사륜구동 승합차가 우리를 기다리고 있었다. 한 시간이나 비행기가 연착했으니, 이 뜨거운 날씨에 만만치 않은 기다림이었을 것이다.

비행기가 연착된다는 것을 알았을 때, 나는 가장 먼저 여행사에 전화를 걸어 알렸다. 투어를 함께 떠날 일행들에게 피해를 줄까 염려되었기 때문이다. 여행사에서는 '괜찮다'고만 했다. 나는 다른 차편으로 우리를 합류 시켜줄 생각인가보다 했는데 이렇게 대책 없이 마냥 기다리게 했을 줄이야.

우리가 승합차에 올라타며 "늦어서 미안합니다!"를 연발했을 때, 상황은 전혀 '괜찮지' 않았다. 차 안은 찜통이었다. 세 명의 백인 여성이 드러누운 채 늘어져 있었다. 그들은 차가운 시선으로 대답조차 하지 않았다. 운전사이자 가이드인 마리오가 밖에 나가 있던 일행을 불러 모았다. 이지적으로 보이는 이스라엘 남녀 커플, 그리고 잘생긴 이스라엘 청년 둘이 추가로 올라탔다. 중빈과 내가 조수석에 나란히 앉자, 썰렁한 분위기 속에서 차가 출발했다. 모두 열 명이었다.

중빈이 뒤돌아보며 눈치 없이 또 친구 만들기에 나섰다.

"어느 나라에서 오셨어요?"

묵묵부답. 한참 후 마지못해 들려오는 딱딱한 여자 목소리.

"⋯⋯ 유럽."

흠, EU 때문에 유럽이 다 한 나라가 되었구먼. 나는 중빈에게 지금이 친구를 만들기에 좋은 상황이 아님을 속삭여 알려주었다.

"왜?"

"우리가 이분들을 기다리게 했기 때문이야."

이제 말하는 사람은 아무도 없다. 밖은 붉은 흙길. 앞에 차가 달리고 있으면 보이는 건 먼지뿐이다. 우리 뒤로도 먼지밖에 보이지 않았다. 추돌사고 나기 딱 좋은 상황이다. 때때로 먼지의 장막 속에서 앞차가 튕겨낸 돌이 날아와 깨부술 듯 앞 유리를 때렸다. 여차하면 추돌사고 때문이 아니라 돌에 맞아죽겠군. 길이 이러하니, 눈에 띄는 승합차마다 천연두라도 앓은 듯 우글쭈글 험한 꼴을 하고 있었다. 쉼 없이 날아드는 누런 흙먼지를 뒤집어쓰며 우리 꼴도 점점 누레졌다. 드물게 시야가 트일 때면, 이곳이 아마존 초입임을 알리는 미약한 신호들이 눈에 띄었다. 새빨간 나비가 날아다니고, 찬란한 깃털을 지닌 열대의 새가 창공으로 솟구치고, 띄엄띄엄 나타나는 마을 위로 매가 둥글게 맴돌았다. 기대감이 고조되었다.

세 시간 후 우리가 도착한 곳은 아마존 강 유역의 보트 선착장이었다. 여기서 보트로 갈아타고 더 깊숙한 정글로 들어갈 모양이다. 선착장에는 십여 개의 10인승 나무보트가 정박되어 있었다. 물은 흙탕물. 아마존 강의 흙탕물은 미네랄이 많아서 오히려 많은 생물들의 번식 여건이 된다고 알려져 있다. 오늘 투어를 시작하는 다른 팀들도 속속들이 선착장에 모여들었다. 중빈은 사람들에게 일일이 다가가 "헬로!" 하고 인사를 건넸다. 그것은 모두의 경계를 허무는 행동이기도 했고, 모두의 경계를 실험하는 행동이기도 했다. 시간이 지나면 사람들의 반응으로부터 배울 것이다. 사람과 사람 사이의 적정한 반경에 대해.

마리오가 보트에 음식과 물을 실었다. 중빈이 보트에 올라타며 외쳤다.
"내가 선장 할래요!"
마리오가 싱글거리며 놀렸다.
"피라니아가 있는 곳에 먼저 뛰어드는 사람이 선장이야."
중빈이 질세라 받았다.
"악어, 아니 아니, 아나콘다 있는 곳에 먼저 뛰어드는 사람이 선장 하기로 해요!"

일찌감치 맨 앞자리에 앉았던 이스라엘 청년 로이가 고맙게도 중빈에게 자리를 양보하고 내 옆자리로 왔다. 맨 앞자리를 차지한 중빈이 환호했다.

"야호, 내가 선장이다!"

모두 승선 준비를 마쳤는데, 또 다른 이스라엘 청년인 아담이 보이지 않았다. 아담과 로이는 군 복무를 마치고 단둘이 세계여행 중이다. 로이가 금발의 핸섬보이라면 아담은 갈색 곱슬머리에 개성 있는 마스크를 지녔다.

선장이 벌떡 일어났다.

"내가 찾아올게요!"

승합차들이 있는 곳까지 단숨에 뛰어 올라가 사방에 대고 이름을 불렀다.

"아담! 아담! 아담! 아담! 아담! 아담! 아담!"

그리고 잠시 후 보트로 돌아와 모두가 듣도록 외쳤다.

"아담은 화장실에 있어요!"

사람들이 와르르 웃었다. 선착장에 있던 자그마치 70여 명이 그가 화장실에 있다는 걸 알게 되었다. 저쪽 보트에 탄 사람이 중빈에게 소리쳐 물었다.

"그 사람 화장실 안에서 뭘 하고 있다니?"

70여 명이 또 와르르 웃었다. 그야말로 '화장실 유머'로군. 잠시 후 아담이 나타났다. 중빈이 또 알람 기능을 했다.

"저기, 아담이 와요!"

사람들이 웃으며 박수갈채로 그의 등장을 맞았다.

모터보트에 시동이 걸렸다. 우리가 강을 따라 줄지어 올라가는 동안, 투어를 마친 사람들 보트가 강을 따라 내려왔다. 마치 수상 기차를 연상시켰다.

악어들이 등장했다. 마리오는 악어가 보일 때마다 보트를 세웠다. 모두가 악어 사진을 찍어대느라 정신이 없었다. 바로 2, 3미터 떨어진 강변에서 악어들이 누렇고 음흉한 눈을 뜨고 우리들을 바라보았다. 그야말로 악어 소굴이다. 조금만 보트를 타고 이동하면 다시금 여기도 악어, 저기도 악어, 크거나, 작거나, 입을 쩍 벌려 무시무시한 이빨을 보이거나, 꾹 다물고 잠을 자거나, 물에 잠겨 눈만 내놓거나, 뭍에서 진흙을 온몸에 묻힌 악어들, 악어새들.

마리오가 조금 더 자극적인 시도를 했다. 악어에게 보트를 최대한 가까이 가져가 밀어붙이는 것이다. 보트가 악어와 붙었다! 바로 내 곁에서 옆구리를 나란히 한 악어가 불쾌한 얼굴을 떡하니 들어올린다!

"끼아아아아악!!!"

여자 승객들이 비명을 지르며 옆자리로 피했다. 나도 체면이고 뭐고 생각할 겨를 없이 로이 쪽으로 들러붙었다. 들러붙은 정도가 아니라 무르팍에 가서 앉다시피 했다. 보트가 기우뚱했다. 마리오가 낄낄거리며 보트를 움직였다. 황급히 제자리로 돌아왔다.

"미안해요, 로이. 정말 미안해."

로이는 대답 대신 부드러운 신사의 미소를 띠었다. 내가 마리오에게 항의했다.

"그런데 마리오, 나빠요. 재미로 악어를 괴롭히다니. 에코투어리즘에 어긋나는 행동이잖아요."

마리오는 들은 체 만 체했다. 다음은 원숭이 떼였다. 원숭이들은 매일 이 지점에서 이 시간에 벌어지는 일을 잘 알고 있다는 듯, 우리 쪽을 보며 입맛을 다셨다. 마리오가 준비한 바나나를 꺼내더니, 조금 전의 항의에 대한 복수인 듯 나를 보고 씩 웃었다.

"안 돼!"

내가 미처 소리 지르기도 전에 바나나가 떡 하니 내 머리로 올라왔다.

원숭이들이 바나나를 덮쳤다. 내 머리칼은 쑥대밭이 되었다. 사람들이 깔깔 웃었다. 모두가 즐겁다면야.

그러고 나서는 새였다. 아마존이라는 이름에 딱 어울리는 화려한 깃털과 벼슬로 무장한 새들이 보는 이의 감탄을 이끌어내며 수목 가운데 은거하거나 높이 날았다. 보트는 점점 강물을 따라 깊숙이 올라갔다. 기차 대열이 짧아지고 끊어지는가 싶더니, 다 어디로 흩어져버렸는지 결국 우리 보트만 남았다. 빛이 옅어지며 해가 낮아졌다. 악어가 나타나도 더 이상 카메라 셔터 소리가 들리지 않았다. 로이가 방심하며 벗은 발을 보트 가장자리로 내놓았다. 강변에 악어들이 있었지만 발은 더 이상 불안해보이지 않았다. 나도 카메라를 가방에 넣고 눈을 감았다. 햇빛 속으로 고개를 들었다. 바람. 이 더운 공기 속으로 모터보트가 만들어내는 시폰처럼 가벼운 바람. 짐승들의 신묘한 울음소리가 바람에 섞여 들었다. 동물의 왕국을 생중계하던 아들은 잠이 들었다. 다른 사람들도 대부분 잠이 들었다. 눈이 마주치자, 로이가 예의 신사의 미소를 짓는다. 강에서 올라오는 민물냄새가 향긋하다. 보트는 어디까지 들어가는 것일까?

강둑에 커다란 판잣집이 보였다. 보트가 멈췄다. 우리가 머물 로지였다. 마음씨 좋게 생긴 할아버지가 일행을 맞이했다. 르네 할아버지였다. 할아버지가 내게 애가 몇 살이냐고 물었다. 적어도 내가 듣기론 그랬다. 그들의 나이 셈법으로 답했다.

"아홉이요."

르네 할아버지가 기절초풍을 했다.

"애가 아홉이나 있다고?"

할아버지와 나는 스페인어로 조금 더 동문서답을 하며 서로를 반겼다.

판잣집은 합판으로 허술하게 벽을 세워 큰 방 두 개를 만들었다. 각 방에는 싱글 침대가 열두 개씩 있었다. 침대에는 캐노피 형태로 모기장이 달렸다. 각자 침대를 하나씩 차지하고 가방을 발치에 놓았다. 물론, 방금 보트를 타고 여길 떠난 사람들이 쓰던 시트를 탈탈 털어 다시 써야 했다. 판잣집은 또 다른 판잣집, 즉 작은 부엌과 넓은 식당으로 연결되어 있었다. 식당에서 몇 걸음 떨어진 곳에는 몇십 명이 요령껏 나눠 써야 하는 한 칸짜리 샤워실이 있었다. 샤워실 옆은 화장실이었다. 모두 판자를 덧대 얼기설기 만들었다.

샤워실 위의 조그만 물탱크를 보니 아래쪽 아마존 강물, 그러니까 흙 탕물로 연결되어 있다. 이 물과 저 물의 차이는 악어가 있고 없고 뿐이겠다. 뭐, 일부러 황토 마사지도 하니까. 갈아입을 옷을 챙겨 샤워실로 들어갔다. 옷을 걸 수 있는 못조차 없어, 구석 벽에 운동화를 세우고 옷은 합판 벽에 걸쳐두었다. 초스피드로 움직여 흙길에서 뒤집어쓴 먼지를 닦아냈다. 1, 2분 만에 마친 것 같다. 이제 군대 가도 되겠다.

샤워실과 식당 사이에는 해먹 여섯 개가 주르륵 달린 쉼터가 있었다. 그중 하나에 드러누웠다. 몸을 흔들흔들하자, 나무보트에서 경직되었던 엉덩이가 부드럽게 풀렸다. 로이가 미소를 지으며 다가오더니 바로 옆 해먹에 누웠다. 로이는 미소가 많고 말수는 별로 없다. 어디서 왔어요? 남미의 어디를 가봤어요? 당신은 무슨 일을 하나요? 그가 묻지 않아 편안하다. 마침내 이런 순간, 모터 소음이 사라지고 새소리 속에서 아마존의 저녁 해가 강물 속에 잠기는 순간, 그런 사실들이 뭐 그리 중요하단 말인가. 그저 잘생긴 청년이 함께 노을을 보아주니 고마울 뿐이다.

분위기를 깨는 덴 역시 우리 아들을 따를 자가 없다. 로지에 사는 꼬마 이안과 공놀이를 하다 말고 달려오더니 묘한 눈빛으로 캔다.

"엄마 뭐해?"

"노을 봐."

"그런데 왜 이 형이 엄마 옆에 누워 있어?"

뭐, 뭐라고? 나는 커다랗게 웃음을 터뜨렸다. 때때로 생각한다. 이 녀석은 남편의 조그만 화신이 아닐까?

부엌에서 이안의 엄마가 단체의 저녁을 준비하는 동안, 일행인 이스라엘 커플은 따로 자신들이 먹을 것을 요리하고 있었다. 애셔와 갈라트. 결혼 2년 만에 신혼여행을 떠나왔다고 한다. 둘은 매우 독실한 유대교신자이다. 유대교의 엄격한 교리를 준수하지만, 동시에 아마존까지 와서 별나게 보이긴 싫은 듯 먼저 설명을 했다.

"지금은 육류를 섭취할 수 없는 주간이에요. 육류를 조리했던 도구도 사용해선 안 되죠."

그들은 자신들만의 냄비와 프라이팬을 정글까지 들고 왔다! 그리고 별나게 보이기도 싫지만 폐를 끼치기는 더 싫은 듯, 깔끔하고 신속하게 야채 파스타와 토마토수프를 만들어 먹고는 설거지까지 마쳤다. 애셔는 자신감 충만한 30대 중반의 전문직 종사자였다. 갈라트는 스물아홉 살로 유전자공학 박사과정에 있었다. 그들은 자신들의 종교에 대해 말하는 것을 즐겼다.

"유대교는 전 세계에 선교지부가 있어서, 사실 여행 중이라도 우리처럼 규율을 준수하는 것이 그다지 어렵지 않아요. 신도들이 전 세계 어디에 있든, 모든 의식이 똑같이 유지되도록 도와주는 거죠. 물론 아마존에선 이렇게 따로 애를 써야 하지만요."

"당신들처럼 엄격하게 준수하는 사람들이 많은가요?"

"다 우리 같다고 할 순 없겠지만, 예, 많아요."

"나는 유대교 남성들이 늘 머리에 쓰고 있는 조그만 모자의 의미가 궁금했어요."

애셔가 대답했다.

"'키파' 말이군요. 그건 남성들이 더 밖에 자주 나가고 유혹에도 약하기 때문에 쓰는 거예요. 본래 여성은 내면적이고 영성적인 존재임에 반해, 남성은 동물적이고 충동적이니까요. 남성들이 키파를 착용함으로써 늘 머리 위의 존재에 대해 각성하고 경외심을 갖도록 해주는 겁니다."

"오, 훌륭하네요. 이슬람교에선 여성들에게 히잡을 씌워 남성들로부터 여성을 보호하지만, 유대교에서는 남성들 스스로를 각성시켜 서로를 보호하는군요."

애셔가 고개를 끄덕였다.

"그런 셈이죠."

그는 창밖으로 시선을 옮기며 점잖게 말했다.

"유대인들은 대체로 나이가 들면서 차차 믿음도 깊어지곤 합니다. 저런 친구들도 결국엔 자신만의 종교적인 길을 찾으리라 믿어요."

'저런 친구'란, 강변에서 잎을 말고 있는, 아담이다. 마리화나 잎 말이다. 아담은 정글에 오자마자 르네 할아버지에게 잎부터 샀다. 볼리비아에서 마리화나를 구하기란 누워서 떡 먹기다. 그것도 헐값에. 사실 남미에서 마리화나를 즐기는 백인들을 발견하는 건 어렵지 않다. 그리고 그것은 눈총을 받는 정도에 그친다. 한국에서는 마리화나를 엄격하게 다루지만, 사실 마리화나는 담배보다도 중독성이 약하며 이미 여러 선진국에서 합법화 되어 있으니까. 남미에 '환각'을 노리고 오는 진짜 문제아들은 저렇게 보이는 곳에서 마리화나를 피우지 않는다. 음지에 숨어 코카인을 흡입하고 있다. 코카밭이 넘쳐나는 이 원산지 대륙에서.

코카인의 재료가 되는 코카나무는 태곳적부터 페루와 볼리비아 등지에서 빼놓을 수 없는 문화의 일부였다. 잉카의 여신들은 코카잎을 손에 들고 있는 형태로 표현되곤 했으며, 태양신의 아들이자 지구의 배꼽을 찾아내 쿠스코를 세운 '망코 카팍'은 이 '신성한 잎'을 지구로 가져왔다고 전해진다.

고대인들이 이 잎을 신성하게 여긴 것은 당연하다. 험한 자연환경에서 살아가던 사람들이 이 잎을 씹으면 허기와 추위, 고통에 대해 무감각해졌으니. 이후 코카잎은 약용 등으로 널리 사용되다가, 19세기 이후 미국에서 '쾌락적' 용도로 대량 소비되기 시작했다. 더불어 페루, 콜롬비아, 볼리비아 등지에서 폭발적으로 재배량이 늘어났다. 오늘날 전 세계에서 코카잎을 가장 많이 생산하는 나라는 페루, 볼리비아 순이다. 코카잎을 가공한 코카인을 가장 많이 생산하는 나라는 콜롬비아, 볼리비아 순이다. 그러하니, 상대적으로 물가가 저렴한 볼리비아로 중독자들이 몰려드는 건 당연한 일일 것이다.

볼리비아에서는 이 '현금 작물'의 재배를 제한하기 위해 많은 노력을 기울여왔다. 그러나 제한이 가해질수록 외려 거대한 문제가 야기되었다. 권력층에게는 엄청난 뒷돈이 공급되었고, 판매이익이 솟구쳤으며, 미국이 (코카인을 거의 다 가져가는 주제에) '너희들 힘으로 재배를 막지 못하니, 내가 좀 끼어들어야겠다'며 국정에 개입하기 시작했다.

한때 볼리비아 정부는 농부들에게 재배를 그만두면 헥타르당 2,500달러를 지급하겠다는 파격 제안을 내놓기도 했다. 볼리비아에서 2,500달러는 엄청난 거금이다. 어떻게 되었을까? 당연히, 더 넓은 지역으로 재배가 늘어났다. '인센티브'를 노리는 농부들에 의해. 그리고 이 정책 덕분에 코카의 가격이 더 뛰어버렸기 때문에.

결국, 여러 가지 시도에도 불구하고 코카 재배는 왕성하게 지속되어 왔다. 볼리비아에서는 연간 10억 달러에 가까운 코카가 수출된다. 이 나라의 모든 합법적 수출액을 능가하는 금액이다. 결국 부자 나라의 '쾌락적' 수요가 줄어들지 않는 한, 가난한 나라의 농민들이 이 현금작물을 포기할 리는 만무한 것이다.

밤이 되었다. 칠흑 같은 하늘에 수없이 많은 별들이 모습을 드러냈다. 로지의 전구를 밝히는 발전기 소리와 숲 속의 벌레소리가 서로 경합하듯 파고들었다. 이안의 엄마는 느릿느릿 아마존 속도로 요리를 마쳤다. 드디어 르네 할아버지가 '댕강!' 식사시간을 알리는 종을 울렸다. 저 소리를 사랑하리. 서둘러 식당으로 갔다. 기다란 합판 테이블 위에 우리 일행과 다른 방 일행들 몫까지 접시 가득 음식이 담겨져 있었다. 소스 없이 오일에 볶은 파스타, 토마토 양배추 샐러드, 다진 양고기 볶음, 감자튀김. 나는 신나게 샐러드부터 덜어냈다. 여행 중에는 따로 장을 봐서 조리해 먹지 않는 한 언제나 야채가 부족하기 때문이다. 오, 아작아작 씹히는 싱싱한 야채! 그런데 나 말고는 아무도 샐러드를 덜어가지 않는다. 나는 국적을 '유럽'이라 했던 3인조 여성들에게 물었다.

"샐러드 안 좋아해요?"

"저 강물로 씻어 만들었잖아요. 여기선 익힌 것만 먹어야 해요."

여행할 때마다 느끼는 거지만, 선진국에서 태어나 높은 위생수준을 지니지 않은 것이 천만다행이다. 대한민국은 불과 50년 만에 갯더미를 선진국으로 합류시킨 나라. 거기서 태어나 자란 국민으로서 내 세대의 강점은 바로 이런 순간 발휘된다. 나는 제3세계에서 태어났고 자랐으며 성인이 되어서는 선진국에서 살고 있는 것이다. 어릴 땐 코 흘리며 돌도 간혹 빨아먹고 놀다가, '국민학교'에 들어가선 한 반에 70명 이상이 바글거리며 생존을 배웠고, 어른이 되어서는 최첨단 기기들에 둘러싸여 글로벌한 문화를 향유하고 있다는 것. 이것은 제3세계를 여행할 때 엄청난 자산이 되어주곤 한다. 막강한 생활근성과 문제해결 능력을 담보해주니까.

'고마워, 저 아름다운 샐러드는 모두 나의 것! 앞으로 3박 4일 내내 나의 것!'

세 유럽 여성 중 둘은 이탈리아 출신으로, 중년의 초등학교 선생님들이었다. 키가 아주 크고 아주 작은 여성 둘이 듀오를 이뤘다. 여름방학을 맞아 남미를 둘러보고 있다고 했다. 그리고 30대 스위스 여성 마누엘라가 있었다. 그녀는 무뚝뚝하고 대담했다.

"마리오에게 악어를 보여달라고 해야겠어요."

작은 이탈리아 선생님이 마누엘라에게 반문했다.

"마리오에게? 이 밤에?"

"네. 악어들은 야행성이잖아요. 밤에 더 활발히 활동할 테니까요."

"네가 이 밤에 마리오와 같이 나간다면, 더 활발히 활동하는 건 악어만이 아닐 텐데."

여자들이 모두 깔깔 웃었다. 작은 선생님이 제안했다.

"다 같이 보트를 타러 가자."

나는 썩 내키지 않았다. 우리는 이미 실컷 악어를 보았다. 너무 봐서 질릴 만큼. 질려서 더 사진도 찍지 않고 잠들 만큼.

"또 악어를 본다고요? 마리오는 잠든 악어도 깨워 손전등을 비출 사람이에요. 동물학대에 가까운 행동을 아무렇지도 않게 할 텐데."

나는 이제 고요한 아마존의 밤이나 느껴볼 참이었다. 작은 선생님이 말했다.

"그런 일은 벌어지지 않게 해봅시다."

결국 함께 일어났다. 나머지 일행을 불러 모았다. 로지에서 몇 걸음 벗어나자, 벌써 한 치 앞도 보이지 않았다. 비틀대며 보트에 올랐다. 마리오는 모터를 켜는 대신 노를 저어 조금 이동했다. 그런데, 누구라도 금방 알 수 있었다. 손전등 같은 걸 휘두르며 이 완전한 어둠을 깨는 것이 어리석은 일임을. 악어를 찾는 것은 더더욱. 사람들은 손전등을 껐다. 저절로 별을 바라보았다. 그 밤, 어둠으로 인해 더 아름다워진 유일한 존재. 저절로 목소리를 낮춰 속삭이게 되었다.

"아, 별들이 정말 아름다워요."

별들은 마치 솜사탕을 길게 잡아 늘인 것처럼 밤하늘 가득 하얗게 퍼져 있었다. 별 속으로, 별 속의 별 속으로 우리는 물결을 따라 흔들흔들 삐걱삐걱 흘러들어갔다.

애셔가 조그맣게 말했다.

"저기 빨간 별이 보이죠? 그게 전갈좌예요."

모두 약속이나 한 듯 빨간 별을 찾았다. TV와 인터넷이 없는 밤, 별은 그제야 동경의 대상이 되었다. 먼 곳에 있는 커다란 아름다움을 깨닫기 위해서는 가까이에서 눈을 부시게 하는 것들을 소거해야만 한다. 우리는 순진한 고원의 목동들처럼 간간히 흥분한 목소리로 속삭였다.

"저기, 별똥별이에요!"

"저기, 반딧불이에요!"

그런데 분위기를 깨는 데 소질이 있는 건 우리 아들만이 아니었다. 마리오가 갑자기 랜턴을 켜고 노를 뒤적거리더니 새끼악어를 집어 올렸다. 그가 악어에 랜턴을 비추자, 괴롭게 몸을 비트는 악어와 함께 그의 얼굴 하관이 밝혀졌다. 특이한 것을 포획한 자의 득의만만한 미소.

"새끼야, 새끼! 귀엽지?"

사람들이 비명을 질렀다.

"마리옷!!! 제발! 그 가여운 것을 당장 내려 놓으세욧!!!"

로지로 돌아왔다. 제각각 좁고 딱딱하고 삐걱대는 침대에 몸을 뉘고 모기장을 내렸다. 지붕과 벽, 침대와 바닥, 모든 게 너무 허술해서 마치 밖에 나와 자는 것 같다. 그런데 그것이 아마존에서는 꽤 마음에 든다.

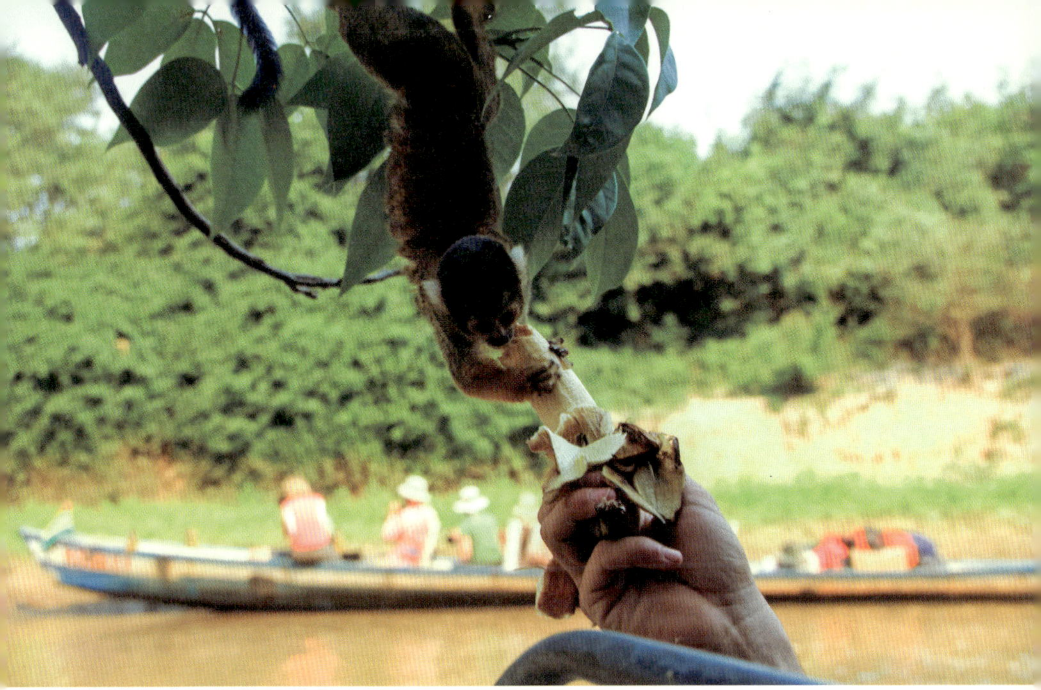

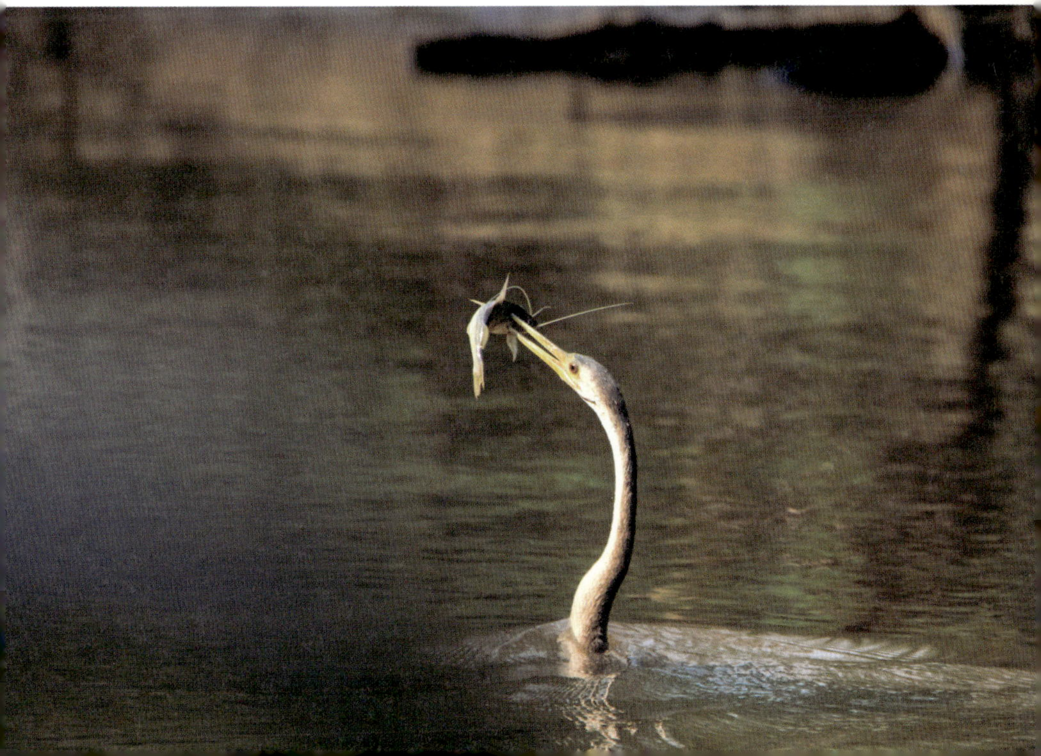

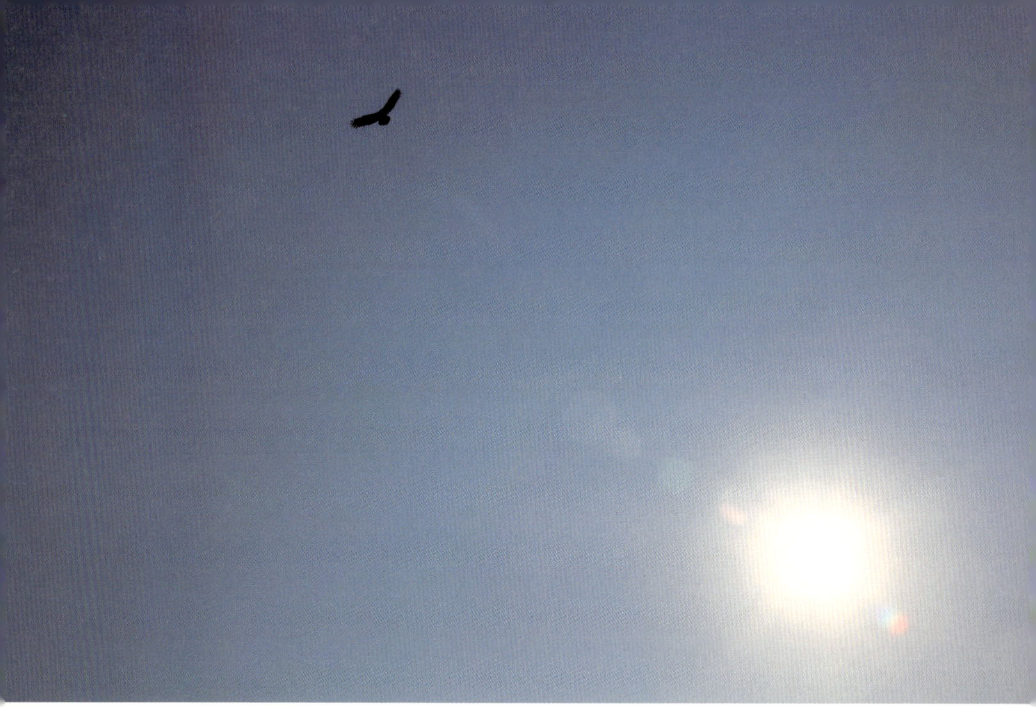

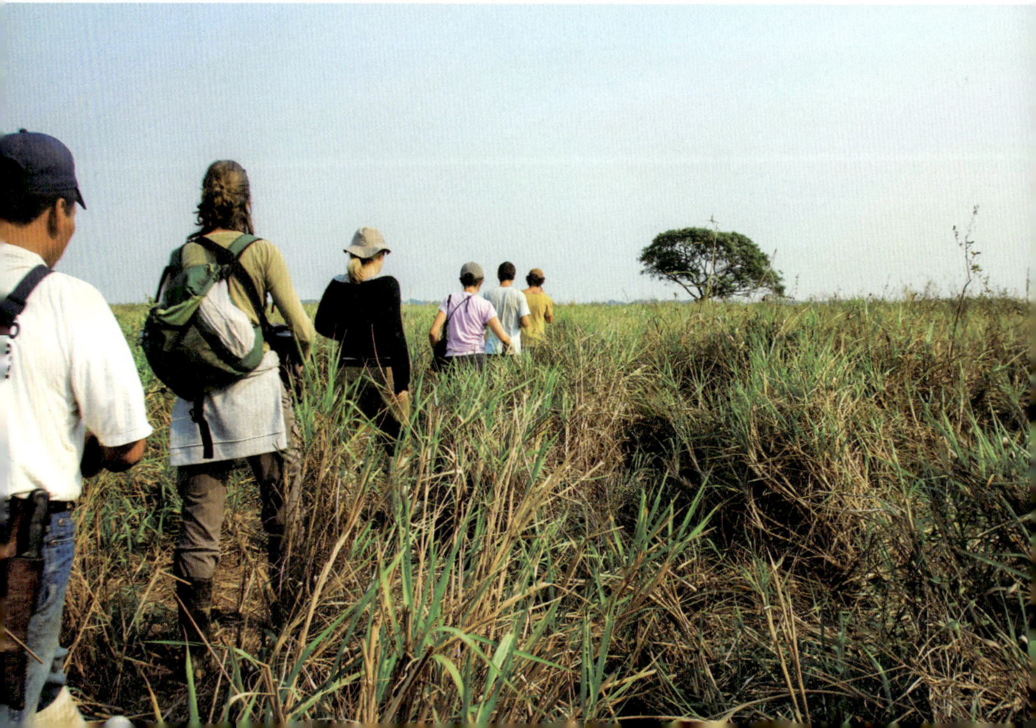

아, 나, 콘, 다, 이거아, 냐?
Amazon

아침식사 후 마리오가 일행에게 로지에 마련되어 있는 장화로 갈아 신으라 했다. 오전 일정은 아나콘다를 찾아나서는 것. 마리오는 앞으로 벌어질 일에 대해 결코 충분한 설명을 해주지 않는다. 주의사항은 더더욱 알려주지 않는다. 그래서 나는 장화로부터 뭐 진흙탕이 좀 있는 정도려니 예상했다. (바보, 그 정도라면 장화까지 준비해줄 리가 없잖아?) 낡은 성인용 장화 가운데에는 중빈과 내 발에 맞는 것이 없었다. 우리는 몹시 헐거운 장화를 신고 나섰다. (이 또한 얼마나 끔찍한 결과를 초래할지 바보라면 예상 못하지.)

    갓 잡은 생선에 칼을 넣듯, 보트가 싱싱한 아침을 가르며 달렸다. 새소리가 화려하다. 낮은 음역대와 높은 음역대를 두루 아우르는 오케스트라 화음. 뿡뿡 튜바도 있고 휘휘 플루트도 있다. 일행은 어느새 아마존 강에 익숙해졌다. 중빈 선장이 뱃머리에 엎드려 두 손으로 턱을 괴고 살랑살랑 발을 흔들었다. 애셔는 갈라트의 어깨를 끌어안고 머리를 맞댔다. 키 큰 이탈리아 선생님은 멋진 꽃무늬 스카프를 머리에 둘렀는데, 바람 따라 스카프가 깃발처럼 너울거렸다. 로이가 내게 주먹을 내밀었다. 무얼까 손을 펴니, 예쁜 나뭇잎을 떨어뜨린다. 꽃처럼 빨간 잎.

강변에 보트가 여럿 정박한 곳이 눈에 띄었다. 우리 보트도 거기 섰다. 이번에도 설명이 없으니 무작정 마리오를 따라 걸을 수밖에. 저쪽에 우리보다 앞서 걷는 일행들이 보였다. 풀이 점점 길어지는지 그들의 뒷모습은 어깨 언저리까지 보이다가 곧 머리만 보이며 풀 속으로 가라앉았다. 우리도 풀을 헤치며 그 뒤를 따랐다.

누가 아마존에 가면 아나콘다를 꼭 봐야 한다고 정해놓았는지는 나도 모르겠다. 아나콘다라는 이름은 '코끼리를 잡아먹는 동물'이란 뜻의 타밀어에서 기원했다. 독이 없으며, 때로 먹이를 '부쉬뜨리는' 모든 뱀을 일컫는다. 아나콘다라고 해서 다 코끼리를 잡아먹을 수 있진 않을 것이다. 그럼에도 불구하고 이 거대한 뱀에 대해 인간이 가지는 두려움과 경외감은 크다. 사람들은 여기저기서 아나콘다가 호랑이를 어떻게 낚아채서 어떻게 목뼈를 으스러뜨리고 어떻게 꿀꺽했는가 하는 갖가지 전설과 신화를 접했다. 그리고 아프리카 사파리에서 사자를 꼭 보려하듯, 아마존에서는 아나콘다를 꼭 보려하는 것이다. 그래서 언제부턴가 아마존의 사바나 투어를 신청한 사람들은 모두 이렇게 아침을 먹고 낡아빠진 장화를 신은 후 아나콘다를 찾아 나서게 되었다. 아나콘다에 전혀 관심이 없는 나 같은 사람도.

반면, '뱀띠' 소년 중빈은 아나콘다에 일정 정도의 형제애마저 느끼는 것 같았다. 반드시 상봉하고야 말겠다는 일념을 불태우며, 혹여 다른 사람이 먼저 찾을세라 조바심치며, 우리보다 한참 앞선 일행에 따라붙었다.

"내가 **제일 먼저** 아나콘다를 잡을 거야!"

"내가 **제일 먼저** 잡아서 목에 두를 거야!"

얼마나 걸었을까. 사바나의 한군데를 면도기로 밀어놓은 듯 풀이 사라지고 검은 진흙이 나타났다. 늪이었다. 정확하게는, 건기 동안 물이 사라진 늪 바닥이다. 그러나 늪 바닥은 꽤 젖어 있었고 군데군데 물웅덩이도 있었다. 마리오가 손가락으로 그것을 가리키며 말했다.

"아나콘다! 아나콘다! 들어가요! 들어가!"

그 거대한 늪 바닥 어딘가에 아나콘다가 숨어 있으니 찾으란 뜻이다.

바보와 바보가 아닌 사람의 차이는 어쩌면 행동을 먼저 하느냐 생각을 먼저 하느냐의 차이일 것이다. 바보가 아닌 사람은, 그러므로, 그 상황에서 다른 사람들이 하는 것을 먼저 살피며 생각을 했을 것이다. 늪 한가운데로 걸어 들어갈 것인가 말 것인가, 걸어 들어간다면 어떤 일이 벌어질 것인가. 사실 진짜로 아나콘다가 나타난다면 큰일 아닌가. 코끼리도 삼키는 아나콘다에게 나 같은 사람은 디저트거리도 안 될 것이다. 그러나 바보는 시키는 대로 행동한다. 앞뒤 안 재고 늪으로 들어가 아나콘다를 찾는 것이다. 거기엔 그런 바보가 나 말고도 제법 여럿 있었다.

세 발짝 정도 뗐을 때 오른쪽 장화가 샌다는 것을 알았다. 그리로 사정없이 물과 진흙이 난입했다. 이루 말할 수 없이 점성이 강한 진흙이었다. 한 발짝 디디면 아나콘다 입처럼 발을 쑤욱 삼켜서 그 발을 빼내기가 쇳덩어리를 들어 올리는 듯했다. 번번이 헐렁한 장화가 종아리까지 박혀 꿈적도 않았다. 두 손으로 장화를 잡아당겨 끌어 올려야 했다. 간신히 한쪽 다리를 당겨

올리면 그새 더 깊어진 다른 쪽 장화가 문제가 되었다. 산이라면 모를까, 한국인은 늪에 약하다. 어디를 어떻게 요령껏 디뎌야 할지를 자연환경 속에서 배우지 못했다. 한 걸음과 한 걸음 사이가 바둑에서 수를 고민할 때처럼 힘들어졌다. 그러면서도 어머나…… 어머나…… 이건 아니잖아…… 정말 아니잖아…… 으악! 하는 사이 조금씩 늪 가운데로 들어갔다. 어디를 어떻게 디뎌야 할지 눈곱만큼의 요령을 터득했나 싶으면, 이내 팔뚝만큼씩 발이 빨려 들어갔다.

앞에서 중빈이 비명을 질렀다.

"장화를 버려! 엄마가 챙길 테니 걱정 말고!"

가끔씩 나는 내 문제는 해결하지 못하면서 아들 문제는 언제나 해결해내는 '어미표' 괴력을 발휘하곤 한다. 중빈이 헐거운 장화를 벗자, 좀 더 가볍게 발을 디뎠다. 나는 듬성듬성 풀이 자란 곳을 가리켜 밟게 해, 간신히 아이를 밖으로 내보냈다. 그러는 사이, 마침내 경황없이 '그곳'에 발을 넣고 말았다. 결정적으로 더 깊고, 더 끈끈하고, 더 빠르게 발을 집어삼키는 곳에.

대체 여기를 어떻게 벗어난단 말인가? 식은땀이 흘렀다. 카메라부터 챙겨 가방에 넣었다. 이 진흙투성이 늪에 카메라를 떨어뜨린다면, 카메라는 초콜릿 퐁뒤에 담근 바나나 꼴이 될 것이다. 나는 다리를 힘차게 당겨보았다. 꿈쩍도 않는다. 오히려 세게 당기는 만큼 상체가 앞으로 고꾸라져 얼굴부터 초콜릿 퐁뒤에 박을 판이다. 중빈처럼 장화를 벗고 이곳을 모면할까? 새지 않는 왼쪽 장화부터 벗어던졌다. 그러나 오른쪽은 이미 늦어버렸다. 어느새 장화 속으로 진흙이 가득 들어찼기 때문에 벗고 싶어도 벗을 수가 없었다. 오른쪽 장화를 벗으려 용을 쓰니, 왼쪽 다리가 다시 깊어졌다.

장화를 신지 않은 맨다리가 깊이 잠기니, 덜컥 무서워졌다. '환영'이 아닌, '환촉'이 생기는 것이다. 발밑에 뭉클한 이것, 이 꽤 미끌거리면서도, 질기면서도, 상당히 부피감 있는 이것, 이거…… 이거…… 아, 나, 콘, 다, 아, 냐? 나는 비명을 질렀다.

"아나콘다야아아……"

확신이 서지 않아 끝은 내렸다. 다행일까, 불행일까? 너른 늪지에 흩어져 각기 다리를 빼내느라 바쁜 이들이 내 비명을 무시했다. 어쩌면 그들도 나처럼 "아나콘다야!"를 외치고 있는데 내가 못 듣고 있는지도 모르지.

미친 듯이 장화를 당겼다. 몸부림칠수록 상황은 악화되었다. 점점 가라앉았다. 저쪽에 두 선생님과 갈라트가 보였다. 그들은 바보가 아니어서 늪으로 들어오지 않은 채 가장자리를 따라 이동하고 있었던 것이다. 차마 그들을 부를 수가 없다. 누가 여길 들어오겠어? 나 하나 살자고, 누굴 여기로 끌어들이겠어? 나보다 힘센 남자도 아니고, 아마 내가 있는 곳까지 오기도 전에 그들 또한 허우적댈 걸.

반대편에는 마리오가 있다. 늪에 익숙한 그는 성큼성큼 걸어 늪을 건넜다. 그러나 내가 그의 이름을 부르자, 그는 내 곤경을 보며 낄낄 웃었다. 새끼 악어를 괴롭히는 마리오, 악어에 보트를 들이박는 마리오, 내 머리에 바나나를 다발째 얹는 마리오, 오오, 마리오라면 당연히 그래야지. 가이드가 고객의 곤경을 즐기는 이 상황이라니, 정말이지 '아마존'답구나.

자력갱생에 돌입했다. 손으로 장화를 당기고, 당기고, 당겼다. 미친 듯이 다리도 당겼다. 필사적으로 당겼다. 눈물이 다 나려했다. 아마존에 오자는 건 누구 아이디어였지? 페루의 와카치나 이래 두 번째로 스스로를 저주했다. 물론 저주를 하는 순간에도 미친 듯이 장화를 당겼다. 미친 듯이 다리를 당겼다.

그때였다.

"내 손을 잡아요."

갈라트다. 갈라트. 너는 천사로구나. 날 위해 여기까지 들어오다니. 너는 훌륭한 유전자공학 박사가 될 거야. 세상을 구하는 새 유전자를 만들어낼 거야.

"고마워, 갈라트!!!"

몇 번에 걸쳐 갈라트가 힘껏 손을 당기자, 오른발이 빠져나왔다. 갈라트는 차분했다.

"자, 이쪽을 디뎌요. 다음엔 저쪽."

리더를 많이 해본 여성의 카리스마가 있는 음성이다. 놀랍게도, 갈라트는 진흙 속에서 내 장화까지 뽑아내 챙겼다. 나는 그녀의 도움을 받으며 늪에서 빠져나왔다. 그리고 몇 번이나 고마움을 표했다.

"그런데 갈라트, 어떻게 늪에서 그렇게 잘 걸어?"

"고등학교 때 이런 곳으로 단체 캠프를 많이 왔어요."

나는 고등학교 때…… 그러니까…… 야간자율학습을 많이 했지.

"그리고 군 복무도 마쳤으니까."

헐! 오늘날 이스라엘 여성 절반 가까이가 일찌감치 위장결혼을 하든, 가짜 정신 병력을 내세우든 병역을 기피하고 있다는데, 나는 그녀가 아마존까지 냄비를 들고 올 만큼 강직하고 신심 깊은 여성이라는 걸 깜빡했던 것이다.

심하게 따끔거리는 손가락을 살펴보았다. 세상에! 손톱 하나가 반쯤 들려 있고 거기 피가 흥건히 고여 있다. 쯧쯧, 살려고 아주 몸부림을 쳤구나.

마리오는 이 늪에 아나콘다가 없는 것 같다며 숲 안쪽으로 걸어가보자고 했다. 다시 행군이 시작되었다. 어느새 해가 높아졌다. 우리는 뙤약볕 아래 높다란 풀을 헤치며 일렬로 걸었다. 마리오는 "이제부터는 사유지"라면서, 가시철조망을 넘어 농장으로 들어가라고 했다.

작은 선생님이 못마땅하게 중얼거렸다.

"남의 농장에나 숨어들어가다니……. 아마 이렇게 한참 걸어가면 저들이 구석에 미리 준비해둔 아나콘다를 만날 수 있을 거예요."

그런 의심을 잘 알고 있다는 듯, 마리오는 잊을 만하면 한 번씩 아나콘다가 있을 거라며 텅 빈 나무 밑동을 들여다보거나 바위 아래 축축하고 어두운 곳을 막대기로 쑤셨다.

모두가 녹초가 될 무렵, 앞에서 "아나콘다다!" 하는 소리가 들렸다. 사바나 가운데에 홀로 거대한 나무가 한 그루 있었다. 그 밑동에 떡하니 아나콘다가 우리를 기다리고 있었다. 내가 다가가니, 사람들이 둥글게 에워싼 가운데 바닥에 길이 2~3미터 정도 되어 보이는 아나콘다가 천천히 움직였다. 누렇고 푸르스름한 몸에 검은 점박이 무늬를 지닌 아나콘다가 두 마리씩이나. 비린내가 확 끼쳤다. 중빈이 그 앞에 쪼그려 앉더니 손을 뻗었다.

"노, 노! 그렇게 하는 건 너한테도 아나콘다한테도 좋지 않아. 서로에게 나쁜 균을 옮길 거야."

사람들이 만류했다. 중빈은 손을 거뒀다. 아나콘다들은 잠시 머뭇거리다 제 소임을 다했다 싶었는지 꽤 빠른 속도로 나무 밑동에 벌어진 검은 구멍 속으로 기어들어갔다. 중빈은 아나콘다에 살짝 닿은 손가락을 팔에 문질러 닦으며 아쉬워했다.

점심을 먹고 중빈은 낮잠을 잤다. 땡볕 아래 왕복 10킬로미터나 걸었으니 녹초가 되었을 것이다. 점심 요리를 끝냈음에도 이안 엄마는 쉴 틈이 없었다. 이번엔 빨래였다. 진흙탕에 빠진 사람들이 세탁을 부탁한 듯 커다란 목욕통에 흙투성이 옷을 산더미처럼 넣고 씨름하는 중이었다. 이안은 일곱 살밖에 되지 않았지만, 엄마가 바쁜 것에 익숙했다. 손님들 식사 시간이 끝나면 식당에서 컵이나 접시를 여남은 개씩 쌓아 부엌으로 줄줄이 날랐다. 자신의 식사 시간이 되면 혼자 테이블에 앉아 접시에 한가득 담긴 밥과 감자, 닭고기를 야무지게 먹어치웠다.

이안네 가족이 사는 방식은 아마존에 있어도 서울 살이와 비슷했다. 온 가족이 종일 바쁘게 일하느라 서로를 마주보지 못했다. 덕분에 물질적으로는 풍요로운 편이어서, 이안은 종종 생고기 몇 점을 가지고 놀았다. 벌건 생고기가 찰흙처럼 형상을 만드는 데 좋은 장난감이 된다는 건 나도 새로 알게 된 사실이었다. 이안은 고기 한 점으로 오토바이를 만들고 또 한 점으로 사람 형상을 만들어 그 위에 얹고 부릉부릉 소리 내며 놀았다. 또래 친구는 물론 없었다. 드물게 중빈 같은 꼬마 손님이 올 때를 빼면. 학교에 들어갈 나이가 되면 이안은 가족과 떨어져 지내야 할 것이다. 루레나바케 시내에서 친척과 지내다 주말이 되면 보트를 타고 들어오겠지.

후진국에서 개발도상국으로 다시 선진국으로 급속하게 변화를 거친 한국에 대해 언급했었지만, 비슷한 시기에 아마존 유역에 불어닥친 변화도 만만치 않다. 벌목, 금광, 목장, 관광 등의 돈벌이를 찾아 외지인들이 몰려들었다. 아마존이 파괴되면서, 정글에서 부족 단위로 생활했던 젊은이들이 '선사시대'부터 고수해왔던 삶의 양식을 포기하고 이 새로운 돈벌이에 합류했다. 혹은 도시로 나와 일거리를 찾았다. 와카치나에서 만난 훌리오는 그 대표적인 예였다.

스물여섯 살 훌리오 세자르는 식당의 매니저였다. 와카치나의 아름다운 오아시스가 내다보이는 식당에서 중빈이 일기장을 펼쳤을 때, 서슴없이 다가와 와카치나 사막과 오아시스를 그려주었다. 일필휘지였다. 어디서 그림을 배웠느냐고 물었더니, 그가 뜻밖에도 긴 이야기를 시작했다.

"나는 아마존 밀림에서 마치겡가족의 일원으로 태어났어. 우리 부족 여성들은 태어난 아이들을 내 아이 네 아이 구분 없이 공동육아를 해. 그래서 아버지가 누군지는 정확히 몰라."

마치겡가는 조상 대대로 아나콘다의 힘을 믿고 재규어를 숭상한 용맹한 부족이다. 하지만 정글 깊숙이 쳐들어오는 문명 앞에서는 속수무책이었다.

"밀림이 줄어들자, 어머니는 더 이상 채집과 수렵으로 생계를 유지할 수 없다는 것을 깨달으셨어. 그래서 자식들과 함께 도시로 나왔지. 정글에서 배운 지식은 도시에서 쓸모가 없었어. 게다가 우린 무일푼이었지. 도시 빈민이 될 수밖에. 어머니는 식당에서 일을 시작했어. 샌드위치를 팔거나 삯빨래도 했지."

형제들은 서로 다른 아버지의 자식들이었지만 아끼고 사랑했다. 그래서 가난은 그런대로 견딜 만했다. 문제는 도시에서 생긴 의붓아버지였다.

"그는 거칠고 폭력적인 사람이었어. 큰아들인 내가 자기 손안에 들어오지 않으니 유독 미워했지. 의붓아버지를 피해 군에 입대했어. 제대하고 나니 열일곱 살이었는데, 의붓아버지가 있는 집으로는 돌아가지 않았어. 그때부터 무전여행을 시작했지. 에콰도르, 콜롬비아, 볼리비아…… 발길 닿는 대로 수년간 떠돌았어."

나는 그가 마치겡가 부족어와 스페인어는 물론, 영어까지 유창하게 구사한다는 것을 알고 깜짝 놀랐다. 더구나 그의 손재주는 일기장에 그려준 그림에 그치는 것이 아니어서, 직접 만든 팔찌와 목걸이가 식당 한쪽 진열대에서 판매되고 있었다. 그 식당의 한쪽 벽에는 멋진 벽화가 그려져 있었는데, 훌리오는 그 또한 자신의 작품이라고 했다. 그는 이 모든 것을 어디서 배웠을까?

"여행에서 배웠어. 여행은 내게 '학교'였지. 난 젬베서아프리카 전통 북도 연주하고 디제리두호주 전통 피리도 아주 잘 불어."

외국어, 수공예, 미술, 음악…… 우리가 비싼 등록금을 내고 교실에 앉아서도 제대로 배우지 못하는 것들을 길에서 배웠다니. 그것도 경비를 마련해 떠나는 일반적인 여행이 아니라, 돈을 벌어 매 끼니를 해결해야 하는 빈털터리 여행 중에. 훌리오가 특별한 것일까?

"그렇게 생각하진 않아. 나한테 특별한 재능 같은 게 있었다면 눈에 띄었겠지. 어릴 적 난 평범했어. 다만, 새로운 것을 시작할 때 나는 맨 처음 물어. '할 수 있을까?' 그다음엔 또 묻지. '해볼까?' 그리고 나면 연습과, 연습과, 연습과, 연습뿐이야. '난 할 수 있어!'라고 외칠 수 있을 때까지."

할 수 있을까?―해볼까?―할 수 있어! 마치 매력적인 주문 한 세트 같다. 훌리오는 이제 결혼하고 정착해 어린 딸과 아들이 있다고 했다.

"네 아들이 너처럼 열일곱 살에 홀로 장기 여행을 떠나겠다고 하면 뭐라고 해줄 거야?"

내 질문에 그는 이미 심중에 답을 지니고 있는 사람처럼 막힘이 없이 대답했다.

"이 말을 해줄 거야. 아들아, 인생을 살아가려면 균형이 중요하단다. 너무 선하면 안 돼. 때에 따라 'No'라고 말할 수 있어야 하니까. 너무 악해서도 안 돼. 때에 따라 베풀 줄 알아야 하니까. 사막의 사구를 보렴. 빛과 그림자가 만나 정확한 경계를 이루지. 여행이란 꼭 그 경계를 따라 걷는 일과 같

아. 새로운 경험들에 도전하면서, 밝음과 어둠, 그중 어느 쪽으로도 치우치지 않고 균형 있게 걷는 법을 배우는 거지. 새로운 도전은 언제나 새로운 지평을 열어준단다. 네가 그 존재조차 알지 못했던 지평을 말이야. 그러니 어서 떠나거라. 벌떡 일어나 걸어. 울기도 하고 웃기도 하고 필요하다면 주먹질도 해. 다가올 일들에 너를 던져. 언젠가, 후우, 큰 숨을 내쉬며 마음의 평화를 느낄 때까지."

나는 입을 떡 벌렸다. 나이든 현자나 할 수 있는 말들이 고작 스물여섯 훌리오의 입에서 쏟아져 나오는 것이 믿기지 않았다. 교실에서 '학습'한 스물여섯은 제아무리 좋은 대학 졸업장을 지니고 있어도 훌리오처럼 말하지 못한다. 책은 '간접체험'이기 때문이다. 오직 다양한 상황 속에 자신을 던지고 '직접체험'한 자만이 흔들림 없는 깨달음에 대해 이야기할 수 있다.

"그렇다면, 넌 언제 큰 숨을 내쉬며 마음의 평화를 느끼는 지점에 도달했는데?"

"스물한 살에."

나는 조금 더 크게 입을 벌렸다. 생을 짧은 시간 안에 응축시키고 정제시키는 데에는 여행만 한 것이 없다. 하물며 무일푼으로 생 전체를 길에 던진 그가 그처럼 일찍 성숙한 것은 자연스러운 일인지도 모르겠다.

훌리오는 내 수첩에 자신의 이메일 주소를 적어주면서, 시원스러운 솜씨로 안데스 산을 그려 넣고 '은혜로운 어머니 대지, 파차마마'라고 써 넣었다.

"난 안데스가 무분별하게 관광화 되는 것을 경계하고 있어. 그래서 재미있으면서도 의미 있는 프로젝트를 계획 중이야. 안데스에 함부로 버려진 재활용품을 모아 집을 짓는 일도 그중 하나지. 어때, 잘될 것 같니?"

그의 현명한 눈을 바라보고 있자니, 정말로, 그는 그 모든 것을 해낼 것이란 생각이 들었다. 나는 대답 대신 엄지손가락을 추켜세웠다.

물론, 알고 있다. 훌리오는 매우 드물 뿐 아니라 매우 성공적인 경우이다. 그에게는 세상의 모든 어려움을 배움의 질료로 삼는 강인한 능력이 있었던 것이다. 정글에서 살아가던 사람들 대부분이 도시에 안착하는 데 큰 어려움을 겪는다.

정글에서 '서울 살이'를 하는 르네 할아버지의 경우도 그렇게 보였다. 르네 할아버지는 바쁜 로지에서 가장 한가한 양반이었다. 딱히 주어진 역할 없이 어정쩡하게 맴돌며 우연히 걸려든 질문에 간단한 답을 하거나 했다. 그래서 실은, 그 바쁜 공간에서 유일하게 친절한 볼리비아인이기도 했다. 그는 내가 빨래를 할 때 세제를 가져다주었고, 빨래를 너는 것도 도와주었다. 때때로 그가 멍하니 강물을 바라보고 있거나 하면, 그는 완전히 그 공간에 속하지도, 그렇다고 내쳐지지도 않은 채 경계에서 서성이는 존재처럼 보였다. 나는 궁금했다. 한때 아마존이 내어주는 양식과 터전에 기대어 살았던 그가, 부족 공동체의 일원으로서 콩 한 쪽도 나눠 먹으며 살던 그가, '서울 살이' 하는 부모 아래 외롭게 떠도는 이안을 보면 어떤 생각이 들까. 비록 이안이 귀한 고기조각을 장난감처럼 가지고 놀더라도 말이다.

괜찮아요, 지금 이 순간도 완벽하니까요
Amazon

 태양의 기세가 약간 꺾이자, 마리오가 오수에 빠진 사람들을 깨웠다. 이번엔 수영과 낚시였다. 대담한 마누엘라가 가장 먼저 12인용 방에서 수영복으로 갈아입었다. 그리고 여자들에게 의견을 구했다.
 "생리 중이에요. 탐폰을 쓰면 수영하는 덴 별문제 없을 텐데, 피라니아가 걱정이네요. 피 냄새를 맡고 덤벼들까봐. 어때요, 괜찮을까요?"
 상어가 100만 분의 1로 희석된 피 냄새도 맡는다는 얘긴 들어봤지만, 피라니아가 어떤지는 아는 바가 없었다. 나는 수영복으로 갈아입지 않았다. 물을 꽤나 좋아하지만, 솔직히 아마존 강은 뛰어들어 헤엄치고 싶은 물은 아니었다. 그저 한 뼘 아래도 안 보이는 흙탕물. 거기 뛰어들고픈 유혹을 느낀다면 그건 물 자체에 대한 유혹 때문이 아니라 담대함에 대한 욕망 때문일 것이다. 악어와 피라니아가 있는 '아마존' 강에 뛰어들었다는. 그러나 내가 아마존에서 정말 관심을 두었던 동물은 악어나 피라니아처럼 피를 불러 명성을 얻은 동물이 아니었다. 돌고래였다. 아마존의 분홍 돌고래. 분홍색 몸에 짱구처럼 튀어나온 이마와 긴 부리를 지닌 이 귀여운 녀석들은, 먼 옛날 바닷물과 아마존 강이 만나는 하구에서 지각변동이 일어나 하구가 막혀버렸을 때 강 쪽으로 들어와 노닐다 바다로 돌아가지 못하게 된 녀석들의 후예라고 한다. 녀석들은 내 아마존 투어의 주된 목적이라고 해도 과장이 아니었다. 종종 다큐나 영화 속에서 사람과 돌고래가 오랜 지기처럼 어울려 노는 장면을 볼 때마다, 그 동등함과 평화로움에 설레곤 했다. 그런데 아마존에 다녀온 이들이 돌고래를 코앞에서 보았다고 했다. 돌고래들이 보트로 다가와 주둥이를 쳐들고 '끽끽' 말을 걸었다고도 했다. 이미 다른 일행 중에는 돌고래를 보았다는 이들도 있었다. 나는 떠나기 전에 어떻게든 돌고래를 만나고 싶었다.

보트가 강을 따라 내려갔다. 우리는 햇빛을 우박처럼 받으며 천천히 훈제가 되었다. 마리오가 자갈이 많은 강변에 보트를 댔다. 그리고 예의 거두절미 화법으로 말했다.

"뛰어드세요!"

물론 아무도 물에 뛰어들지 않았다. 10미터 떨어진 강 건너편에는 악어 떼들이 일광욕을 하고 있었다. 마리오가 시범을 보이듯 첨벙 뛰어들었다. 잠시 후 고개를 내밀어 얼굴의 물기를 쓸어내며 다시 말했다.

"뛰어들어요!"

마누엘라가 벌떡 일어섰다. 겉옷을 벗고 수영복 차림이 되더니 첨벙 뛰어들었다. 그녀도 잠시 후 고개를 내밀더니 환하게 웃었다. 우리는 모두 박수를 쳤다. 다음은 로이, 애셔 순이었다. 애셔는 다시 짝꿍 갈라트를 불러들였다. 아담은 또 어딘가에 숨어 나타나지 않았기 때문에, 이제 남은 건 두 이탈리아 선생님과 우리 모자였다. 선생님들과 나는 뛰어들 의사가 없었다. 마리오가 "악어는 걱정 말라"고 했지만, 물론 악어 때문은 아니었다. 동물의 행태에 대해 약간의 상식만 있어도 지금 저 악어 떼가 미치지 않은 이상 '사람 떼'가 있는 곳으로 오지 않으리란 건 분명했기 때문이다. 뛰어들 의사가 있는 건 중빈뿐이었다. 물론 악어 때문이었다. 동물의 행태에 대한 상식 같은 건 있지도 믿지도 않기 때문이었다. 녀석은 담대함에 대한 욕망과 죽음에 대한 공포 사이에서 결론 없이 망설였다.

"난 할 수 있어. 난 할 수 없어. 난 할 수 있어. 난 할 수 없어. 난……."

애셔가 중빈을 다룰 줄 알았다.

"셋 세면 들어와. 내가 붙잡아줄게."

"난 할 수 있어. 난 할 수 없어. 난 할 수 있어. 난 할 수 없어. 난……."

"5분간 생각할 시간을 줄게. 자, 시작!"

"난 할 수 있어. 난 할 수 없어. 난 할 수 있어. 난 할 수 없어. 난……."

"이제 난 나가니까 마지막 기회야. 하나, 두울, 둘 반, 둘 반의 반……."

중빈이 물에 뛰어들……지는 못하고 발을 담갔다. 다리를 담갔다. 몸을 담갔다. 보트 가장자리를 붙잡고 대롱대롱 매달린 채. 그리고 결국 애셔에게 헤엄쳐갔다. 로이가 승리의 트로피처럼 중빈을 높이 들어올렸다. 모두 아낌없는 박수를 보내주었다.

수영 뒤엔 피라니아 낚시가 이어졌다. 우리 일행은 수확이 좋지 못했다. 마리오 혼자 조그만 피라니아 네 마리를 잡아올렸을 뿐. 마침 지나가던 다른 보트의 수확량은 좋았다. 막대기에 꼬치처럼 피라니아를 줄줄이 꿰서 보란 듯이 흔들었다. 낚시광 중빈 혼자 약이 올라 죽을 지경이 되었다.

"여보세요, 몇 마리 잡았어요? 쳇, 그거 피라니아 맞아요?"

낚시하는 동안, 저쪽 구비에서 돌고래가 나타났다! 등에서 물을 뿜었다. 마리오가 그들을 유인한답시고 막대기로 뱃전을 요란하게 때렸다. 세상에, 돌고래는 청각이 고도로 발달한 친구다. 이들은 시각이 아닌 청각에 의지해 생존한다. 청각 시스템으로 방향뿐 아니라 먹이와 짝을 찾는 것이다. 특히 흙탕물에서 살아가는 아마존 돌고래들은 시각이 퇴화되어 청각 하나에 민감하게 의존한다. 당연히 마리오의 저런 행위는 호기심으로 다가오는 돌고래를 멀리 쫓는 역효과를 낼 수 있다. 혹은 반대로, 청각을 교란시켜 뜻하지 않게 강둑에 이르게 할 수도 있다. 후자의 경우가 바로 오늘날까지 전 세계 어부들에게 전통적으로 전해 내려오는 돌고래 사냥법이다. 소음으로 돌고래를 뭍으로 유인해 사정없이 창으로 찔러 죽이는 것.

나는 절대 사냥꾼의 방식으로 돌고래를 만나고 싶지 않았다. 다행히 돌고래는 멀리 사라졌다. 그리고 다시 나타나지 않았다.

늦은 밤 갈라트를 제외한 네 여자가 모였다. 큰 선생님은 영어를 거의 못하는 대신 프랑스어에 능통했다. 마누엘라와 때때로 프랑스어로 대화한 뒤, 마누엘라가 대화 내용을 작은 선생님과 내게 영어로 전달해주었다. 작은 선생님은 영어에 능통해서 큰 선생님과 이탈리아어로 대화한 뒤 마누엘라와 내게 영어로 전달해주었다. 마리오가 대화에 끼어들자, 스페인어까지 하나 더 추가되어 이제 4개 국어가 탁구공처럼 테이블 위를 오갔다.

마누엘라는 스위스에서 아마존까지 공수해온 위스키와 초콜릿을 꺼냈다. 마리오가 위스키 한 잔을 얻어 마시더니 고마움의 표시로 빵을 가져왔다. 그는 곧바로 취해 주정을 시작했다.

"마누엘라, 나랑 보트 타러 가자."

마누엘라가 능숙하게 받아쳤다.

"마리오, 나는 아나콘다와 단둘이 보트를 탄대도 괜찮아. 아나콘다는 아침에 보았듯이 자기 자리에 착하게 들어앉아 있잖아. 그런데 당신이랑 단둘이 보트를 타는 건 싫어. 당신이라는 아나콘다는 절대 제자리에 가만히 앉아 있지 않을 거니까."

여자들과 마리오가 모두 웃었다. 아마존에서는 농담도 아마존다울 수밖에. 마리오가 몇 잔 더 연거푸 마시며 마누엘라를 찔러보다가 도저히 넘어올 것 같지 않자, 고맙게도 사라져주었다. 여자들만의 수다가 계속되었다. 우리는 남은 일정에 대해서, 고국에서의 일과 생활에 대해서 이야기했다. 아늑한 밤이었다. 나는 그녀들의 다정한 눈길을 바라보면서 맨 처음 중빈과 승합차에 올라탔을 때의 썰렁함을 떠올렸다. 그녀들은 이제 툭하면 달고 다니는 조카처럼 중빈에 대해 이야기했다. 이대로 쭉 함께 다닐 수 있을 것 같이 편안하게 서로의 이름을 불렀다. 여행 속에서는, 고작 두 밤만으로 서로에 대한 이해가 시작될 수 있다. 나아가 아끼고 위해줄 수도 있다. 까칠한 사람이든 사교적인 사람이든 두 밤이면 충분하다. 그것이 여행이라는 특별한 '접착제'가 관계에 내린 축복이다.

방으로 돌아가려는데, 로이가 강가에서 혼자 밤하늘을 올려다보고 있었다. 아담은 또 어느 구석에선가 마리화나에 젖어 있겠지. 로이가 내게 오라는 손짓을 했다.

"저게 남십자자리인 것 같아요."

유난히 밝게 빛나는 별 넷을 알아볼 수 있었다.

"소희, 당신 나라에서는 저걸 볼 수가 없죠?"

로이는 내게 말할 때 목소리가 특별히 다정해진다. 스물한 살, 제대 후 여행을 떠난 지 4개월이 되었다는 그에게는 그리움이 있는 것 같았다. 나는 아들 가진 엄마로서 그의 그리움을 미루어 짐작했다.

"엄마 보고 싶지 않아?"

스무 살만 넘으면 온전한 어른이 되었다고 생각하지만 사실 그렇지 못하다. 홀로 세상을 짊어진 무게가 새로워 휘청거릴 나이다. 로이가 감추고 싶은 것을 들킨 사람처럼 수줍게 미소 지었다.

"…… 네. 조금."

"전화 드려?"

"아니요."

좌우지간 아들들이란.

이스라엘 남성들은 열여덟 살에 군에 입대하여 3년간 복무한다. 그리고 다수가 사회로 복귀하기 전에 여행을 떠난다. 세계 각지에서 젊은 이스라엘 배낭여행객들을 그토록 많이 볼 수 있는 것, 그들이 유난히 무절제하거나 방종해 보이는 것, 구두쇠 여행자로 소문난 것 등등도 아마 '제대 후 여행'이라는 데서 많은 이유를 찾을 수 있을 것이다. 이스라엘에는 젊은이들이 여행을 통해 삶에 유익한 지혜와 경험을 축적할 수 있다는 사회적 동의가 있다고 한다. 특히 제한된 조직 내에서 통제와 복종에 대해 배우는 군 복무가 끝나면, 반드시 드넓은 세상으로 나아가 자유와 조화에 대해 배우는 과정이 필요하다고 보는 것이다. 우리나라에서 제대한 젊은이들을 곧바로 스펙 쌓기와 취업 준비에 몰아넣는 것과 큰 차이가 있다.

"엄마 밥 먹고 싶지?"

로이가 픽 웃는다. 그러고 보니 로이는 이곳에서도 과일과 밀가루 음식 외엔 별로 입에 대지 않는 편이었다. 생애 첫 장기여행이니, 음식도 입에 맞지 않고 불편한 것도 많겠지. 한창 나이인데 배도 고프겠구나. 마침 중빈이 간식용으로 챙겨두었던 사과가 주머니 속에 있었다. 로이가 그것을 반갑게 받았다. 그가 내게 특별히 다정한 건 엄마로서 중빈을 보살피는 모습에서 자신의 엄마를 떠올리기 때문일 것이다.

"스무 살이 넘었다고 무조건 어른처럼 굴어야 하는 건 아니야. 엄마에게 전화해서 말해. 보고 싶다고. 여행 끝나면 곧바로 밥 먹으러 가겠다고."

그는 고개를 끄덕했지만 끄덕이는 폼새로 보건대 아마 그렇게 말하진 않을 것 같다. 좌우지간 아들들이란.

마지막 날, 우리의 일정은 허브와 약초를 찾는 것이었다. 마리오가 고요한 강변에 보트를 정박시켰을 때, 나는 강변에 남아 있겠다고 말했다. 돌고래를 기다리기 위해서였다. 마지막 날인 만큼 이제 운에 기대어 돌고래가 나타나길 바랄 수밖에. 로이도 남겠다고 했다. 밤새 어딘가 숨어 놀던 아담도 잠이 덜 깬 얼굴로 남았다. 중빈은 일행을 따라 떠났다.

강가에 가만히 앉아 있자니 바람이 들린다. 보인다. 잔물결이 기슭의 흙을 어루만지는 부드러운 손길이 느껴진다. 아담은 보트에 누운 채 잠들었다. 로이는 몇 걸음 떨어진 곳에서 책을 읽었다. 가끔씩 강한 바람이 불었다. 셀 수 없이 많은 정글의 잎들이 우수수 몸을 부대끼고, 창공을 가르던 매가 바람결에 한번 휘어졌다.

볕이 점점 뜨거워졌다. 돌고래는 보이지 않았다. 나는 머리에 두르고 있던 스카프를 아담의 잠든 얼굴에 덮어주고 나무 그늘 안으로 들어와 앉았다. 로이도 들어왔다. 어느새 그도 책에서 눈을 떼고 강을 보고 있었다.

"너도 돌고래를 기다리니?"

"아니요."

로이가 약간 뜸을 들이다 말했다.

"그럴 필요가 없는 것이…… 지금 이 순간도 완벽하니까요."

위로가 되는 말이었다.

"그래. 정말 그렇구나."

더 많은 바람들이 불어오고 불어갔다. 저 멀리 사바나 속에서 풀벌레 소리처럼 중빈이 종알대는 소리가 들리기 시작했다. 사람들이 하나씩 더위에 지친 얼굴을 드러냈다. 마리오가 보트를 출발시키자, 일행은 약속이나 한 듯 앉은 채로 잠이 들었다.

보트에 짐을 싣고, 르네 할아버지와 이안과 이별했다. 보트는 우리가 올라왔던 길 그대로 한참을 거슬러 내려갔다. 처음 보트를 탔던 선착장에 오니, 새로운 일행들이 보트를 기다린다. 누군가는 머무르고, 누군가는 떠나고, 누군가는 도착한다. 언제나.

보트에서 승합차로 짐을 옮기는 동안 분위기는 화기애애했다. 갈라트가 중빈에게 칭찬 세례를 퍼부었다.

"JB, 난 네가 여행하는 걸 보고 깊은 감명을 받았단다. 덥다고 더럽다고 불평하는 걸 보지 못했으니. 내 조카들도 네 또래인데, 여기 데려왔다면 아마 엄청나게 불평을 해댔을 걸."

중빈은 만면에 미소를 띠며 크게 어깨를 우쭐했다. 굿바이 포옹과 사진 촬영이 이어졌다. 다시 루레나바케를 향해 한 치 앞도 보이지 않는 먼지와 덜컹거림이 시작되었다.

돈으로 살 수 있는 행복은 생각보다 적다

La Paz

라파스로 돌아왔다. '굿 뉴스'를 고대하며 제일 먼저 아헬리카에게 들렀다. 손님 두 명만 들어오면 꽉 차는 조그만 여행사 문을 열면, 언제나 그녀가 있었다.

"아직도 파업이에요. 그곳 상태는 더 악화되었대요. 물과 기본 생활용품조차 들어갈 수 없다고 해요. 파업이 언제 끝날지는 이제 신만이 아시죠."

나는 출퇴근하듯 아침저녁으로 그녀에게 들러 소식을 물었다. 파업이 그녀와 나를 친구로 만들었다. 아헬리카는 볼리비아에서 드물게 빠르고 빈틈없는 사람이었다. 언제나 성심성의껏 아는 것에 답해주었고, 모르는 것은 다음 방문 때까지 답을 찾아놓고 기다렸다. 돈이 되는 질문이건 아니건 똑같이, 고마운 그녀를 위해 해줄 수 있는 건 한 가지였다. '욘사마'의 사진이 많은 한국 사이트를 찾아 링크를 걸어주는 것. 벌써 열다섯 살이나 된 아들을 둔 서른다섯 살의 젊은 엄마 아헬리카는 배용준에게 푹 빠져 있었기 때문이다. 한류 바람은 남미에서도 대단했다. 도심 곳곳에 한류스타 포스터가 걸려 있었고 한국 영화 DVD를 대여했다.

신만이 끝을 아시는 파업이라. 이제 내가 선택할 수 있는 방법은 두 가지였다. 볼리비아 남부를 포기하고 다른 나라로 떠나는 것, 아니면 더 기다리는 것. 이대로 포기한다 생각하니 아쉬웠다. 그렇다고 마냥 대기상태로 있는다고 생각하니 그 또한 우울했다. 나는 더 머물기로 하는 대신 발상을 전환하기로 했다.

"우리, 여기서 기다리지 말고 한번 살아보는 거 어때?"

라파스에 살림을 차리는 것이다. 사실 물가 싸고 인심 좋은 볼리비아처럼 여행자가 살림을 차리기 좋은 곳도 드물다. 그렇게 '라파스 일상'이 시작되었다.

우리는 매일 아침 여덟 시쯤 일어나 오렌지주스와 빵으로 간단한 아침식사를 마쳤다. 그리고 두 시간 정도 책을 읽었다. 중빈은 환전할 돈의 환율 계산을 도맡는 것으로 수학 공부를 대신하기도 했고 여행일기를 꼼꼼히 채우며 시간을 보내기도 했다. 열 시쯤에는 산책을 나갔다. 박물관과 상점을 천천히 둘러보다가 돌아오는 길에 샌프란시스코 광장 근처에 적당한 자릴 잡고 바이올린을 연주했다. 나는 이역만리까지 와서 자식을 앵벌이 시키는 엄마처럼 보일까봐, 좀 떨어진 곳에 앉아 악사를 지켜보곤 했다. 반응은 언제나 고마울 만큼 훈훈했다. 우리는 학용품을 사서 현지 어린이들을 돕겠다던 애초의 계획을 바꾸어, 가까이에 있는 걸인에게 그날 번 돈을 그날 환원했다. 악사의 왼쪽에도, 오른쪽에도, 언제나 줄줄이 걸인들이 있었는데, 그들에게는 또 딸린 아이들이 줄줄이 있었기 때문이다.

몇 걸음만 걸으면 걸인이 있는 가난한 나라. 그런데 걸인들은 하나같이 여유로웠다. 그들에게도 '구역'이란 게 있을 법한데, 생전 처음 보는 외국 아이가 자신들 구역에 와서 인기를 독차지해도 상관이 없는 듯했다. 아니, 오히려 눈을 감고 미소를 지으며 음악을 들었다. 덕분에 음악감상을 할 수 있게 되어 즐겁다는 듯이. 다른 곳을 놔두고 내 곁에서 연주를 해주니 고맙다는 듯이. 음악이 있는 네게 행인들이 동전을 더 많이 주는 것도 당연하다는 듯이. 도무지 경쟁적인 분위기라고는 찾아볼 수가 없었다. 좀 떨어진 곳에 앉아 그들의 여유로운 모습을 바라보노라면, 나는 종종 궁금해졌다. 누가 진짜 거지인가, 나와 그들 가운데 누가 더 생에 대해 격렬히 구걸하는가.

동전을 나눠드린 뒤에 중빈은 뛰어와 상기된 얼굴로 말하곤 했다.

"저 할아버지가 나한테 참 예쁘다고 하셨어."

"저 할머니가 나한테 참 좋은 연주라고 하셨어."

신기하게도, 아이는 스페인어를 알아들을 수 없는데 말이다.

점심을 먹고 나면 중빈은 숙소 옆에서 여행자들의 옷을 세탁하는 아줌마 아들 길마르랑 놀았다. 그동안 나는 혼자만의 시간을 가졌다. 어떤 날은 아무 버스나 잡아탔다. 가장 대중적인 교통수단은 페루의 콜렉티보와 비슷한 '미니부스'로 차장이 딸린 승합차이다. 세워달라는 곳에서 다 세워준다. 그 버스 안에서는 서로서로 의지해야만 한다. 이런 식이다. 뒤쪽에 앉은 내가 내릴 차례가 되었다. 주변에 앉은 사람들에게 내릴 거라고 알린다. 그러면 문가 자리에 앉았던 사람이 일어나 자신의 의자를 접어 통로를 만들고 먼저 내린다. 내 옆에 앉은 사람도 일어나 새로 생긴 통로로 내린다. 이제 내가 내릴 수 있다. 내가 내리고 나면 역순으로 도로 올라탄다. 문가 자리 사람이 의자를 내리고 다시 앉아서 간다. 다음 사람이 내릴 때 그는 또 일어나 통로를 만들어주어야 할 것이다. 그동안 차장은 출입문을 여닫고 요금을 받는다.

교통카드로 요금을 지불하고 서로 눈조차 마주칠 일 없이 버스를 승하차하는 건 이보다 훨씬 편한 일일 것이다. 덜 발달되어 있다는 것은 불편하다는 뜻이다. 불편하다는 것은 서로 의지해야만 일이 해결된다는 뜻이다. 이곳 사람들은 작은 일 하나를 해결하기 위해서 일일이 '소통'하고 '배려'해야만 한다. 여기엔 분명 불편함이 주는 '따사로움'이 있다.

어느 날 나는 미니부스 창밖으로 지나가는 사람들을 카메라에 담다가, 문득 한 가지를 깨닫고 마음이 얼얼해져 더 사진을 찍을 수가 없었다. 퇴근길이었다. 거리로 인파가 쏟아져 나오고 있었다. 그 많은 인파 가운데 '세 사람 중 한 사람'이 반드시 웃고 있었다.

제3세계를 주로 여행하는 사람으로서, 가난한 나라 가운데 행복지수가 높은 나라가 많은 이유는 소통과 배려 때문일 것이라고 확신한다. 결국, 돈으로 살 수 있는 행복, 혹은 돈으로 이용 가능한 시스템이 가져다주는 행복은 생각보다 적은 것이다. 기본적인 의식주가 해결된 뒤에 돈은 대단한 행복을 가져다주지 못한다. 그보다 '감각적 만족'을 가져다준다. 행복과 감각적 만족은 엄연히 다른 것이다. 행복은 원초적인 것이고 감각은 말초적인 것이다. 모든 말초적인 감각은 한시적이다. 입에 넣은 설탕처럼 사라지고 만다. 감각의 만족을 좇는 일은 그래서 바닷물을 퍼마시는 일과 같다. 점점 심해지는 갈증을 채우기 위해 더 강한 자극으로 감각을 만족시켜야 하니까. 부자 나라에서 마약이나 우울증 같은 요소들이 전염병처럼 번지는 것, 점점 더 강한 자극의 동영상을 찾고 사회적 폭력이 늘어나는 건 그런 이유 때문일 것이다. 요컨대, 행복은 약간의 불편을 감수하면서 감각적 만족을 의도적으로 덜 채우는 시스템하에서 원활해진다. 그 덜 채워진 부분을 소통과 배려로 채우는 시스템하에서만. 지금 신자유주의는 감각만이 비대하게 발달한 불행한 돈벌레들을 양산해내고 있지만, 아마도 행복을 찾는 인간의 원초적인 본성에 의해 조금씩 역사에서 밀려나고 더 성숙한 대안에게 자리를 넘겨줄 것이다.

    중빈이 차랑고를 배우고 싶다고 했다. 사가르나가에는 기타와 차랑고가 주렁주렁 달린 악기점이 많았다. 우리는 그중 하나에 들어가 레슨이 가능하냐고 물어보았다. 영어를 할 줄 아는 사람이 저녁에 나온다며 어쩌면 그가 레슨을 해줄 거라는 이야기를 들었다. 그리고 명함을 한 장 받았는데 'hiro'라는 이름이 있다. 영어를 한다는 그는 일본인일까?
    다시 찾아갔을 때 히로가 우리를 맞았다. 30대 초반의, 역시나 일본 남성이다. 껄렁하니 무스를 잔뜩 바르고 가죽과 금속 장신구를 주렁주렁 매단 여느 악기점 청년들과 완전히 다른 인상이었다. 소박한 맨투맨 티셔츠 차림에 눈빛도 차분했다. 어딘가 무라카미 하루키의 젊은 시절을 연상시키는 절제되고 다부진 얼굴에 맑은 목소리를 지녔다. 히로는 밴드에서 보컬을 맡고 있다고 했다. 물론, 안데스의 뮤지션들이 다 그러하듯 차랑고를 비롯한 안데스 악기들을 자유자재로 다뤘다. 그의 밴드는 볼리비아에서 꽤 유명한 모양이었다. 그가 앉은 뒤쪽 벽면에 며칠 전에 끝났다는 콘서트 포스터가 걸려 있었다. 히로가 커다랗게 웃고 있는 일간지도 붙어 있었다.
    "이건 독립기념일 특별판에 나온 기사예요. 볼리비아에 와서 볼리비아 전통음악을 연주하는 외국인 뮤지션으로 저를 다룬 거죠."

화려한 이야기를 하고 있었지만, 그곳은 자그마한 악기점. 문화시장이 손바닥처럼 작은 볼리비아에서는 공연만으로 살아갈 수가 없다. 뮤지션이라 해도 악기를 만들고 가게도 지키다가 밤이면 노래를 해야 하는 곳이다.

히로가 벽면에서 어린이의 작은 손에 맞을 법한 차랑고를 골라 내렸다. 중빈이 뿌듯하게 가슴에 품더니, 레슨이 시작되기 전에 요청부터 했다.

"히로 아저씨는 진짜 뮤지션이니까, 먼저 프로페셔널한 음악 좀 연주해주세요. 네? 네?"

히로가 소리 없이 웃더니, 차랑고를 진지하게 잡았다. 서정적 멜로디에 그의 부드러운 목소리가 더해지자, 가슴에 찔리는 듯한 통증이 왔다. 스페인어로 된 가사라 알아들을 수는 없었지만, 점차 통증의 주파수가 그리움인 걸 알겠다.

"이건 여자가 떠난 남자를 그리워하는 노래예요."

나는 히로를 다시 보았다. 노래를 잘하는 가수는 많다. 그러나 가슴을 찌르는 가수는 많지 않다. 이번에 히로는 화려한 기교가 가득한 노래를 불렀다.

"이건 볼리비아에서 남자가 여자를 유혹할 때 부르는 거랍니다."

우리가 우레와 같은 박수를 보냈다.

"히로, 정말 멋져요!!!"

히로가 환하게 웃으며 차랑고 악보를 가져왔다. 바이올린 악보에 비하면 단순했기에 중빈이 금세 익혔다. 그래서 만만해보였던 걸까? 그만 내가 끼어들었다.

"나도 배워도 돼요?"

"그럼요."

히로가 차랑고 하나를 더 내렸다.

첫 번째 코드를 따라 짚었다. 할 만했다. 두 번째 코드를 짚었다. 생각보다 어려웠다. 세 번째 코드를 짚었다. 손가락이 말도 안 되게 엉켰다. 어머낫, 후퇴다.

"나, 나는 일단 보기만 할게요."

중빈이 벌써 포기하느냐며 타박한다. 히로는 예의 소리 없는 웃음을 웃는다. 하는 수 없다. 땀나는 거 봐라. 에미가 애 레슨을 방해하는 수준이니.

다음은 연습곡을 고를 차례. 한국에 대해서도 아는 것이 많은 히로가 먼저 아리랑을 연주했다. 중빈이 심드렁해 하자 뒤이어 라밤바를 연주했다. '소년' 중빈은 당연히 신나는 라밤바를 연습곡으로 선택했다. 둘은 새로 익힌 코드 세 개를 사용해, 라밤바를 연주하기 시작했다. 때마침 프랑스 남자가 들어와 구경하다가, 조용히 기타 하나를 벽에서 내리더니 라밤바를 따라 연주하기 시작했다. 늦게까지 음악이 흘렀다. 프랑스 남자가 한 시간 남짓 기타를 연주하고 사지 않아도 뭐라 하는 사람은 없었다. 악기점에선 당연히 음악이 흐르는 것, 그것이 볼리비아식 사고다.

중빈이 히로와 내게 닳아버린 손톱을 보여주었다.

"엄만 안 배우기 잘 했어. 진짜 어려워. 근데, 히로, 재밌어요."

녀석은 손가락이 아프다면서도 차랑고를 내려놓지 않았다.

"히로, 그거 아세요? 제 안엔 항상 음악이 있어요. 다른 걸 할 때 방해될 만큼. 언제나 저는 연주하고 있어요."

헤어질 때, 히로가 차랑고도 '볼리비아식'으로 그냥 가져가 연습하라며 말했다.

"Homework."

중빈이 장난스럽게 받았다.

"Hotelwork."

둘은 안 지 오래된 사람들처럼 친밀한 얼굴로 마주 보더니 하하 웃었다.

저녁거리로 피자를 사러 나갔다. 그런데 스페인어가 미숙한 탓에 주문한 것을 받고보니 피자가 두 판이다. 세상에, 아무리 볼리비아지만 2달러에 두 판이라니. 숙소로 가는 길에 히로의 악기점이 있었다. 나는 가게 안으로 들어가 피자 한 판을 히로에게 내밀었다. 히로가 뜻밖의 선물에 어리둥절해했다. 주문을 잘못했다고 말할 수는 없잖은가.

"한국인들은 선생님을 이렇게 모셔요."

말수도 많지 않고 웃을 때도 소리 없이 웃는 전형적인 일본 남자 히로가, 좋은 것도 싫은 것도 아닌 묘한 표정을 짓는다. 표정에도 소리가 있다면, 아마 그때 난 소리는 견고한 틀에 금이 가는 소리였을 것이다. 낯설고 물컹한 것이 선뜻 정겹게 다가올 때, 딱딱한 고독을 방패 삼아 살던 이가 짓는 표정. 볼리비아에서 이방인으로 살아가는 그의 고독한 일상에 우리가 불쑥 끼어든 것이다. 아니, 히로가 우리의 '라파스 일상'에 끼어든 것일까?

히로,
그가 들려준 생의 찬란한 이야기

La Paz

아침식사 때 우리는 포르투갈어를 공부하기 시작했다. 물론 스페인어처럼 서바이벌 수준이다. 숫자와 인사말 정도. 일주일 후에도 버스 파업이 그대로일 경우, 브라질로 떠나기로 했다. 브라질은 남미에서 유일하게 포르투갈 식민지였기에 포르투갈어를 사용한다. 남미를 여행하며 스페인어에 익숙해진 여행자들은 이 언어적 불편함 때문에 브라질을 건너뛰고 아르헨티나로 향하는 경우가 많다. 비단 언어가 아니더라도, 시간적 경제적 여건상 남미에서 가장 물가가 높은 이 두 나라 중 하나만 선택해야 할 필요성이 대두되기도 한다. 무식하면 용감하다고, 우리는 어차피 말이 안 통하므로 언어적인 불편함은 관계없었다. 다만, 아르헨티나에는 탱고나 전시 등 문화가 풍성한 반면 사람들이 차가운 편이고, 브라질은 볼거리가 그에 못 미치는 반면 사람들이 따뜻하다는 말에 귀를 기울였다. 브라질에서 칠레로 가, 그곳 북부에서 볼리비아 우유니로 들어가기로 했다. 돌고 돌아 볼리비아로 다시 오자면 여러 모로 손실이 크겠지만, 우유니를 포기할 수 없었다.

"움, 도이스, 트레스……."

내가 포르투갈어로 더듬더듬 1, 2, 3을 세면 중빈이 기습질문을 했다.

"6이 뭐야?"

"……세, 세테?"

"어휴, 그건 7이곳! 엄마는 스페인어로도 6하고 7을 만날 헷갈리더니 포르투갈어도 그랫?!"

어허, 그러다 에미 치겠다. 네가 세 돌 무렵 터키에서 "엄마, 오늘도 즐거웠어" 하며 매일 밤 사랑스럽게 눈을 빛냈을 때, 내가 언젠가 이렇게 구박받으며 여행할 날이 올 줄 알았을까?

"너는 만 9년밖에 안 된 쌩쌩한 뇌고 난 각종 스트레스로 트라우마가 많은 뇌란 말이야."

우리는 아침마다 아옹다옹했다.

토요일 아침, 히로가 우리를 데리러 왔다. 다 함께 샌프란시스코 광장 앞에서 미니부스에 올라탔다. 맨 뒷자리에 앉은 히로의 야구모자에 화사한 아침햇살이 내려앉았다. 모자를 쓰고 유니폼을 입은 그의 모습은 악기점 안에서 볼 때보다 한결 발랄했다. 창밖으로는 '세 명마다 한 명' 꼴로 웃는 볼리비아인들이 지나갔다.

히로가 며칠 전 주말마다 지인들과 소프트볼 게임을 한다고 했을 때,

야구를 좋아하는 중빈은 기회를 놓치지 않았다.

"그거 야구랑 비슷한 거죠? 우리도 가도 돼요? 제발? 제발? 제발?"

히로가 예의 '금이 가는' 표정을 지었다.

"무, 물론이지. 그런데 별로 재미없을 수도 있는데……."

"어떻게 소프트볼 게임이 재미없을 수가 있어요? 어떻게? 그건 불가능해욧!"

중빈은 차창 밖을 내다보며 콧노래를 부른다. 나는 뒤돌아 앉아, 히로에게 처음부터 궁금했던 것을 물었다.

"히로, 어릴 적부터 노래를 했나요? 성악 공부 같은 거 말이에요."

"아뇨. 대학교에 입학해서 합창 동아리에 들어갔어요. 그때까진 한 번도 노래해본 적이 없었어요."

"진짜? 노래를 잘하는 것도 몰랐어요?"

"몰랐어요."

이어지는 그의 이야기는 더 놀라웠다.

"어느 날 동아리 친구가 안데스 음악 CD를 가져왔어요. 듣는 순간 너무 좋은 거예요. 반해버리고 말았죠. 대학 졸업 후에도 난 취업할 생각을 하지 않았어요. 한 가지 생각뿐이었죠. 안데스에 가서 이 음악을 배워야겠다. 졸업 후 1년 동안 아르바이트를 했어요. 남미에 올 비행기 값이 생길 만큼만요. 그리고 그 돈이 생기자, 비행기표를 사서 곧바로 볼리비아로 날아왔어요."

"비행기표는 편도를 말하나요?"

"네, 편도요. 안데스 음악을 잘하게 될 때까지 돌아갈 생각이 없었으니까요."

"안데스 중에서도 왜 특히 볼리비아였죠?"

"볼리비아는 남미에서 가장 안데스 전통음악이 존중받는 곳이에요. 그 어떤 나라보다 원형이 보존되어 있죠. 안데스 음악을 사랑하는 사람들이 여전히 많기도 하고요."

히로는 볼리비아에서 맨 처음 후안 카를로스라는 뮤지션에게 사사했다. 그러고 나서는 볼리비아 여인과 결혼해 정착한 지 20년이 넘는 일본인 스승을 만나 사사했다. 일본인 스승은 코차밤바에 살고 있었는데 매주 두 번씩 버스를 타고 왕복 8시간 거리를 오가며 배움을 계속했다. 음악을 배우는 동안 히로는 지인이 소개해준 라파스의 일본인 가정에서 묵었다. 하숙비를 내진 않았지만, 설거지나 요리가 그의 몫이었다. 돈이 없어서 어학연수도 따로 받지 못해, 볼리비아에 온 지 일 년이 지나도록 스페인어를 전혀 못했다. 그럭저럭 삼 년이 지났다. 그사이 밴드멤버도 만나게 되었고 언어도 어느 정도 통하게 되었다. 일주일에 하루는 라파스에 거주하는 일본 어린이들에게 일본어와 수학을 가르치는 교사 자리도 얻게 되었고, 저녁엔 악기점에서 일할 수도 있었다. 스승들은 자신들이 지닌 모든 기법과 감성을 히로에게 전수해주었다. 밤 시간을 이용해 밴드와 연습하고 연주하면서 어느새 10년이 되었다. 그는 지금 볼리비아에서 전통음악을 연주하는 단 두 명의 외국인 가운데 하나다. 그리고 지금 라파스 시내에 몇 안 되는 고층 아파트에 산다. 라파스에서 고층이란 고급이란 뜻이다.

"네 명이 나누어 살고 있지만, 불편하지 않아요. 아르바이트 하던 악기점도 제 소유가 되었죠. 제법 잘 운영되고 있어요."

볕 좋은 토요일, 이제 미니버스가 동물원을 지나고 있었다. 동물원을 지나면 유원지에 이를 것이다. 미니버스에 탄 아이들이 한껏 들떠 종달새처럼 재잘댔다. 나는 히로가 들려준 이야기를 소화하느라 크게 숨을 쉬었다.

여기, 한 사람이 생의 격렬했던 한 시절을 통째로 털어놓았다. 힘든 부위를 털어놓을 때나 기쁜 부위를 털어놓을 때나 변함없이 차분하고 절제된 어조로. 그런데 그가 펼쳐놓은 생의 보따리가 찬란하다. 타오르는 불처럼 열정적이다. 앞뒤 재지 않고 좋아하는 것을 위해 통째로 바쳐진 생.

때로 생은 불가능과 불합리의 바윗덩어리처럼 완고해 보이지만, 열정과 끈기라는 망치를 들고 질기게 덤벼들면 갈라지고 깨어지면서 가능함의 덩어리로 변모하기도 한다. 불합리와 불가능에 대해 떠드는 사람들의 이야기에 귀 기울여보면, 대개 열정도 끈기도 충분히 쏟아보지 못한 자의 뒷담화에 그칠 때가 많다. 그들은 생 안에 열정과 끈기 대신 계산기와 타임워치를 들여놓았다. 그리고 경각을 다투며 '작은 이익'을 좇았다.

별 기대 없이 보따리를 풀었을 뿐인데 안에서 금은보화가 쏟아졌을 때처럼, 나는 낡은 미니부스 안에서 히로가 쏟아 놓은 이야기에 감동을 받았다. 차창 밖으로 산이 멀어지고 평지가 윤곽을 드러내기 시작했을 때, 그래서, 사방은 금은보화만큼이나 값진 것들을 가득 품은 가능성의 대지처럼 보였다.

히로의 팀 이름은 '콘도르'였다. 콘도르는 안데스 산맥에 서식하는 가장 거대한 맹금류. 대한민국의 봉황처럼 페루에서는 국조로 떠받들어지고, 우리의 좌청룡 우백호처럼 잉카시대에는 좌콘도르 우퓨마로 잉카인들을 수호했던 존재다. 콘도르 팀은 쿠바, 베네수엘라 등 각지에서 온 혼성 민족으로 구성되었다. 중빈은 분수를 모르고 이 성인팀에 자기도 선수로 뛰겠다며 설쳤다. 히로가 조금 난감한 얼굴이 되었다.

"글쎄…… 네가 포수를 맡아볼 수는 있을 것 같구나."

내가 속으로 반문했다.

'포수씩이나?'

중빈이 소리 내 반문했다.

"고작 포~수~?"

그러나 투수가 첫 번째 연습구를 던지자마자, 중빈이 2루수 히로에게 소리쳤다.

"히로오~! 전 구경이나 할게요오~!"

구장은 4,500미터가 훌쩍 넘는 설산으로 둘러쳐져 있고 구장 밖으로는 작은 숲이 울타리처럼 펼쳐져 있다. 자연스럽고 아름다운 공간이다. 이곳에 와보니, 왜 야구가 아닌 소프트볼인지 알겠다. '너른 평지'라 한들, 산과 산 사이의 공간이라 야구를 하기엔 충분치 않다. 보다 적은 구장에서도 가능한 스포츠라야 한다. 또 야구공보다 느리고 무겁게 나가는 공이어야 이 고도에서도 달리기를 겨루기에 적당하다. 남자들은 오랜만에 뛰고 구르고 더러워질 기회를 맞아 아이들처럼 신이 났다.

"바모스(가자!), 콘도르!"

"바모스, 카리베!"

콘도르 vs. 카리베. 양 팀 다 만만치 않은 실력이다. 8회말까지 스코어는 2:2. 9회초 카리베의 선제공격. 투아웃에 주자는 1루와 2루. 타석엔 카리베의 4번 타자가 섰다. 콘도르의 투수가 공을 던졌다. 4번 타자가 방망이를 휘두른다. 2루 쪽 안타! 쉽지 않은 땅볼이다. 2루수 히로가 재빠르게 몸을 날려 잡았다! 1루로 던져 아웃! 중빈이 목에 굵은 도라지 같은 핏대를 세웠다.

"쓰리 아웃~!! 히로! 히로! 히로! 히로!"

9회말 콘도르 공격. 콘도르의 4번 타자는 덩치 좋은 일본인 혼혈. 이 친구는 뭔가 보여주겠다는 듯 굳은 표정으로 큰 몸을 타석에 부리더니, 보란 듯이 첫 번째 공을 쳐낸다. 멀리…… 멀리…… 홈런! 솔로 홈런이다! 게임 끝. 콘도르 승리.

"홈~런~!! 콘도르!! 콘도르!! 콘도르!! 콘도르!!"

저러다 득음하겠다. 중빈은 거의 발광하는 강아지처럼 온몸을 떨며 환호했다.

게임이 진행되는 동안 중빈은 박쥐처럼 양 팀 진영을 오가며 다 아는 척을 했다. 박수를 치고 말을 걸고 고래고래 응원했다. 콘도르가 승리하자, 히로의 팀이 당연히 자신의 팀인 양, 그 팀에서 진짜 뛰기라도 한 양, 승리를 자축하는 선수들 한가운데 끼어 그들과 함께 마지막 단체 파이팅을 했다. 그래, 흥분의 정도로 보면 네가 챔피언이다.

돌아오는 길에는 트럭을 얻어 탔다. 심짝처럼 얹혀 시내까지 오는 도중에 '달의 계곡'을 지났다. 이름 그대로 달 표면처럼 거칠고 황량한 계곡이다. 라파스의 명소인 이곳을, 운 좋게도 높은 지대에서부터 빙글빙글 길을 따라 돌아내려가며 원경과 근경을 모두 구경할 수 있었다. 강도 높게 구겼다 펼쳐 놓은 듯한 암벽 지형. 중빈과 내가 감탄하는 것을 히로는 흐뭇하게 바라보았다. '자신의' 풍광에 자랑스러움을 느끼면서. 그는 반절 이상 볼리비아 사람이었다.

히로가 우리를 위해 공연을 해주었다. 밤이었다. 그의 작은 가게에서 등받이 없는 의자를 놓고 옹기종기 앉아서, 우리는 그의 노래를 들었다. 그는 새처럼 노래하는 사람이다. 많은 것을 버리고 음악을 시작했기 때문일까. 꾸밈이 없다. 청아하다.

아버지를 향한 그리움을 담은 자작곡도 들려주었다. 그 곡만큼은 스페인어와 일본어로 두 번 불렀다. 히로가 다시 일본을 방문한 건 볼리비아에 온 지 5년이 지난 뒤라고 했다. 아버지는 그를 보고 말씀하셨단다.

"다른 사람 같아서 못 알아볼 뻔했다."

어떤 시간의 터널은 사람을 변모시킨다. 그 터널을 통과하는 동안, 우리는 해묵은 습관과 가치관과 관계를 청산한다. 터널의 이전과 이후는 다른 생이다. 같은 얼굴이어도 다른 기운을 뿜는다. 히로 아버지의 말씀은 그런 뜻이었을 게다. 히로는 아버지께 이곳 신문 등에 나온 자신의 기사를 스크랩해 보내드리곤 하는데 굉장히 기뻐하신다고 했다. 그는 자부심이 담긴 목소리로, 오는 가을 자신의 밴드가 유럽과 일본 투어를 하게 되었다고 밝혔다. 유럽 왕실에서도 연주할 예정이고, 특히 일본에서는 전국 투어로 15개 도시를 순회할 예정이라고. 우리는 박수를 쳤다. 그가 일본 공연을 마치면 한국에 들르겠다고 했다.

파업은 끝나지 않았다. 브라질로 떠나야 했다. 떠나기 전날, 마지막 차랑고 레슨이 있었다. 늘 그랬듯 그날도 레슨은 '합주'에 가까웠다. 히로는 이 당치도 않은 실력의 꼬마를 언제나 동등한 뮤지션으로 대해주었다. 그가 아이를 바라볼 때면, 자신의 스승이 자신에게 모든 것을 다 주었듯, 잠깐 스쳐 갈 뿐인 이 제자에게 열과 성을 다해 자신이 지닌 것을 주려 한다는 것을 느낄 수 있었다. 아이가 연주를 시작하면, 히로는 귀로 듣지 않고 온몸을 기울여 들었다. 그리고 내내 정겹고 따뜻한 시선으로 지켜보았다. 아이의 엉성함이나 실력 차 같은 건 문제가 되지 않았다. 아이가 틀릴 때마다 그의 뛰어난 솜씨가 그 구멍을 단단히 메웠고, 그러면 음악은 반드시 아름다워졌으므로. 아름다움으로 고무됨으로써 아이는 더 열심히 더 많이 배우는 것 같았다. 우리가 스승으로부터 얻는 가장 큰 배움은 결국 태도가 아닐까. '배움을 사랑하는 태도'. 채점하고 지적하는 교육에 익숙한 내게 그런 식의 가르침은 낯선 것이었다. 그리고 감동적인 것이었다. 그는 이제 꽤 잘한다고 스스로 믿고 있는, 그래서 신나게 연주하고 있는 이 꼬마가 그 순간 음악을 즐기고 있다는 것, 넘치게 차랑고를 사랑하고 있다는 것만으로 음악을 만들어내는 데 아무 부족함이 없다는 듯 평화로이 눈을 감은 채 연주를 이끌곤 했다.

라파스에서 중빈은 갈등하는 얼굴로 묻곤 했다.

"엄마, 여기서 차랑고를 더 배우며 오래 있을까?"

새벽 네 시, 알람 소리에 벌떡 일어났다. 브라질 상파울루행 비행기를 타야한다. 라파스 공항에서 승무원들은 내내 느긋히다기 출발시간이 임박하자 우왕좌왕했다. 비행기는 또 늦어졌다. 우리는 이제 군말 없이 책을 펼쳐들었다.

비행기가 이륙했을 때, 중빈이 창밖으로 라파스를 내려다보며 속삭였다.

"저것 좀 봐…… 정말 아름답지?"

결국 어린아이도 알아가는 것이다. 존재의 아름다움은 그 안에 내재한 것들 때문이란 걸, 외관의 아름다움은 아무리 그럴싸해도 시간을 이기지 못한다. 망가지거나, 망가지지 않더라도 보는 이를 질리게 한다. 진정한 아름다움은 가슴속 마음 조각에 있다. 내 마음 한 조각을 누군가에게 떼어주면 그 사람이 진정 아름다운 사람이 된다. 그 사람이 머무는 그곳도 아름다운 곳이 된다. 그래, 정말 아름답구나. 나는 아이의 손을 꼭 잡았다.

● 샌프란시스코 성당

하루를 종달새처럼 행복하게 노래하는
지하철 안의 사람들 사이에 서서,
나는 마음을 앓았다.
삶은 무릇 제사여야 하는가, 축제여야 하는가?
내가 죽음의 스펙 쌓기로 찌들어가는
한국 아이들의 모습을 생각하는 동안,
나라 발전이야 늦거나 말거나, 상파울루의 지하철은
파티장으로 가는 아이들을 잔뜩 싣고 달렸다.

BRAZIL

브라질은 어떻게
국가로 탄생했을까?

브라질 역사에 대한 자료를 읽고 있을 때, 중빈이 다가왔다.

"뭐야?"

"브라질 옛날이야기야. 들려줄까?"

"빨랑!!!"

"음…… 맨 처음 브라질에 살던 원주민에 대해서는 알려진 게 많이 없어. 해골이나 흙 단지 같은 것만 남아 있을 뿐이야. 포르투갈이 브라질을 발견한 것은 1500년이야. 포르투갈이 문자를 지니고 있었기 때문에 이때부터는 브라질에 대한 기록이 남아 있어. 물론, 포르투갈 관점에서 기록한 역사겠지? 아무튼 포르투갈이 도착했을 때 브라질에는 천 개도 넘는 부족들이 있었다고 해. 브라질은 세계에서 다섯 번째로 큰 나라이자, 남미 전체 면적의 47퍼센트나 차지하고 있어. 당시 부족들은 이 드넓은 땅에서 사냥을 하거나 농사를 지으며 흩어져 살고 있었어.

유럽인들이 식민지를 어떻게 다루었는지는 페루와 볼리비아를 거치면서 엄마가 얘기해주었지? 포르투갈도 스페인과 마찬가지로 브라질의 자원들을 가져가기 시작해. 먼저 이곳 기후에 적합한 사탕수수를 키워서 가져가려 하지. 그런데 사탕수수 플랜테이션에는 노동력이 많이 필요했어. 포르투갈은 먼저 브라질 인디오들을 노예로 삼으려 했어. 그래서 인디오들에게 '너희 자신을 팔아. 그러면 돈을 줄게'라고 유혹했지. 인디오들은 자신을 팔아서 노예가 된다는 것의 개념을 당연히 이해하지 못했어. 숲의 꽃 한 송이에도 영혼이 깃들어 있다고 믿는 사람들에게 자신을 물건처럼 팔라고 하니 어떻게 제대로 이해할 수 있었겠어? 그들은 다만 그 제안을 승낙하면 백인들이 '당장' 선물을 주는 것으로 노예의 개념을 이해했지. 그래서 많은 사람들이 단순하게 승낙했어.

어떻게 되었을까? 인디오들은 곧 '평생' 노예로 산다는 것의 잔혹함을 깨닫게 돼. 그들은 혹독한 절망과 노동 속에서 얼마 살지 못하고 죽어버렸어. 아니면 정글로 도망쳐버렸지. 포르투갈은 더 순종적이고 더 많은 노동력이 필요했어. 그래서 아프리카에서 수백만 명이나 되는 노예들을 들여오게 되지. 아프리카 노예들은 인디오들보다 유럽의 질병에 조금 더 내성이 있어서, 그 점도 포르투갈인들 마음에 들었어. 하지만 아프리카 노예들도 오래 살지 못했어. 사람을 가축처럼 다루는데 누가 오래 버틸 수 있겠어? 그렇다고 사탕수수를 포기했을까? 아니. 결국 더 무자비한 방법으로 더 많은 노예를 들여왔어. 아프리카 출신의 모든 노예 가운데 1/3이 브라질에 왔다고 하니 이곳에서 얼마나 대대적인 플랜테이션이 진행되었는지 알 것 같지? 포르투갈은 사탕수수로 톡톡히 한몫 보았어."

"내가 노예였다면 무슨 일이 있어도 도망쳤을 거야."

"도망쳐서 숲 속에 자신들의 마을을 만든 흑인 노예들도 있었어. 포르투갈인들이 어떻게든 찾아내 잔인하게 파괴시켰지만, 그럼에도 여러 마을이 살아남았어. 아마 브라질이 넓었기 때문에 가능한 일이었을 거야. 넓은 데서 숨바꼭질을 하면 찾기 어렵잖아.

그런데 흑인 노예들은 모두 남자였어. 일을 많이 할 수 있는 남자만 데려왔으니까. 그래서 이 흑인 남자들은 브라질에 있던 다른 인종의 여성들과 가정을 꾸리게 돼. 그 결과로 이곳에 물라토라는 흑인 혼혈이 많이 생겨나게 되지. 또 이 흑인들은 인종뿐 아니라 문화도 새롭게 만들게 돼. 삼바처럼, 아프리카의 영혼이 담뿍 섞인 노래나 춤 말이야."

"노예들은 해방돼?"

"응. 하지만 노예해방 이야기를 하기 위해서는 그 앞선 시대 이야기를 좀 해야 돼. 포르투갈의 식민지였던 브라질에 큰 변화가 있었거든. 바로 저 유명한 나폴레옹이 1807년 포르투갈을 침략해서 포르투갈 왕자가 브라질로 피난을 오게 된 거야. 나중에 이곳에서 왕위까지 계승하게 돼. 생각해봐. 왕자가 오기 전에는 포르투갈이 브라질에서 돈이 될 만한 것만 빼앗아갔어. 그런데 이제 왕이 여기서 살게 되었으니 어떻게 했겠어? 왕은 항상 자기가 사는 곳을 화려하게 하잖아. 브라질은 이제 '왕국'으로서 빠르게 발전하게 돼.

왕실은 브라질에 15년쯤 머무르다가 포르투갈로 돌아가. 왕자 페드로를 브라질의 통치자로 남겨두고 말이지. 그리고 이듬해, 브라질을 다시 식민지로 '격하' 시키려고 해. 이때 페드로가 칼을 빼들며 외쳐. "독립이 아니면 죽음을 달라!' 사실 이건 뻥이란 말도 있어. 페드로가 그다지 용맹한 사람이 아니었기 때문이야. 암튼 페드로는 운이 좋았어. 포르투갈은 당시 싸우기엔 너무 약한 상태였거든. 브라질은 평화적으로 독립을 쟁취해. 페드로는 스스로 '황제 돔 페드로 1세'가 되지. 하지만 통치능력은 신통치 못했어. 충동적인 성격에, 사생아들을 줄줄이 낳았지. 당시 권력층이었던 지주들은 지나치게 진보적이라고, 신흥 엘리트들은 지나치게 진보적이지 못하다고 그를 비난했어. 결국 페드로 1세는 어느 쪽의 지지도 받지 못한 채 다섯 살짜리 왕자 페드로 2세를 남겨두고 포르투갈로 돌아가게 돼. 수많은 사생아들을 제치고 나니, 일곱 번째 아들인 어린 페드로 혼자 적자였던 거야. 이때부터 왕이 없는 브라질은 각지에서 크고 작은 내전에 시달리게 돼."

중빈은 사생아와 적자가 무엇인지 설명을 듣더니 쑥스러운 표정을 지었다.

"페드로 2세는 어땠을까? 고작 다섯 살인데 부모가 자길 놔두고 떠나버린 거야. 이 꼬마는 매우 우울하고 외로운 유년기와 청소년기를 보내게 돼. 크게 행복하거나 기뻐할 순간도 없이, 이렇다 할 또래 친구도 없이, 주로 모의법정 놀이를 하거나 정치 토론을 연습하면서."

"오, 죽을 맛이었겠다!"

"새벽 6시 반에 일어나서 밤 10시에 잠들 때까지 두 시간만 놀고 나머지는 공부만 해야 했대."

"오오, 진짜 죽을 맛이었겠다!"

"혹시라도 아버지 페드로 1세처럼 충동적이고 무책임한 사람이 될까봐, 주변인들이 걱정을 한 나머지 엄격한 스케줄 속에 아이를 가두었던 거래."

"페드로는 도망치지 않았대? 흑인 노예들처럼?"

"다행히 꼬마 페드로는 무척 좋아했던 게 있었어. 바로 책이었지. 어쩌면 책밖에 재미있던 게 없었을지도 모르지만, 페드로는 밤낮으로 엄청나게 많은 책을 읽고 지식을 쌓아갔어. 이 시절의 공부는 그를 매우 헌신적이고 책임감 강한 사람으로 만들어내. 페드로는 마침내 성장해서 브라질의 두 번째이자 마지막 왕위를 잇고, 역사상 가장 위대한 브라질인으로 추앙받으면서 무려 50여 년이나 브라질에 번영을 가져오지."

"우와, 할아버지가 될 때까지?"

"할아버지가 될 때까지. 페드로 2세가 집정하는 동안, 브라질은 비약적인 경제성장을 이뤄. 페드로 2세는 시민들의 권리를 존중했고 언론의 자유도 허용해. 또 과학과 문화에 관심이 많았기 때문에 후원을 아끼지 않아서, 바그너나 파스퇴르 같은 사람들을 친구로 둘 수 있었고, 다윈이나 위고, 니체처럼 시대를 대표하는 인물들에게도 큰 존경을 받았어.

무엇보다도 페드로 2세의 가장 큰 업적은, 그 스스로가 왕이면서도 의회제도의 기반을 만든 것과 노예제를 폐지한 일일 거야. 자, 그런데 의회제도가 자라나고 노예제가 사라졌다는 건 어떤 뜻일까? 이제 왕정이 사라질 순서라는 뜻이야."

"왜?"

"좀 더 설명을 해줄 테니 들어봐. 페드로 2세가 집정할 동안 브라질에 엄청난 부를 안겨다 준 건 커피였어. 브라질 혼자 전 세계 커피의 70퍼센트를 담당했으니 말 다했지. 커피를 실어 나르려고 철도도 깔렸고, 유럽에서 엄청난 이민자들이 몰려들면서 일거리를 찾았어. 브라질 역사상 유례없는 도시화와 상업화가 이루어졌지. 이민자들은 도시의 중산층을 형성했어. 브라질의 상류층, 그러니까 가장 힘 센 사람들은 커피 지주들이었어. 알다시

피, 당시 지주들은 농작물을 재배할 노예들이 필요하잖아. 그런데 왕실은 파라과이 전쟁에 노예들을 대거 동원하고 그 대가로 노예 해방을 약속했어. 그리고 1889년 노예제를 폐지함으로서 그 약속을 지켰지. 지주들은 대노했어. '노예'제가 폐지되었으니 이제 '노동자'에게 월급을 주어야 하잖아. 욕심쟁이들이 순순히 그렇게 했겠어? 같은 해, 군사쿠데타를 일으켜 공화정부를 세우고 페드로 2세를 프랑스로 추방해버렸지."

"어휴, 사람 욕심은 끝이 없다니까. 역사책을 읽다 정말 신기한 건, 언제나 욕심쟁이가 나와. 욕심을 마구 부려. 그리고 망해. 그다음 또 욕심쟁이가 나와. 그리고 또 망해."

"맞아. 욕망은 인류를 발전하게도 하고 후퇴하게도 해. 그런데 이제부터가 반전이야. 페드로 2세는 욕심쟁이가 아니었어. 국민들은 페드로 2세를 너무나 사랑했고 여전히 지지했거든. 쿠데타는 일시적인 거라 믿고 그가 돌아오길 기다렸지. 그에게는 여전히 힘이 있었고 지지기반도 확실했던 거야. 그런데, 페드로는 인기의 절정에서 돌아오지 않았어. 쿠데타를 일으킨 독재자가 그의 업적을 완전히 무로 돌려놓는 횡포를 부리는 걸 보면서도 말이야. 그는 유럽의 외딴 곳에서 자발적으로 궁핍한 말년을 맞았어. 역사 속에서 더 이상 왕정의 미래가 밝지 않다는 걸 알았기 때문일까? 아니면 다섯 살 때부터 시작된 것이나 다름없는 '자유 없는' 왕의 자리를 그만 놓아버리고 싶었던 걸까? 안타깝게도, 이후 브라질은 1930년 세계 대공황으로 '커피 경제'에 큰 타격을 입어. 그리고 오랜 세월 동안 힘없는 정부 ― 군사쿠데타 ― 독재정권의 악순환을 반복하면서 정치적으로 경제적으로 위기를 맞게 돼."

"그런데 지금 브라질은 잘사는 나라 아냐?"

"응. 빈부 차가 크긴 한데, 나라 전체의 경제규모로는 세계에서 6, 7등 정도야. 워낙 나라가 크고 자원이 풍부하거든. 이제 상파울루에 가면 남미에서 가장 잘사는 나라의 모습을 보게 될 거야."

브라질에선
남기지 말고 먹자

São Paulo

국경을 넘은 충격이 이렇게 큰 적이 있었던가? 브라질의 상파울루에 도착한 나는 공항에서부터 뻣뻣해지는 뒷목이 감당되지 않았다. 볼리비아에서 100원 하던 빵이 공항 제과점에서 3,000원이 넘었다. 모든 것이 카드로 결제 가능했다. ATM도 한꺼번에 열 개씩 횡대로 붙어 있었다. 한마디로, 볼리비아에서 방금 건너온 촌닭이 라틴아메리카의 금융허브인 상파울루를 제대로 예측하지 못했던 것이다. 물가도, 꽉 들어찬 인프라도, 패셔너블한 사람들의 도도한 눈빛도. 마치 한 번도 서울 같은 대도시에서 살아본 적 없는 사람처럼 당황했다.

나는 볼리비아에서 이제 막 건져 올려진 빨래였다. 그곳의 물기를 뚝뚝 떨어뜨리며 도심으로 들어갔다. 인디오의 얼굴이 사라졌다. 포르투갈계 백인이 눈에 띄게 많았고 아프리카계 흑인, 그리고 백인과 흑인의 혼혈인 물라토가 거리를 다채롭게 물들였다. 아시아인들도 적잖게 눈에 띄었다. 브라질의 인종 분포를 보니, 백인 55퍼센트, 물라토를 위시한 혼혈 38퍼센트, 흑인이 6퍼센트를 차지하고, 중국, 한국, 인도, 이탈리아 등지에서 온 이민자들이 나머지를 채운다.

아시아인들이 많은 리베르다지 지하철역 근처 일본인이 운영하는 숙소에 방을 잡았다. 하얗게 페인트칠 된 콘크리트 벽, 침대 하나, 작은 옷장 하나. 병원 입원실을 연상시켰다. 새하얗게 표백된 침대시트에는 진짜 병원처럼 먼지 한 톨 없었다. 남미에 온 뒤 내내 침대벌레 때문에 배를 벅벅 긁던 손이 갑자기 할 일이 없어져 머쓱해졌다. 화장실에선 뜨거운 물이 철철 흘렀다. 집 떠나온 뒤 처음 구경하는 수압이다. 숙소 주인에게 몇 가지 궁금한 것을 묻자, 대도시답게 사무적이고 딱딱한 대답이 돌아온다. 숙소 앞 일본 라멘집 메뉴를 들여다보니, 정통 돼지육수에 제대로 된 면발이다. 그러나 라면 한 그릇에 14달러! 중빈의 손을 꼭 잡고 도로 숙소로 들어왔다. 비행기에서 나눠준 샌드위치로 한 끼 때우기로 했다. 1달러에 피자가 한 판이던 라파스를 생각하니, 14달러에 라면을 먹는 건 죄를 짓는 느낌이었다. 거지들도 음악을 듣고 미소 짓던 그곳. 가난하지만 인정 많던 그곳. 묘한 감정에 휩싸였다. 나도 서울에서 이렇게 사무적이고 딱딱했겠지. 유행을 따르는 옷을 입고 도도한 눈빛을 했겠지.

"중빈아, 브라질에선 주는 대로 남기지 말고 먹자."

아이도 비슷한 것을 체감하고 있는 듯했다.

"알겠어……. 그런데 엄마, 사람들이 달라. 거지는 적지만……."

새로운 장소에 익숙해지는 과정은 대부분 비슷하다. 먼저, 미리 수집해둔 모호한 정보의 낱점들을 발견하고 순서대로 잇는다. 유치원생들이 번호가 매겨진 점들을 순서대로 이은 뒤 '아하, 점들을 다 이어보니 코끼리였네!' 하는 것처럼. 그렇게 윤곽이 나타나면 이어서 중학생 수준의 소묘가 시작된다. 음영이 드러나고 디테일이 살아난다. 누가 보아도 '아, 이런 곳이구나'라고 인식하고, 나아가 감상할 수 있는 한 편의 그림이 완성되려면 애정 어린 마음으로 체험하고 통과해야만 한다. 낱점 상태에서, 당신은 당연히 불안하다. 그래서 흐릿하게 인지되는 것들을 즉각적으로 평가절하 하고, 예전에 완성했던 선명한 그림을 그리워한다. 지금 우리가 그러는 것처럼. 하지만 우리는 이미 새로운 땅 브라질에 왔다. 꿋꿋하게 새 종이를 펼쳐 낱점을 찍고 줄을 그을 것이다.

이런, 시계 맞추는 것을 깜빡했다. 브라질 시간으로 알람을 바꿔놓아야 했는데! 상파울루에서의 첫 아침, 눈을 떠보니 열 시 10분이다. 오, 마, 이, 갓!!! 브라질은 거의 모든 숙소에서 아침을 제공한다. 일곱 시에서 아홉 시 사이에. 브라질 아침식사는 인심 좋기로 전 세계 일등일 것이다. 풍성한 과일과 빵, 치즈와 햄, 주스와 커피, 디저트 케이크까지 모든 것이 제공된다. 그런데 하필이면 그 공짜 아침을 놓치다니! 그것도 라면 한 그릇에 14달러 하는 곳에서! 우당탕 쿵쿵 1층으로 뛰어 내려갔다. 아침은 아까 다 치웠단다. 눈물이 쏙 나왔던가.

숙소 앞에 있는 대형슈퍼로 갔다. 아시아인들이 많은 곳이라 냉장고에 일본식 포장김밥이 있었다. 8,000원에 두 줄. 아이와 침대에 마주 앉아 아침부터 차가운 김밥을 먹었다. 중빈이 퍽퍽한 덩어리를 삼키며 정곡을 찔렀다.

"엄마, 김가네 김밥은 따뜻하지?"

무슨 말이 필요하리. 나는 대답 대신 생수병을 아이 손에 쥐어주었다. 돈 먹는 하마 같은 도시에 와서 병원 입원실에 앉아 비싼 찬밥을 먹는, 이 우울한 기분에서 빨리 탈출해야겠다.

상파울루 대학 내에 있는 부탄탄 연구소로 향했다. 이름 하여 '뱀 연구소'이다. 상파울루에서 당일치기 코스로 자주 추천 받는 방문지일 뿐 아니라, 뱀띠인 중빈이 유난히 뱀을 좋아했기 때문이다. 나로선 뱀을 보러 어딘가를 찾아간다는 것 자체가 영 내키지 않는 일이었지만.

다양한 인종과 상점들 덕분에 상파울루 시내 분위기는 유럽 냄새가 물씬 풍겼다. 남성들이 겨드랑이에 데오도런트를 바르지 않는다는 점과 화려하게 화장한 여성들이 아무 데나 쓰레기를 버린다는 점만 제외하면 말이다. 야자수가 있는 유럽, 혹은 섬세함이 빠진 유럽 같다고나 할까.

상파울루 대학까지는 지하철과 버스를 이용했다. 휠체어석까지 있는 최신형 버스였다. 젊은이들은 나이키 운동화에 비니를 썼다. 우리는 젊은이들을 붙잡고 길을 묻곤 했는데 우리나라 젊은이들처럼 영어공부를 열심히 하는지, 자기네끼리 키득대면서도 적극적으로 '영어를 연습하며' 길 안내를 해주었다.

마지막으로 안내해준 아가씨는 아드리아나였다. 매우 총명한 눈을 지닌 이 아가씨는 마침 부탄탄 연구소가 있는 상파울루 대학의 재학생이었다. 미국에 교환학생으로 다녀왔다는 그녀는 중빈이 대충 말하는 것도 곧바로 핵심만 주워 담아 유창한 영어로 대화를 이어나갔다.

"너 정말 영리하구나."

내가 감탄하자, 아드리아나는 그런 말 많이 들어보았다는 듯 씩 웃었다. 그리고 자부심을 가득 담아 말했다.

"당신은 지금 남미 최고의 대학에 오신 거예요."

그도 그럴 것이, 상파울루 대학은 남미의 수재들이 모이는 곳으로 유명하다. 국립대학으로서 학비와 기숙사비가 전액 무료인데다, 캠퍼스는 11개나 되고 그 가운데 4개가 상파울루에서 막강한 면적을 차지하고 있다. 캠퍼스 내 정거장에서 내리자, 학생들 모습이 시내와 딴판이다. 손질하지 않은 머리에 도수 높은 안경들. 국적을 막론하고 명문대 재학생의 모습은 비슷비슷하군. 그들은 버스를 기다리는 짧은 순간에도 프린트를 읽거나 책을 들여다보고 있었다.

중빈이 캠퍼스 전경에 감탄했다.

"엄마, 여기 공기도 좋고 분위기도 너무 좋다!"

정말 그랬다. 꽃, 잔디, 키 큰 나무들, 고요함, 유서 깊은 건물들 사이로 여유 있게 움직이는 사람들.

"저 카페에 좀 앉을까?"

우리는 꽃과 나무로 둘러싸인 자그만 노천카페에 앉아 에스프레소와 포도 주스를 마셨다. 맑은 바람이 살랑살랑 불어왔고, 나도 살랑살랑 발을 흔들게 되었다. 뱀을 찾아 나선 것이 이렇게 의외의 호젓함을 선사하다니. 아마존에서 뱀(아나콘다)을 찾아 나섰던 것과 천지차이로구나.

부탄탄 연구소 안으로 들어가니 그야말로 독사, 독거미, 전갈 등 온갖 독을 지닌 생명체가 한데 모여 있다. 이곳은 독 연구에 관해 세계적 권위를 자랑하는 곳이다. 독은 적게 쓰이면 약이 되고 많이 쓰이면 독이 된다. 백신의 원리와 같다. 그래서 이 연구소는 해독제뿐 아니라 백신치료제를 개발하는 등 현대의학 발전에 지대한 공헌을 해왔다. 백신의 중요성이야 오늘날 두말할 나위가 없으려니와, 해독제의 기능도 강화되고 있다. 더 이상 길을 걷다가 독사에 물릴 확률은 없어졌지만, 체내에 서서히 축적되는 유독물질은 급증하고 있기 때문이다.

중빈은 '배암'들에 열렬한 관심을 보였다.

"뱀이 되면 정말 재밌겠다. 자기 몸끼리 서로 만나 지나갈 수 있잖아."

그러나 나는 어두컴컴한 유리 우리 안에서 스멀스멀 지나가거나 돌돌 말린 채 꿈쩍 않는 뱀들을 계속 쳐다보자니, 온몸이 근질거리고 미끌거리는 느낌 때문에 솔직히 괴로웠다. 먼저 밖으로 나와 교정에 전시된 부탄탄 연구소의 역사를 읽어보았다. 그런데 의외로 흥미로운, 브라질 역사와 부탄탄 연구소의 관계를 발견할 수 있었다.

1890년, 페드로 2세가 물러나고 공화정이 들어선 이듬해, 브라질은 이미 인구 천오백만 명의 농업생산수출국이었다. 특히 이곳 상파울루는 커피 플랜테이션을 통해 브라질의 경제허브로 성장했다. 브라질로 몰려든 유럽 이민자들은 수두와 티푸스, 디프테리아 등 유럽의 질병도 대거 들여왔다. 1899년, 선線페스트가 상파울루의 산토스 항구에 퍼지기 시작했을 때, 탐욕스런 커피수출업자들은 사업에 손실을 입을 것을 우려하여 진단을 거부했다. 이에 정부에서는 당시 파스퇴르 연구소에서만 가능했던 백신치료제를 자체개발하기 위해 상파울루 근교에 오래된 농장 부탄탄을 선정, 브라질의 저명한 면역학자이자 생물의학자인 비탈 박사에게 연구를 일임했다. 사람들이 이 약을 도심에서 연구하는 것을 두려워했기 때문이다. 이때부터 오늘날까지 부탄탄은 의학, 생물학 등의 제 분야에 혁혁한 성과를 내며 세계적인 연구소로 자리매김해왔다. 한마디로 이곳은 그냥 뱀이 많은 곳이 아니라 브라질 역사의 산물이었던 것이다.

시간이 흐름에 따라, 우리는 상파울루 시내에서 지하철도 잘 탈 줄 알게 되었고 비싸지 않은 식당도 찾아낼 줄 알게 되었다. 더듬더듬 포르투갈어로 음식을 주문하면, 아저씨가 브라질식으로 호탕하게 웃으며 윙크를 날렸다. 모호한 낱점들이 하나둘 선이 되었다.

늦은 밤 리베르다지 지하철역에서 숙소로 돌아오는 길목에는 옥수수 장수가 있었다. 옥수수 장수 옆에는 불량하고 껄렁해 뵈는 청년들이 여럿 서 있었다. 사실 상파울루는 치안이 좋지 않아 몇몇 잘사는 동네를 빼면 거주자들도 그다지 안전하다고 느끼지 못하는 곳이다. 지금은 많이 안정되었지만, 1990년대만 해도 한 달에 700명이 살해되던 무법지대였다. 어둠이 내린 뒤 나는 카메라 가방과 지갑을 꼭 붙잡고 걷는 중이었다. 그러나 중빈은 옥수수 대장. 내 긴장 따위는 아랑곳 않고 옥수수 향기에 코를 벌름대며 청년들 무리 속으로 쓰윽 들어가버렸다. 에라, 모르겠다. 나도 뒤따랐다.

옥수수 파는 청년이 삶은 옥수수를 대궁에서 전용 칼로 싸악 긁어 알만 종이컵에 담아주었다. 원한다면 치즈 등 다양한 토핑이 있으니 얹으라고 했다. 물론, 삶은 강원도 옥수수를 좋아하는 한국인으로서 토핑은 사절. 알맹이 사이즈가 슈퍼급인 브라질 옥수수는 맛도 슈퍼급이었다.

"우와, 맛있다!"

우리는 숙소를 향해 걸으며 게걸스레 옥수수 알을 종이 숟가락으로 퍼먹었다. 그래, 따지고보면 옷차림으로 보나 하는 짓으로 보나 불량하고 껄렁하기는 우리도 저 청년들 못지않지. 중빈이 행복하다는 듯 킥킥거리며 물었다.

BRAZIL

"엄마, 왜 우린 어딜 가도 다 재밌지?"

그 대답이라면 알고 있었다. 언제 어디서나 재미를 찾아내는 녀석.

"네가 있기 때문인 것 같아."

물론 '네가 있어' 미치고 팔딱 뛰기도 한다. 실은, 그럴 때가 아주 많다. 둘째 날 아침, 거하게 브라질식 아침식사를 먹은 뒤 중빈이 일기를 쓰기 시작했다. 독사 얘기에 열을 올리며 느리게, 느리게, 느, 리, 게. 그대의 느림은 세계 최강. 이럴 땐 빨리 하라고 재촉하며 곁에 있기보다 아예 신경 끄고 다른 일을 하는 게 좋다. 속은 터지지만, 아이가 포기하지 않고 끝까지 하려 드는 걸 높이 사는 긍정의 마인드로. 엄마가 되는 길은 도인이 되는 길과 흡사하다.

내가 샤워를 하고 손빨래를 마치고 드라이기로 말려 널 때까지, 중빈은 뱀의 비늘을 하나하나 그리고 있었다. 특히 방울뱀의 방울꼬리에 심혈을 기울였다. 어제 저걸 유심히 보았던 게지. 엄마는 도인 흉내를 내며 부드럽게 시작한다. 이렇게.

"오늘 또 세계명작이 나오는 거야? 브라질에서? 아침부터 기자들 몰려들면 곤란한데."

그러나 마무리는 본색을 드러내며, 이렇게.

"암만 세계명작이라도 너무하잖니! 열한 시닷!!!"

파울리스타 거리에 있는 상파울루 미술관으로 향했다. 파울리스타 거리는 상파울루에서 가장 번화한 거리로, 서울의 테헤란로를 닮은 곳. 금융기관, 대형 패션몰, 고급 레지던스와 오피스텔이 밀집해 있다. 모던하고 세련된 고층빌딩 사이로 세련된 옷차림을 한 회사원들이 바쁜 발걸음을 옮기고 있다. 오늘날 브라질은 일인당 GDP가 일만 달러 남짓한 개발도상국가이지만, 전체 GDP로 매긴 세계 경제 순위는 영국을 능가하는 강대국이다. 브라질이 이렇게 놀랍도록 성장한 데에는 현재 브라질의 '국부'로 숭앙받는 대통령 '룰라'의 역할이 지대했다. 앞서 볼리비아 편에서 에보 대통령이 에너지 주권을 회복하는 과정을 언급한 적이 있다. 이때 브라질의 룰라 대통령은 크게 이권이 개입되어 있었음에도 불구하고 브라질이 볼리비아의 에너지 주권 회복 필요성을 충분히 이해하며 기꺼이 재정적 부담을 끌어안겠다는 성명을 발표했다. 덕분에 볼리비아는 천군만마를 얻었고, 서구기업들은 할 말을 잃었다. 이 사안에 대해 룰라는 추후 타임지와의 2008년 인터뷰에서 이렇게 말했다.

"에보 모랄레스가 석유 문제로 브라질에 도전했을 때, 사람들은 말했어요. 강하게 대처해야 한다고. 그래서 말해줬죠. '아니, 석유는 그 사람 거야.' 우리 어머니는 언제나 말씀하셨죠. 한 사람이 싸우고자 하지 않는다면, 두 사람 사이에 싸움은 있을 수 없다고."

이제 이 환상적인 대통령, 룰라에 대해 알아볼 차례이다.

루이스 이나시우 룰라 다 시우바. 그는 브라질 빈민가의 8남매 가운데 일곱째로 태어났다.

"나의 아버지와 어머니는 모두 문맹이셨습니다."

특히 룰라의 아버지는 알코올중독에 폭력까지 휘둘렀다. 룰라는 유년부터 거리에서 땅콩을 팔고 구두를 닦아 가족의 생계를 도왔다. 열 살이 되어서야 글을 배우기 시작했고, 결국 초등학교를 졸업하지 못한 채 열두 살부터는 세탁소에서, 열네 살부터는 구리 가공 공장의 선반공으로 일하며 최저

임금을 받았다.

　룰라는 이곳 상파울루에서 작업 중에 손가락도 하나 잃었다. 잘린 손가락을 들고 병원을 몇 군데나 전전해야 했다. 아무도 돈 없는 노동자의 잘린 손가락 따위에 관심을 갖지 않았기 때문이다. 그의 첫 아내는 간염이 악화되어 첫 출산 중 아이와 함께 죽었다. 끝없이 잃기만 하는 룰라. 실의에 빠져 있는 그에게 노조 활동을 하고 있던 형제가 노조의 낮은 직책을 맡아 뛰어보라고 권했다. 룰라는 당선되었고, 이때부터 그의 놀라운 재능, 협상능력이 날개를 달기 시작했다. 룰라는 노조위원장과 하원의원을 거쳐 대권에 도전했다. 그리고 57세, 세 번째 도전 끝에 당선되었다. 룰라는 취임식에서 대통령 당선증을 받고 울었다.

　"초등학교 졸업장도 받아보지 못한 내가 태어나서 처음 '증서'를 받아본다."

　브라질의 인텔리들과 세계경제 전문가들은 무식하고 좌파적인 그가 브라질을 벼랑 끝으로 몰고갈 것이라고 예언했다. 외국기업들은 브라질을 떠났다. 인구의 4분의 1이나 되는 빈민, 세계 최악의 빈부격차, 산더미 같은 국가 부채를 등에 짊어지고 룰라는 가장 먼저 가난한 이들을 챙겼다.

　"사회적 불평등을 줄이는 것은 내 평생의 꿈이다. 나의 우선순위는 언제나 사람에게 있다."

　2003년 취임 첫해, 월 소득 7만 원 미만인 350만 가구에 그들 소득의 절반 이상인 4만 원을 지급했다. 2010년에는 1,280만 가구로 혜택을 확대, 결국 브라질 인구의 4분의 1이 생활보조금을 받게 되었다. 생활보조금을 받기 위한 전제조건은 확실했다. '아이들을 학교에 보낼 것'. 결석률이 15퍼센트 이상이면 지원은 보류되었다. 이 좌파적 포퓰리즘 정책이 나라를 말아먹을 거라는 전문가들의 예상과 달리, 브라질의 빈민 2천만 명이 중산층으로 성장했다. 중산층이 늘어나자 소비가 늘어나고 기업도 살아났다.

룰라는 묻는다.

"왜 부자를 돕는 건 '투자'라고 하고 가난한 이들을 돕는 건 '비용'이라 하는가?"

룰라는 말한다.

"희망이 절망을 이겼다."

그는 임기 8년 동안 국가 부채를 모두 해결했다. 브라질은 세계 10위권 안의 경제대국으로 우뚝 섰다. 뿐만 아니라, 2016년 올림픽 개최지로 리우 데자네이루가 선정되었다. 남미 대륙 최초로 올림픽을 주재하게 된 것이다. 룰라는 브라질뿐만 아니라 전 세계적으로 가장 인기 있는 대통령이 되었다. 물론 개발도상국으로서의 브라질에는 여전히 산적한 숙제가 있다. 아직도 갈 길이 먼 빈부격차, 인프라의 부족, 취약한 도시 치안, 부패한 권력……. 2010년 룰라의 지지와 계통을 이어받아 당선된 대통령 지우마 호세프가 이 숙제들을 풀어갈 것이다. 미첼레 바첼레트 전 칠레 대통령과 크리스티나 페르난데스 아르헨티나 대통령에 이어 남미에서는 세 번째 여성 대통령의 탄생이다.

룰라는 바로 이 상파울루의 뒷골목 선술집에 딸린 작은 방에서 일곱 형제들과 복닥거리며 어린 시절을 보냈다. 룰라가 일곱 살 되던 해, 룰라의 어머니는 아이들을 데리고 아버지가 있는 상파울루로 왔다. 트럭 뒷칸을 얻어 타고 장장 13일이나 걸려 이곳에 도착했을 때, 아버지에게는 이미 또 다른 가정이 있었다. 아버지로부터 버림받고, 여덟 아이를 짊어진 엄마의 그늘 아래서 울며 노동하며 자란 아이가 세계에서 가장 영향력 있는 인물 중 하나가 되리라고는, 당시 상파울루의 뒷골목에서 함께 부대끼던 그 누구도 짐작하지 못했으리라.

지하철역 파울리스타에서 목적지인 상파울루 미술관까지는 얼마 되지 않았다. 그러나 아마존 늪에 빠졌던, 빨고 또 빨아 몇 군데 구멍마저 뚫린 바지를 여태 입고 다녔던 나는…… 그 짧은 거리에서도 결국 옆으로 새고 말았다. 이번에 빠진 늪은 '쇼핑'이었다. 옷가게가 많기도 해라, 싸기도 해라. 단돈 만원에 구멍 난 티셔츠와 바지를 벗어던지고 신여성으로 거듭났다. 바지에 구멍이 뚫리건 말건 패션엔 도통 관심 없는 중빈은 내가 옷을 고르는 동안 대형가전매장에 들어가 LG TV 앞에 서서 축구 경기를 관람했다. 이건 완전히 시골 모자 서울 상경기로고.

상파울루 미술관은 남미에서 가장 뛰어난 서양화 컬렉션을 보유한 곳이다. 우리는 먼저 '초상화전'을 둘러보았다. 시대별로 초상화가 나뉘어 전시된 그 방에는, 먼저 귀족들의 초상이 있었다. 귀족들은 하나같이 목과 손가락이 길고 초롱초롱한 눈망울에 기품 있는 자태를 지녔다. 당연한 일이다. 오늘날 포토샵이 있다면 그 시절에는 초상화가 있었으니까. 실제에 대한 왜곡으로 겨루자면 포토샵이나 초상화나 용호상박일 것이다.

이것과 관련된 페드로 2세의 재미난 일화가 있다. 그가 결혼 적령기가 되었을 때 신붓감 후보로 시실리의 공주 테레사 크리스티나의 초상화가 도착했다. 오늘날로 치면 왕창 포토샵이 된 그녀의 '이상적인' 모습에 페드로는 결혼을 결심했다. 그런데 마침내 배에서 신부가 내려 마주한 첫 순간, 페드로는 그만 등을 돌리는 결례를 범하고 말았다. (너무 충격이 큰 나머지 휘청거리며 앉을 곳을 찾았다고도 전해진다.) 테레사 공주의 외모에 실망했던 것이다. 그녀는 키가 작고 다소 과체중이었으며 다리를 절었다. 그날 밤 페드로는 울면서 다섯 살 때부터 어머니 역할을 대신했던 가정교사에게 불만을 토로했다.

"그들이 나를 속였어!"

그러나 테레사는 차분하고 단순하며 인내심 있는 여성이었다. 페드로가 장기 집정을 하는 내내 자신이 나서야 할 자리와 물러서야 할 자리를 잘 분별하며 훌륭한 국모로 칭송받았다.

귀족 초상화 다음으로는, 신분과 배경을 거세하고 오롯이 현신에 집중한 초상화들이 있었다. 모딜리아니, 고흐의 초상화들. 겉모습의 아름다움만이 예술이 될 수 있다고 믿어 왜곡을 서슴지 않았던 화가들의 시대에서, 고독이나 자학처럼 다층적인 내면의 대상을 끌어안고 고뇌한 화가들로의 이동이라고나 할까.

마지막으로, 초상화들은 현대 작품들로 이어졌다. 신체의 각 부위를 분해하고 재조합한 초상화들. 우리는 그 난해한 현대 초상화들 가운데 '그림 망치기 대회'에서 수상이 유력한 작품들을 선별했다. 2, 3등은 수월하게 골라냈지만, 1등 자리를 놓고는 약간의 논쟁이 벌어졌다.

소장품의 격으로 보나 기획 수준으로 보나, 상파울루 미술관은 라틴아메리카 최고라는 명성에 부족함이 없어 보였다. 우리는 로맨티시즘을 테마로 한 전시관에 들어섰다. 중빈이 누드화 앞에서 당황한다. 누드모델이란 개념엔 더 당황한다.

"왜, 왜 그런 직업이 있는 거야?"

하지만, 곧 털어놓는다.

"엄마는 야한 상상도 해봤어?"

"당연히 해봤지. 상상 중에는 야한 상상도 꼭 필요한 거야."

"어느 책에서 봤는데, 야한 상상을 많이 하면 몸에 좋대."

"그런 책을…… 네가 벌써 읽었어?"

"전에 6학년 형아네서 잘 때, 그 형이 '인간과 상상'이라나 뭐 그런 책에서 봤대."

"그랬구나. 형 말이 맞아. 우리가 뽀뽀할 때나 맛있는 음식을 먹을 때나 운동할 때 다 반응하는 부위가 있어. 우리 몸에 필요한 자극이 다양하게 주어지고 반응이 활발하게 일어나면 건강해진다는 뜻일 거야."

대답은 점잖게 해놓았지만, 속으로는 생각했다. 흠, 이놈들 고상한 책을 아주 편리하게 추려서 읽는구먼. 이제 곧 '완전 안 고상한' 책들도 몰래 숨어서 보겠는 걸.

다른 전시관에서는 그리스 로마 신화를 다루고 있었다. 한국 초등학생 치고 그리스 로마 신화에 한 번쯤 빠져보지 않은 어린이는 없으리. 중빈은 방언이 터졌다.

"아르테미스는 사냥의 여신이야. 어느 날 아르테미스가 사냥을 끝내고 동굴에서 목욕을 하는데, 악타이온이 자기를 훔쳐봤어. 아르테미스는 화가 나고 놀라서 물을 뿌렸는데, 악타이온은 물을 맞아서 사슴으로 변했어. 머리에서 막 뿔이 나니까 악타이온이 놀라서 동굴 밖으로 뛰쳐나갔어. 그런데 밖에 자기가 데리고 나왔던 사냥개가 있었던 거야. 개들은 자기 주인인 줄도 모르고 악타이온을 물어서 죽여버렸어."

방언은 멈추지 않았다. 갑작스런 열정에 깜짝 놀라서 나는 한 번도 그리스 신화를 접해보지 못한 사람처럼 아이의 이야기를 경청해주었다. 늘 밀착해 지내던 사람들도 여행 중에는 서로의 새로운 모습을 발견하곤 한다. 그 순간, 나는 그곳의 그림 가운데 하나를 바라보듯 아이의 새로운 면모를 바라보았다. 울면 안아주고, 넘어지면 약을 발라주고, 책을 꺼내면 만사 제치고 읽어주던 순간들이 모이고 모여서 지금 여기 아이가 하나의 그림으로 우뚝 서 있구나. 어느덧 이 그림 안에는 그리스 신과 누드와 야한 상상까지도 자유자재로 담겨 있구나. 이 그림의 참된 아름다움은 계속해서 섞이고 변화하고 성장한다는 데에 있을 것이다. 명화가 아니어도 좋다. 나는 열린 자세와 응원하는 마음으로 그 과정을 지켜볼 것이다. 아이가 내 어깨에 손을 턱 올렸다. 우리는 어깨동무를 한 채 걸었다.

● 상파울루 대학교

삶은 무릇 제사인가, 축제인가?

상파울루의 봉헤치로는 '좋은 안식처'란 뜻이다. 오늘날 '브라질의 동대문' 으로 통하는 패션 1번지이기도 하다. 이곳을 이끄는 힘은 바로 한인들. 브라질로의 최초 이민이 6·25 전쟁 후 50명의 반공포로로 매우 미약하게 시작되었다는 점을 감안해보면 놀라운 결과물이라 할 수 있다. 봉헤치로의 패션가에는 옷가게가 무려 2,500여 곳이나 있는데 이 중 70퍼센트가 한인 동포들에 의해 운영되고 있다. 파라과이, 볼리비아, 우루과이, 아르헨티나 등 남미 각지에서 이곳으로 의류를 구입하러 오는 이른바 국제시장이다. 상파울루에서 임대료와 땅값이 가장 비싼 곳 중 하나이기도 한데, 여기 한인타운이 형성되었다는 것은 말하자면 명동에 외국인타운이 생긴 것과 비슷한 이치이다. 대도시의 변두리가 아닌 중심부에 이처럼 거대한 한인타운이 형성되어 경제 흐름을 주도하는 것은 전 세계 한인타운 중에 아마 봉헤치로가 유일하지 않을까.

봉헤치로 거리를 걷노라니, 그냥 한국이다. 떡, 순대 등 없는 게 없다. '바쁜 표정'을 한 한국인들까지도 그대로다. 현재 이곳엔 3만 명가량의 한인들이 살고 있다고 한다. 한인 상권이 이토록 커진 이유는 역시 한국식 부지런함과 저돌성에 있었다. 미국이나 유럽에서 출시된 옷을 한국인들은 일주일 만에 똑같이 만들어냈다. 민족성 자체가 '오늘을 즐기자'인 이곳에서 내일을 위해 '오늘을 저축하자'인 한국인의 근면성은 독보적이었을 것이다.

우리는 한식당에 들어가 오랜만에 된장찌개를 먹었다. 한인사회가 발달해서인지 그곳은 한국음식 맛을 비슷하게 내는 그저 그런 해외의 한식당이 아니라, 한국의 웬만한 곳보다 오히려 더 맛있게 만들어내는 한식당이었다. 중빈과 나는 된장 뚝배기에 거의 들어가 앉을 뻔했다.

지하철을 타고 숙소로 돌아오는 길이었다. 퇴근 시간이라 번잡했지만 그 분위기는 매우 발랄했다. 마치 녹음이 우거진 식물원 속에 들어와 있는 것 같다고나 할까. 열대의 꽃처럼 강렬한 컬러의 옷과 화장으로 멋을 낸 브라질 여성들이 분방하게 흩어져 있었다. 객실 바닥에도 주저앉고 기둥에 느슨히 기대기도 하면서, 타인의 시선을 의식하지 않고 상대방만을 바라보며 열정적으로 이야기하고 있었다. 고작 하루 동안 쌓인 이야기가 저렇게 많은 것일까. 마치 노래하는 종달새들에 둘러싸인 듯했다. 남자들도 마찬가지였다. 마주 보며 눈썹을 치켜 올리고 껄껄 웃고 흥분한 목소리를 높이거나 은밀히 속삭였다. 객실 안은 하루치 노동에서 해방된 사람들이 쏟아내는 역동적인 환호로 출렁거리고 있었다. 뭐랄까, 살아 있는 사람들만이 지닐 수 있는 감각이자 활력이었다. 봉헤치로의 한국인들에게서 보았던 '바쁜 표정' 같은 것은 찾아볼 수 없었다. 그리고 보면, 한국인들의 표정은 세계 어디에서나 같다.

문득 서울에서 상담사로 일하는 후배의 말이 떠올랐다.

"언니, 난 출근길 지하철을 타면 좀 오싹한 기분이 들 때가 있어. 아무도 서로를 쳐다보지 않아. 찍 소리도 내지 않지. 모두 시커먼 무채색 계열의 옷을 입고 굳은 얼굴로 휴대폰을 들여다볼 뿐이야. 그럴 때 난 그 지하철 객실이 마치 커다란 관 같다는 생각을 해."

브라질의 한 매체에서는 한국과 브라질을 다음과 같이 비교했다. '30년 전 양국의 수준은 비슷했다. 그런데 지금은 큰 격차가 난다.' 그리고 브라질 전반에 걸친 문제들을 다양하게 열거했다. 야간자율학습까지 하는 한국교육과 오전 수업만 간신히 하는 브라질 교육, 뻔뻔하다 싶을 만큼 게으른 브라질 행정, 오늘 쓸 돈만 있으면 내일 일 안 해도 된다고 생각하는 브라질인들의 천성 등등.

30년 동안 벌어진 그 격차는 분명 한국이 일궈낸 근면과 투지의 성과일 것이다. 정말이지 우리는 세계인들이 깜짝 놀랄 만큼 빠른 속도로 잘살게 되었다. 그런데 과연 한국인은 그 격차만큼 더 행복해졌을까.

남미에 살고 있는 한 한국인은 이런 우스갯소리를 들려주었다.

"이곳 사람들의 행복지수는 몇 년 전만 해도 세계 1위였습니다. 그런데 지금은 4, 5위 정도로 떨어졌다고 해요. 현지인들이 그 이유를 뭐라고 하는 줄 아십니까? 여기 삼성이 들어왔기 때문이랍니다."

껄껄 웃긴 했지만 못내 씁쓸했다. 아무리 농담이라지만 남의 나라에 가서 행복지수를 떨어뜨릴 정도라면, 과연 한국의 행복지수는 얼마일까? 세계여행을 업으로 하는 한 스페인 친구는 어느 날 내게 이것에 관한 메일을 보내왔다.

나는 현재 리투아니아에 있어. 내 창밖으로 무엇이 보이는지 알아? 깊은 슬픔이야. 이곳 사람들은 아마 내 평생 만났던 모든 사람들 가운데 가장 열정 없이 살아가는 사람들일 거야. 미안한 말이지만, 일본인과 한국인들보다도 열정이 없는 것 같아. 이들은 마치 '고통 받기 위해' 사는 사람들 같아.

한 달을 이곳에서 보낸 후 내가 받은 느낌은 리투아니아인들이 지닌 에너지가 어쩐지 한국인들의 그것과 비슷하다는 거였어. 두 문화 사이엔 어떤 공통점이 있는 걸까? 그건 아마 삶에 대한 열정이 말라버렸다는 점일 거야. 난 그걸 쉽게 느낄 수 있어. 왜냐하면 열정 없이 살아가는 사람들을 볼 때 나는 스스로 고통을 받거든.

어느 날 나는 구글에서 두 문화의 공통점을 검색하다가 놀라운 자료를 발견했어…….

그가 링크를 걸어놓은 자료를 열어보니, 전 세계 자살순위였다. 리투아니아가 1위였고, 한국이 2위였다. OECD 국가 중에서는 한국이 1위, 일본이 2위였다. 솔직히 나는 놀라지 않았다. 한국에서 어른들은 '죽도록' 일한다. 아이들은 '죽도록' 공부한다. 어른들은 입버릇처럼 "다 관두고 싶어"라고 말하고, 아이들은 입버릇처럼 "공부하기 싫어"라고 말한다. 내가 강연에서 만나는 청소년들에게 "무엇을 하고 싶니?"라고 물으면, 이구동성으로 "공부가 하기 싫어요"라고 대답한다. "그래. 그럼 공부를 안 해도 된다고 할 때, 뭐가 하고 싶니?" 재차 물으면, 아이들은 되풀이한다. "그냥 공부가 하기 싫어요." 아이들은 무기력하다. 최첨단 기기들을 하나씩 쥐고 앉아서 '카톡'이나 게임에 열을 올리며 어서 빨리 시간이 지나가기만을 기다리고 있다. 그 아이들이 우리의 미래다. 그런데도 어른들은 죽도록 일해서, 아이들이 '더' 공부할 수 있도록 학원비를 번다. 후배의 말처럼, 어쩌면 지금 우리는 관을 짜고 들어앉아 있는지도 모르겠다. 이름 하여 이만 달러 시대의 관. 그러나 백만 달러 시대의 황금 관이라 한들 삶을 담보로 얻는다면 무슨 소용이 있을까?

하루를 종달새처럼 행복하게 노래하는 지하철 안의 사람들 사이에 서서, 나는 마음을 앓았다. 삶은 무릇 제사여야 하는가, 축제여야 하는가? 내가 죽음의 스펙 쌓기로 찌들어가는 한국 아이들의 모습을 생각하는 동안, 나라 발전이야 늦거나 말거나, 상파울루의 지하철은 파티장으로 가는 아이들을 잔뜩 싣고 달렸다.

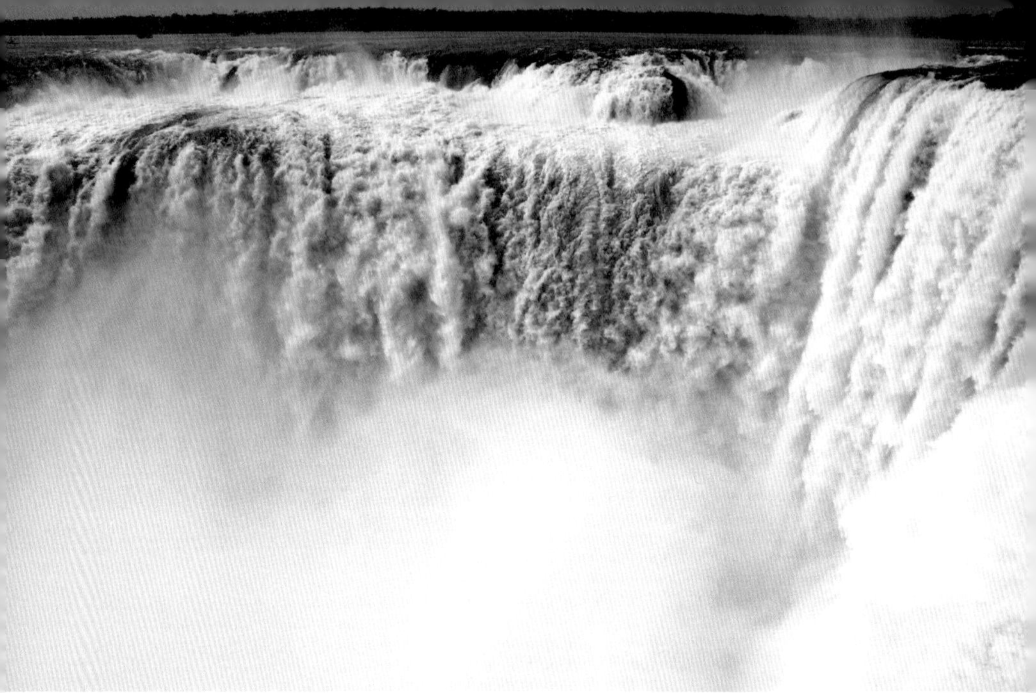

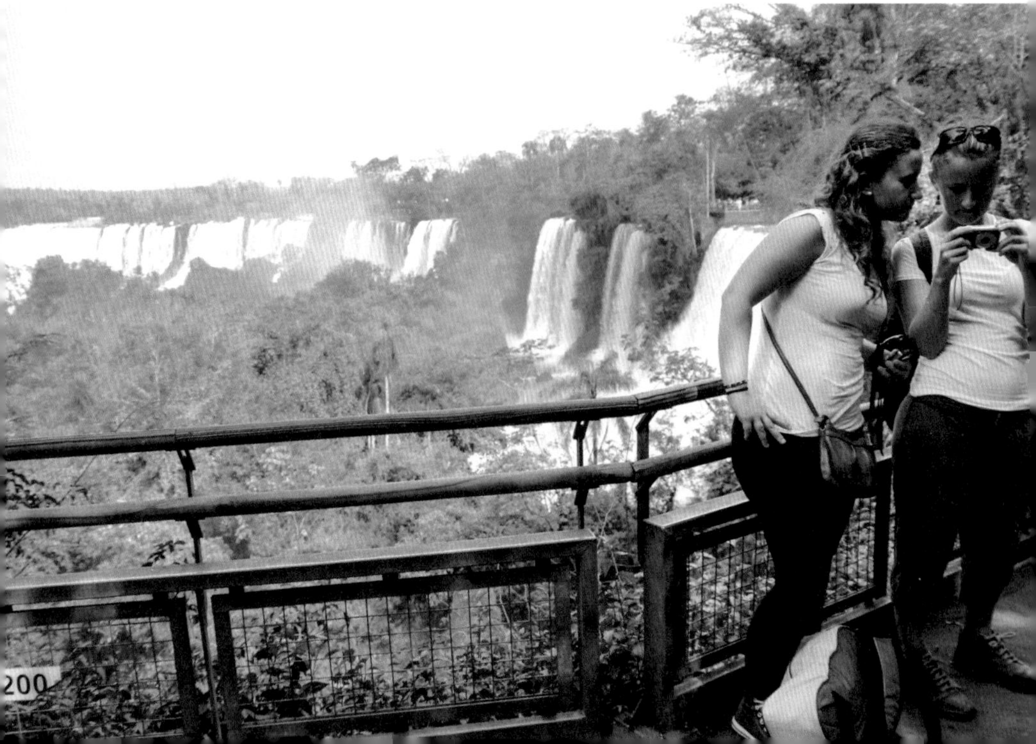

장대한 생의
마지막 여행
Iguazú

장궈룽張國榮과 량차오웨이梁朝偉 주연의 영화 〈해피투게더〉를 본 사람이라면 이구아수를 잊지 못할 것이다. 세계에서 가장 거대한 폭포 이구아수. 보영장궈룽과 아휘량차오웨이가 함께 가려 했으나, 결국 함께 가지 못한 미망의 장소. 영화 전체를 처절한 눅눅함 속에 잠겨버리게 할 만큼 거대한 존재감을 과시했던 곳.

　이구아수란, 과라니족 언어로 물이란 뜻의 '이'와 크다는 뜻의 '구아수'가 만나 붙여진 이름이다. 한마디로 큰물이란 뜻. 전설에 의하면, 신이 '나이피'라는 아름다운 여인과 결혼할 계획이었는데, 이 여인이 연인 '타로바'와 카누를 타고 도망쳐버렸다고 한다. 신은 대노하여 강을 조각내버렸다. 이때 폭포가 생겼고 두 연인들은 영원히 폭포가 되어 흐르는 저주를 받았다고 한다.

　이구아수 강 하류에 위치한 이 폭포는 아르헨티나와 브라질, 파라과이 세 나라가 나눠 갖고 있다. 원래는 파라과이 영토였으나 삼국동맹 전쟁(1865~1870)에서 아르헨티나, 브라질, 우루과이 삼국 연합군에게 파라과이가 패하면서 이구아수 폭포도 상당 부분 잃었다. 현재 파라과이 방면에서는 폭포 쪽으로 접근이 불가능하고, 브라질이나 아르헨티나 쪽에서 국립공원을 통해 접근하는 두 가지 방법이 있다. 브라질 국립공원 쪽에서는 넓게 펼쳐진 폭포 전체를 조망하기에 좋고, 아르헨티나 쪽에서 바라보면 '악마의 목구멍'이라 불리는 가장 거대한 폭포를 바로 위에서 내려다보기에 좋다. 유네스코 세계자연유산으로 등재된 이곳을 즐기는 방식은 다양하다. 걸어서 감상할 수도 있고, 트럭이나 배, 심지어 헬리콥터를 타고 감상할 수도 있다. 특히 선착장에서 보트를 타고 거대한 폭포 안으로 들어갔다 나오는 모험 투어가 인기다.

　상파울루에서 쿠리치바를 거쳐 포스 두 이구아수 공항에 도착했다. 시내로 들어가는 버스에 오르니, 인심 좋은 시골에 도착했음을 알려주듯 두 건장한 남자가 버스 앞문으로 달려 내려와 가방을 들어주고 우리가 앉을 자리까지 마련해주었다. 고마워라. 창밖으로는 끝도 없이 드넓은 들판이 펼쳐졌다. 브라질이 넓긴 넓구나. 띄엄띄엄, 목장과 농가들이 있고, 다시 드넓은 들판이 펼쳐졌다. 조금밖에 달리지 않았는데 갑자기 우리가 묵을 숙소 표지판이 튀어나왔다. 급하게 내리겠다고 하자, 다시 두 남자가 벌떡 일어나더니 가방을 들어주었다. 똑같은 근육질에 똑같은 선글라스, 똑같은 운동복 차림. 두 남자는 마치 할리우드 코미디 영화 속 유쾌한 쌍둥이 캐릭터 같다.

표지판이 가리키는 방향을 들여다보니 깊이를 알 수 없는 시골길이다. 그때 낡은 시골버스가 탈탈거리며 등장했다. 우리가 낡은 버스에 올라타고 운전사에게 길을 묻자, 그는 대답 대신 손을 한 번 들더니 아예 시동을 끄고 내려버린다. 이런, 우리만 시동 꺼진 버스에 오도카니 남았다. 언제 출발할지 알 수가 없다. 밖을 내다보니 운전사가 나무 그늘에 앉아 오렌지를 까먹고 있다. 중빈이 에라 모르겠다, 신발을 벗어던졌다. 나도 에라 모르겠다, 큰 가방을 열어 구석 자리에 파묻힌 시리얼을 꺼냈다. 건너뛴 점심이나 해결하자. 중빈과 나, 가방들이 넉넉하게 네 좌석이나 차지했다. 우리는 눕듯이 비스듬히 걸터앉아 아작아작 소리도 요란하게 시리얼을 씹었다.

잠시 후, 큰길에서 신형버스가 섰다. 매우 순박한 옷차림을 한 시골 여인 둘과 아기가 내리더니 길을 건너 우리 차로 옮겨 탔다. 운전사는 그제야 나무 그늘에서 일어나 시동을 걸었다. 새로 탄 승객들은 마치 보테로골롬비아의 화가. 모든 대상을 뚱뚱하게 그려내는 화풍으로 유명하다의 화폭에서 뛰쳐나온 사람들 같았다. 뺨도 팔뚝도 종아리도 포동포동 둥글었다. 완벽하게 둥근 아기와 엄마와 이모. 곧이어 목장 어귀에서 다음 승객이 탔다. 이 마을은 체형 통일 운동이라도 벌이는 걸까? 이 아저씨도 둥글다. 그는 아기 엄마에게 곧장 다가가더니 아기를 덥석 안았다. 모두가 서로를 알았다. 모두가 서로를 닮은 둥근 미소를 지었다. 운전기사도 마을 사람들을 다 알고 있는지, 룸미러로 대화에 끼어들었다. 아이스크림 주걱으로 아이스크림을 퍼올릴 때처럼, 시간과 공간이 둥글어졌다. 중빈을 쳐다보니, 역시 동그란 미소를 지으며 그들을 바라보고 있다.

이구아수로 오는 비행기에서 동석했던 브라질 관광청 직원은 힘주어 말했다.

BRAZIL

"브라질에서 가장 큰 볼거리는 바로 사람이랍니다."

숙소 파우디마르는 일종의 캠핑장이었다. 이구아수에 온 브라질 단체 관광객들이 주로 묵는 서민적인 곳으로, 브라질이 얼마나 넓은가를 보여주듯 잔디 축구장, 놀이터, 수영장까지 갖추고 있었다. 중빈이 눈을 주먹만 하게 떴다.

"내가 지금 꿈속에 들어와 있는 거야?"

그러곤 차가운 수영장 물속으로 풍덩 뛰어들었다. 상파울루의 입원실에서 드넓은 초록 캠핑장으로의 이동이, 시큼한 호밀빵을 먹다가 달콤한 치즈케이크를 먹는 듯 꿈결 같기는 했다. 게다가 중빈의 꿈을 완벽하게 하는, 그러니까 치즈케이크의 꼭대기에 얹은 딸기 같은 존재가 거기 있었으니 바로 열한 살 라파엘이었다. 솜털이 송송 난 얼굴에 부장님처럼 둥근 배를 내밀고 사랑스럽게 미소 짓는 라파엘!

라파엘 가족은 쿠리치바에서 개 네 마리를 키우며 산다고 했다. 세 가족 모두 매사에 느긋하고 웃음이 많았다. 우리는 언어가 통하지 않는 라파엘 가족과 마임도 섞고, 그림도 그리며 굴하지 않고 이야기를 나눴다. 여기서 핵심적인 역할은 라파엘 아빠가 도맡았다. 영어를 스무 마디쯤 알았기 때문이다.

중빈과 라파엘은 처음부터 죽이 맞아 캠핑장에 있는 모든 시설을 아낌없이 활용했다. 축구 한 시간, 포켓볼 두 시간, 탁구 두 시간……. 아이 없는 시간을 즐기고픈 나의 꿈 또한 완벽해졌으니, 이 또한 '불쌍한' 라파엘 아빠가 핵심적인 역할을 도맡은 덕분이었다. 그가 두 아이 성화에 못 이겨 축구, 포켓볼, 탁구 등 모든 종목을 함께 뛰어주었던 것이다.

"정말 정말 훌륭한 남편을 두셨군요."

나는 라파엘 엄마와 캔맥주를 나눠 마시며 라파엘 아빠를 칭송했다. 말이 안 통하는 두 여자는 같이 셀카를 찍기도 하고 카메라 속 사진을 보여주기도 하면서 "오!" "어머나!" 감탄사뿐인 대화를 나눴다. 수영장 접이의자에 드러누워 조금씩 취하는 동안 어둠이 매끄럽게 내려앉았다.

"얘들아, 이제 그만~!"

라파엘 아빠가 선언했을 때, 중빈은 투덜거렸다.

"아직 탁구 열 판은 더 할 수 있는데……."

하지만 일기장을 펴자마자, 비뚤비뚤한 글자들 속에 고개를 박고 잠들어버렸다.

아침 일찍 일어나니, 힘이 없고 머리가 띵했다. 그렇다고 하루 일정을 포기할 정도는 아니어서 어제 예약해둔 이구아수행 승합차에 올랐다. 차 안에는 네 명의 일행이 더 있었다. 중빈과 나는 '악마의 목구멍'을 바로 위에서 내려다볼 수 있는 아르헨티나 쪽 전망대를 선택했는데, 똑같은 선택을 한 일행들이었다. 일행은 국경 넘어 아르헨티나로 갔다가 저녁 무렵 브라질로 돌아올 것이다. 모두들 폭포 하나를 위해 이곳까지 왔으니 이제 곧 그 거대한 자연과 조우할 생각에 조금 들뜬 상태였다.

일행 가운데에는 잭과 메리가 있었다. 우리 이름으로 치면 철수와 영희쯤 될 평범한 이름의 주인공들은 칠십을 훌쩍 넘긴 아일랜드 출신의 노부부였다. 우연히 또 다른 젊은 부부도 아일랜드 출신이었는데, 이안과 줄리였다. 젊은 부부는 이미 반년째 여행 중이라고 했다. 반년이면 필시 수많은 사람과 만나고 헤어졌으리라. 그래서 그들은 '이구아수만 보고 헤어질' 오늘 하루짜리 인연에 최소한의 의무감만으로 임하는 듯했다. 모든 대화가 그들에 이르면 썰렁해졌다.

놀라운 것은 잭과 메리였다. 그들은 이미 일 년째 여행 중이라고 했다. 더 많은 사람과 만나고 헤어졌을 텐데, 하루짜리 인연에 성의를 다해 임하고 있었다. 특히 운전석 옆에 앉은 잭은 꽤 불편한 자세였을 텐데도, 내내 뒤돌아 뒷좌석 사람들과 일일이 눈을 맞추면서 이야기를 나눴다. 중빈은 잭과 쿵짝이 잘 맞아서 금세 아프리카에서 보았던 맹수들 이야기를 나눴다. 잭은 나이가 믿기지 않을 만큼 허리가 곧았고, 자신감 넘치는 굵은 음성을 지녔다. 메리는, 말하자면 잭을 완벽하게 하는 그런 반쪽이었다. 손짓과 표정이 부드럽고 나긋했으며, 어휘는 다정하고 섬세했다. 그녀가 "마이 디어!" 하고 나를 부르면, 나는 정말로 사랑스러운 존재가 된 듯, 몸살 같은 건 까맣게 잊고 최대한 예쁜 얼굴로 그녀를 바라보게 되었다.

운전기사가 국경임을 알렸다. 내려서 서류를 작성하고 입국도장을 받으러 줄을 선 동안, 메리가 그간의 여정을 설명했다.

"우리는 북유럽을 두 달간 여행하고 아프리카로 갔어요. 거기서 반년을 있었지요. 그리고 호주로 갔어요. 거기서 네 달을 보내고 곧장 남미로 왔지요. 남미 여행이 끝나면 캐나다로 갈 거예요."

"와, 긴 여정인 걸요. 그런데 끝까지 집엔 안 가시는군요."

"맞아요, 마이 디어. 우린 계속 돌아다닐 거예요. 평생 머물며 일하고 아이들을 키웠으니 이런 마무리도 괜찮겠죠."

저렴한 숙소와 대중교통을 이용하는 '젊은' 여행을 하면서도, 잭과 메리는 힘이 넘쳤다. 둘 다 대형 배낭을 어깨에 하나씩 지고, 내가 들어가 눕고도 남을 거대한 검은 캐리어까지 끌고 있는데 지친 기색이 없었다. 평생 머물며 일하고 난 뒤에야 떠난 간절한 여행이기 때문일까.

"폭포 속에 들어갈 건가요?"

잭이 내게 물었다. 아르헨티나 쪽 이구아수에는 보트를 타고 폭포 속으로 돌진하는 모험 투어가 있기 때문이다.

"JB가 원해서 일단 어린이에게 적합한 투어인지 보긴 할 건데요……. 저는 썩 내키진 않아요."

잭이 도저히 이해할 수 없다는 표정을 지었다.

"왜요?"

"너무 웅장한 자연을 보면 범접할 엄두가 나지 않거든요. 좀 떨어진 곳에서 경배하는 걸 좋아해요. 인디언처럼."

흐음……. 잭이 신음소리 비슷한 소릴 내고는 침묵을 지켰다. 중빈이 혼자 우겼다.

"아냐, 들어갈 거야! 난 혼자라도 반드시 들어갈 거야!"

전원 무사히 입국심사대를 통과했다. 운전기사는 잠시 차를 몰더니 곧 다시 세웠다.

"여기가 바로 브라질과 아르헨티나 국경이 나뉘는 곳입니다."

이구아수 강을 건너는 다리 어귀였다. 다리의 가드레일이 절반은 브라질 국기 색상인 초록과 노랑 줄무늬로, 절반은 아르헨티나 국기 색상인 파랑과 흰 줄무늬로 칠해져 있었다. 줄무늬가 뒤바뀌는 지점이 국경이었다. 사람들이 기념촬영을 하는 동안, 중빈이 아르헨티나 쪽에서 브라질 쪽으로 달음박질치며 외쳤다.

"난 지금 브라질에 있어!"

다시 브라질에서 아르헨티나 쪽으로 달음박질치며 외쳤다.

"난 지금 아르헨티나에 있어!"

다시 브라질로, 다시 아르헨티나로…… 수십 번을 그렇게 했다. 그리고 마침내 가드레일의 줄무늬가 바뀌는 지점에 올라서서 가랑이를 쫙 벌려 각 나라에 한쪽씩 발을 얹고는 흡족하게 외쳤다.

"난 지금 두 나라에 다 있어!"

신기하도다. 콘크리트에 페인트칠을 해놓은 것만으로도 저렇게 발광하며 즐길 수가 있구나.

국립공원 내의 방문객 센터에 이르렀다. 이제부턴 각자 일정대로 흩어진다. 투어를 예약해둔 사람들은 트럭을 타고 일대의 정글을 구경한 뒤 보트로 갈아타고 폭포를 향해 돌진할 것이다. 대부분의 사람들은 소형 기차를 타고 종점까지 가서 방대한 산책로를 걸으며 수많은 폭포를 하나하나 구경하게 될 것이다. 운전사가 우리에게 오후 다섯 시까지 승합차가 있는 곳으로 오라고 일렀다.

나는 잭과 메리에게 행운을 빌었다.

"거대하고 스릴 넘치는 물세례를 받으세요!"

잭이 윙크와 함께 덧붙였다.

"그대의 인디언식 투어에도 행운을! 하지만 기억해둬요. 마지막 보트 시간은 3시 반이오."

기차 승강장에는 50여 명의 아르헨티나 노인 관광객들이 운집해 있었다. 분위기는 여느 유원지 못지않았다. 깔깔 껄껄 웃고 벅적벅적 떠들었다. 특유의 '그래요, 그래, Si, Si, Si, Si, Si……'가 50중창으로 이어지더니, 결국 진짜 노래로 발전했다. 아르헨티나 와인이라도 한 잔씩 걸치신 모양이다.

기차가 출발했다. 서울랜드의 코끼리열차처럼 안팎이 활짝 열린 기차

밖으로 열대의 수림이 지나갔다. 태양이 높아지고 날이 뜨거워졌다. 우리는 재킷을 벗어 허리에 묶었다. 한 마리 나비가 자유로이 기차 안으로 날아 들어왔다가 나갔다가 다시 들어와 사람 구경을 했다.

기차에서 내리자마자 사람들은 일제히 악마의 목구멍을 향해 걸었다. 악마의 목구멍이라. 참으로 유혹적인 작명이 아닐 수 없다. 천사의 목구멍을 들여다보고픈 사람은 몇 되지 않아도, 악마의 목구멍이라면 다를 것이다. 얼마나 다양한 것들을 집어삼켰겠는가? 조용한 밤에는 20킬로미터 밖에서도 들린다는 거대한 폭포소리가 점점 커졌다. 이제 다리 하나만 건너면 폭포가 모습을 드러낼 것이다. 중빈은 가슴이 벌렁거려 견딜 수 없는 모양이었다. 점점 걸음이 빨라졌다. 아직 폭포는 보이지 않는데 귀를 삼킬 듯 소리가 커졌다. 폭포가 내뿜은 물보라가 뭉게뭉게 하늘로 상승하는 것이 먼저 보였다.

"엄마, 저거 보여? 악마의 목구멍이 트림하는 거?"

아이가 더 참지 못하고 사람들 사이로 마구 뛰었다. 보조를 맞출 수가 없었다. 몸살 기운이 점점 심해져 등짐을 진 것처럼 걷기 힘들었기 때문이다. 잠시 후 중빈이 뛰어 돌아왔다.

"엄마, 빨리 와봐. 끝내줘! 마추픽추보다 더 좋아!"

아이는 가장 극적으로 목구멍을 들여다볼 수 있는 자리로 나를 이끌었다. 4킬로미터에 걸쳐 수백 개의 폭포가 쏟아져 내린다. 천지간이 하얗다. 떨어지는 힘이 얼마나 대단한지, 도로 튀어 오르는 물이 폭포의 키를 훌쩍 뛰어넘는다. 당연히 바닥은 보이지 않는다. 온통 뿌옇다. 뿌연 수증기들이 몸부림친다. 그 위로 초연하게 무지개가 놓인다. 사람의 소리가 몸부림치는 굉음 속으로 빨려 들어간다. 낙차가 사나운 비바람을 만들어 비를 뿌린다.

카메라가 젖어 꺼내놓을 수가 없다. 악마의 목구멍은 그 어떤 것이라도 집어삼킬 듯 포효한다. 그리로 지구의 나머지가 모조리 빨려 들어간다 해도, 이 순간 이상할 것이 없다. 저 막강한 힘 앞에 불가능이란 없어 보인다.

멍하니 상념에 빠진 여인, 우비 안에 움츠리는 소녀, 귀를 막은 연인, 아들을 감싸 안은 아버지, 한 손에 카메라를 든 남편의 다른 빈손에 감격의 입맞춤을 하는 아내, 물세례 속에서도 발레리나처럼 포즈를 취하는 딸을 연신 카메라에 담는 아버지...... 처음엔 우와, 우와, 세상에, 세상에, 감탄을 연발하던 아이가 입을 꾹 다물고 하염없이 바라만 보더니, 한참 만에 말을 보탰다.

"악마는 참 피곤하겠다. 먹은 거 다시 올라오니까."

산책로는 위쪽 순환로와 아래쪽 순환로 두 가지로 나뉘었다. 중빈이 보트에 대한 미련을 못 버려 일단 상황이나 보자며 선착장이 있는 아래쪽으로 이동했다. 정오의 태양 속에서 고열과 복통이 본격적으로 시작되었다. 마침 나는 중빈이 부탁해서 아이 가방까지 덧매고 있었다.

"엄마가 몸이 안 좋아서 가방이 천근만근이네."

중빈이 건성으로 말했다.

"응, 엄마 힘들지?"

그리곤 오매불망 보트 생각에 촐랑촐랑 앞서갔다. 아마도 고열 때문이었을 것이다. 그다음엔 복통 때문이었을 것이다. 그리고도 마지막 이유를 덧붙인다면 엄마로서 이런 순간에 가르치고 넘어가야 한다는 인이 박힌 교육 의지 때문이었을 것이다.

"야, 넌 엄마가 아프다는데, 네 가방이라도 들어야 되는 거 아냐? 어쩌면 너 보트 탈 생각만 하니?"

중빈이 난데없이 공격당한 사람의 표정으로 날 쳐다보았다.

"가방…… 생각은 안 났어."

"어떻게 생각이 안 날 수가 있어? 네가 조금 전 엄마에게 네 가방을 맡길 땐 엄마 정말 고마워, 그래놓고. 네가 고맙고 좋은 건 다른 사람도 고맙고 좋은 거야."

"그래서 괜찮으냐고 물어봤잖아."

"아휴, 머리야. 지금 그걸로 충분하지 않다는 걸 말하고 있는 거잖아."

"그러니까 그다음에 뭘 어떻게 하란 말이냐고! 엄마는 이래서 날 힘들게 해. 나는 나름 열심히 엄마를 위하고 있는데……."

아이를 키우다보면 조심해야 할 순간이 있다. 바로 핵심을 놓치고 감정을 붙잡는 순간이다. 이때는 영락없이 아이와 같은 수준이 되어 다투게 된다. 바야흐로 싸움이 시작되었다. 세계여행 학교 3학년 남미반 학생들끼리.

"위하긴 뭘 위해? 엄마가 아파 죽겠어도 보트 탈 생각만 하는 게. 안되겠다. 자, 네가 들어."

중빈이 내 손에서 휙 가방을 낚아챘다. 그리고 이젠 자기도 화가 많이 났다는 걸 표현하기 위해 쿵쾅쿵쾅 앞서 걷기 시작한다. 나쁜 녀석, 기껏 한다는 게 저 혼자 가버리는 거라니. 힘이 없어 따라잡기는커녕 더 걷지도 못하겠다. 나는 소리 높여 아이를 불러 세웠다.

"이리 와! 그만 돌아가! 보트고 뭐고 됐어!"

아이가 온몸으로 못마땅함을 표시하며 다시 쿵쾅쿵쾅 걸어온다. 아이고, 두야. 볕은 왜 이리 뜨거운고. 세계에서 가장 거대한 폭포 앞에서 우리는 기껏 조그만 가방 하나를 가지고 다투고 있구나.

나는 남은 힘을 긁어모아 생각을 정리하기 시작했다. 여행을 떠난 지 어느덧 한 달 반. 체력적으로 지쳤다. 이럴 때 필요한 것은 휴식과 돌봄을 '받는' 것. 그런데 계속 돌봄을 '주는' 역할을 내려놓을 수 없는 것이 나를 지치게 하는구나. 이 순간, 내가 나를 좀 돌봐야겠다. 초등학교 3학년 아이를 데리고 왜 나를 돌봐주지 않느냐고 싸울 일은 없다. 좀 미안하긴 했다. 하필이면 이구아수 앞에서 나를 돌보기로 결정해서. 그러나 중빈, 엄마도 작정하고 아픈 것은 아니야. 넌 오늘 세계에서 가장 거대한 폭포로 보트를 타고 들어가지 못하는 대신, 사랑하는 사람이 아플 땐 짐을 나눠져야 한다는 것을 배우게 되겠지. 당장은 퍽 아쉽겠지만, 둘 중 무엇이 더 중요한지는 살면서 알게 될 거야.

휴게소 테이블에 마주 앉았다. 그동안 아이도 생각할 시간을 가졌나보다. 앉자마자 먼저 입을 연다.

"엄마, 우리 한 번 정리해보자. 서로의 생각이 다르니까. 나는…… 엄마를 돕고 있다고 생각했어. 위해주고 있다고도 생각했고. 그런데 엄마가 그걸로 부족하다고 하고, 엄마가 들어준다고 했던 가방 얘기까지 꺼내니까 화가 났던 거야."

"그래, 네 마음은 충분히 알겠어. 그런데 네가 엄마를 위하지 않는다는 게 아냐. 누군가를 위할 땐 행동이 중요하다는 말을 하는 거야. 어떻게 하면 도움이 될까 생각해보고 작은 일이라도 행동으로 옮기는 거 말이야. 나는 우리 가족이 서로 힘들 때 '힘들지?' 하고 지나쳐버리기보다, 시간을 내고 곁에서 손을 잡아주는 사람들이면 좋겠어. 네가 아플 때 엄마가 그랬듯이 말이야."

"아깐 그냥 생각이 안 났어."

"그래, 그런 것 같더라. 엄마도 감정적으로 얘기해서 미안해. 이번엔 진지하게 얘기할게. 오늘은 엄마가 몸이 안 좋으니, 악마의 목구멍을 본 것으로 만족하기로 하자. 보트를 타지 않더라도, 이것만으로도 평생 못 잊을 귀한 경험이니까. 적당한 선에서 감사하는 마음을 갖는 것도 소중한 배움이야. 함께하는 사람의 상황이 여의치 않을 땐 특히."

침묵이 흘렀다. 보트 타고 싶은 마음을 누르는 데에는 꽤 많은 양의 침묵이 필요했다. 덕분에 나도 좀 쉬며 열을 가라앉힐 수가 있었다. 그러는 동안 친구의 이야기가 떠올랐다.

"배려라는 덕목은 의외로 어려워서 10대 후반은 되어야 실천할 수 있어. 그전까지 아이들은 시켜서 하는 것일 뿐 양보나 관용 같은 걸 마음으로부터 해내지 못해."

친구는 유능하고 관대한 초등학교 선생님이었고 그것은 경험으로부터 들려준 이야기였다. 지극히 베풀면 언젠가 닮는 것을, 너그럽게 기다림을 주지 못하고 선행학습 시키려는 한국 교육의 습성이 내 안에도 있는 것일까.

배수목이 우렁찬 휴게소에는 오소리 여러 마리가 종횡무진 테이블 위아래를 쏘다녔다. 그중 한 마리가 관광객의 햄버거를 낚아채더니 쏜살같이 나무 꼭대기로 올라가 야금야금 먹어치웠다. 망연자실한 관광객의 얼굴. 우리는 동시에 웃음을 터뜨렸다. 아이들에게 고마운 점은 이런 것이다. 인정할 것을 인정하고 나면 뒤끝 없이 웃는다. 시계를 보았다.

"가자. 천천히 걸어 나가면 시간이 맞을 것 같아."

나오는 길목 저 아래로 선착장이 보였다. 때마침 마지막 보트를 놓치지 않으려는 청년들이 겨드랑이 냄새를 강하게 풍기며 바람처럼 우리 곁을 스쳐갔지만, 중빈은 끝내 보트에 대해서 한마디도 더 하지 않았다.

승합차에서 잭과 메리를 다시 만났다. 잭이 먼저 물었다.

"이구아수에 들어갔나요?"

나는 중빈을 힐끗 보았다. 자세한 이야기는 하지 않기로 했다.

"아뇨."

"오오……!"

그가 주름진 눈 가득 안타까움을 담았다.

"들어갔어야 했는데……. 정말…… 정말…… 그거야말로 인생에서 가장 값진 순간 중 하나였는데……. 그건…… 정말…….″

그는 열심히 '그 순간'을 묘사하려고 했다. 잭의 머리카락은 아직도 폭포수에 젖어 있었다. 얼굴은 낮 동안 조금 더 그을려 퍽 건강해보였다. 잭이 그 순간이 값지다고 생각하는 만큼 나는 이 순간이 값지다고 생각했다. 팔순에 가까운 노인이, 폭포에 들어가 홀딱 젖는 경험에 대해 말하고 있으니까. 매우 열정적인 어조로 그것이 인생에서 가장 값진 순간의 하나라고. 리무진이나 고급 저택에 대한 이야기가 아니다. 승진이나 계약을 성사시켰던 날에 대한 어르신 특유의 업적 회상도 아니다. 잭은 노인으로서는 드물게 현재를 살고 있었다. 펄펄 뛰는 망둥이처럼. 역시 머리칼이 젖은 메리가 그런 잭을 향해 가만가만 미소 지었다.

잭과 메리는 이제부터 아르헨티나를 여행할 계획이라고 했다. 그래서 국경을 넘어 브라질로 돌아오기 전 아르헨티나의 작은 마을에서 하차했다. 국경 하나만을 사이에 두었을 뿐인데, 브라질과는 확연히 다른 매력이 느껴지는 곳이었다. 유럽향이 물씬 풍기는 아기자기한 집과 상점들. 잭과 메리가 선택한 호스텔은 아담한 정원을 지니고 창가에 흰 커튼을 드리웠다. 한눈에 보아도, 군더더기와 거품을 싫어하는 여행자들이 선호할 만한 것들을 집

합시켜 놓은 곳이었다. 여행자로서 노련하다는 건 이런 것일 게다.

그들이 차에서 내려 자신들의 큼직한 검은 가방 옆에 섰다. 마을과 호스텔과 그들이 삼위일체가 되어 마치 한 폭의 그림처럼 잘 어우러졌다. 생의 가장 장대한 여행, 그리고 마지막이 될지도 모르는 여행에 경의를 표하기 위해 나도 내렸다.

"이 검은 가방 안엔 뭐가 들었을까요? 굉장히 무거워 보이는데."

"마이 디어, 사계절을 커버하는 가방이라우. 지퍼를 열면 반으로 갈라져 있지. 한쪽엔 겨울 짐을 담고 다른 쪽에 여름 짐을 담아요. 이이가 스키를 좋아해서 우리 겨울 짐은 이것저것 좀 푸짐하다우. 캐나다의 눈벌판에서 써 먹어야지."

순간, 인생의 마지막을 이렇게 커다란 가방 하나로 준비할 수 있다면 좋겠다는 생각이 들었다. 내게 가장 이상적인 인산의 관, 가장 적절히 기능하면서도 검박함을 유지하는 관은 여행 가방의 모양을 하고 있지 않을까.

메리가 내 뺨에 이별의 입맞춤을 했다. 그리고 환한 미소로 배웅에 답하며 잭과 함께 호스텔로 들어갔다. 차가 다시 출발했다. 나는 그들을 노련한 여행자들이라고만 생각했지만, 어쩌면 그들은 삶 자체를 노련하게 살아내는지도 모르겠다. 이안이나 줄리처럼 반년 치 여독에도 차가워지는 보통의 사람들, 나처럼 하루앓이에도 결국 어린 아들과 말다툼을 하고 마는 보통의 사람들과 달리, 팔순의 노구에 일 년 치 여독이 쌓여도 부드럽게 만나고 부드럽게 헤어질 줄 아는 사람들. 지난 세월을 과시함 없이 새로이 좋은 것들로만 현재를 채울 줄 아는 사람들. 나는 잭과 메리의 여행이 끝까지 현재형이기를 기원했다.

당당하게, 자유롭게, 유연하게

Rio de Janeiro

리우. 우리는 리우데자네이루라 부르지만 현지인들은 '히우지자네이루'라 부르는 곳. 나폴리, 시드니와 함께 세계 3대 미항으로 꼽히는 곳. 보통 리우 하면 무엇이 떠오르는가? 실오라기 같은 비키니를 입고 누워 있는 이파네마 해변의 육감적인 아가씨들? 코르코바도 산 정상에서 두 팔을 벌린 거대한 예수석상? 카니발의 폭발적인 광기? 대체로 이 셋 중 하나일 것이다.

그런데 우리의 리우는 이들 중 어느 것과도 무관하게 시작되었다. 왜냐하면, 리우의 달동네에서 시작되었으니까. 우리는 달동네라 부르지만 현지인들은 '파벨라'라 부르는 곳. 리우 아랫동네에 사는 사람들은 절대 제 발로 걸어 올라가지 않는다는 판자촌 우범지역에서.

배경은 이러했다. 우연히 내셔널지오그래픽 사이트에서 미로라는 뜻의 호스텔, '메이즈'를 알게 되었다. '밥'이라는 영국인 주인 남자가 30년째 미로 같은 건물을 짓고 있는데 건물 자체의 특이함도 특이함이지만 리우의 바다가 한눈에 내려다보이는 환상적인 전망을 갖춘 곳이라는 추천이었다. 그때 난 파벨라가 무슨 예쁜 봉우리 이름인 줄 알았다. 벨라…… 는 아름답다는 뜻 아닌가?

파벨라의 정체는 도착하자마자, 알고 싶지 않아도 알게 되었다. 시내 대로변에서 구불구불 끝도 없이 올라가는 언덕, 점점 가난해지는 풍경, 의심스런 눈초리로 우릴 노려보는 반라의 사람들. 덜컥, 겁이 났다. 파벨라의 얼기설기 엮인 골목을 한참 헤맨 뒤에야 메이즈를 찾아냈다.

예상치 못한 놀라움은 메이즈 안에서도 계속되었다. 메이즈의 실내는 정말로 미로 같았다. 계단과 복도가 희한하게 얽혀서 길을 잃고 또 길을 찾는 재미가 있었다. 미로의 모든 길은 결국 테라스로 이어져, 저 아래 환상적인 리우의 밤바다가 펼쳐졌다.

밥의 가족은 마치 기다리던 친척처럼 우리를 맞았다. 밥의 젊고 아름다운 브라질 아내 말루는 나를 붙잡고 나이 차가 많이 나는 밥과의 연애담을 들려주었다. 중빈은 어제 놀던 친구처럼 밥의 아들 에릭과 공놀이를 시작했다. 밥은 평생 갈고 닦은 유머감각으로 시도 때도 없이 우리를 낄낄대게 했다. 우리는 도착과 동시에 손님도 별로 없는 메이즈의 일원이 되었다.

밥은 BBC 방송국의 기자로서 남미의 인디오들을 구석구석 다니며 취재한 이력이 있었다. 한때 세계적인 영화감독 스탠리 큐브릭의 미술감독이기도 했고, 메이즈를 짓는 동안엔 파벨라를 지키기 위해 주민들과 힘을 합쳐 부패한 경찰들과 싸우기도 했다. 지금 메이즈가 있는 파벨라에는 특수경

찰청이 들어서 있다. 그러니까, 리우에서 유일하게 안전한 파벨라가 된 것이다.

메이즈에선 아침마다 진수성찬이 차려졌다. 누구라도 얼마든지 먹을 수 있었다.

"젊은 여행객들은 여기서 저녁거리까지 챙겨 나간다니까요."

그도 그럴 것이 안주인 말루의 큰손 덕분에 커다란 테이블엔 온갖 열대 과일과 빵, 햄과 치즈, 시리얼과 주스가 가득했다. 투숙객이 특별히 좋아하는 음식이 있으면, 말루가 반드시 눈여겨보았다가 다음 날 더 푸짐하게 가져다놓았다. 그곳에서, 나는 집처럼 편하게 머물렀다. 고양이 두 마리와 유유자적 시간을 보냈고, 특급호텔에서나 조망 가능한 '팡 데 아수카르'일명 슈거로프. 설탕을 쌓아놓은 모양을 닮은 봉우리로 유명한 관광지를 앞마당처럼 내려다보며 거드름을 피웠다. 그러다 시계를 보고 회 들짝 놀라 리우 구경에 나서곤 했다.

리우에서 가장 먼저 찾아간 곳은 해변이었다. 이파네마, 레블롱, 코파카바나로 이어지는 리우의 3대 해변은, 유감스럽게도 아름다움과 동시에 각종 절도로 유명한 곳이다. 해변에 소지품을 두고 물에 들어가는 것은 엄두도 낼 수 없다. 그렇다고 '이파네마에서 온 소녀'브라질의 음악 거장 '안토니오 카를로스 조빔'의 유명한 보사노바 곡들이 비키니 입은 것만 도찰하고 10분 만에 아름다운 해변을 벗어나긴 싫었다. 좀 더 신나게 해변에서 머물 수는 없을까? 푯말 하나가 나를 잡아끌었다.

'자전거를 빌리세요.'

당장 여권사본을 맡기고 시간당 15헤알1헤알은 약 500원에 자전거 두 대를 빌렸다.

"중빈, 달리자!"

햇살이 해변 위로 팽팽하게 반짝거렸다.

"안녕, 대서양!"

해안 가장자리 높은 바위에서 소년들이 먹이를 낚아채는 갈매기처럼 다이빙했다. 백사장에는 탄력 있는 물라토 아가씨들이 검은 벨벳 꽃잎처럼 흩어져 있었다. 바닷바람이 세게 불면, 야자수 잎들이 호흡 잘 맞는 댄스 팀처럼 일제히 한쪽으로 기울었다. 야호! 우후! 우리는 세차게 페달을 밟았다.

자전거 전용도로는 붐볐지만 훌륭한 편이었다. 달리는 동안, 어쩔 수 없이, 아름다운 여성들이 시선을 잡아끌었다. 유전적으로 다른 돌출 엉덩이, 거대한 골반, 발달된 가슴. 다행히 중빈의 취향이 나와 달라서, 굳이 상대적인 몸의 빈약함 때문에 오래 괴로워하지 않아도 좋았다.

"엄마, 저 아저씨 좀 봐!!! 식스팩 좀 봐!!!"

"엄마, 저 아저씨는 사람이 아니야!!! 완전 로봇이야!!!"

어머나, 이쪽도 유전적으로 다른 떡 벌어진 어깨, 긴 팔다리……. 중빈이 보라는 데만 보는 것도 생각보다 괜찮은 걸, 흠흠.

코파카바나 해변이 끝나면서 자전거 도로도 끝이 났다. 우리는 자전거를 묶어두고 해변을 걸었다. 중빈이 파도타기를 하겠다며 혼자 바다에 뛰어들었다. 나는 모래사장에 앉아서 아이가 뒤돌아볼 때마다 손을 흔들어주었다.

그러는 사이, 점차 깨달았다. 이 해변에서 정말로 나의 시선을 힘껏 잡아당기는 건 젊은 미남이 아니구나. 미녀도 아니구나. 할머니들이구나. 비키니를 입은 할머니들. 그녀들의 대담히 드러낸, 늘어진 가슴과 엉덩이가 나를 당황하게 했다. 당황함은 곧 목구멍 언저리를 시큰거리게 하는 아릿한 느낌으로 전이되었다. 나는 몸에게 저런 당당한 사랑과 파격을 주어본 적이 있던가.

내가 20대였을 때, 브래지어 끈이라도 민소매 티셔츠 밖으로 삐져나오면 대단한 경망스러움이 되었다. 네 살 터울 언니는 '귀밑 1센티'라는 무식한 단발머리를 하고 포대자루 같은 검은 교복 차림으로 중고등학교를 다녔다. 군부독재에서 나온 군대식 획일화였다. 여성의 타고난 아름다움이나, 저마다의 고유한 개성 같은 건 발들일 자리가 없었다. 바로 내 코앞에서 검은 교복과 두발규제가 사라졌을 때, 나는 거의 사형을 면제받은 사형수라도 된 기분이었다.

민주화의 바람과 함께 몸에 대한 군대식 억압은 깨어졌다. 헌데 이번엔 더 강력한 억압이 끼어들었으니, 바로 범세계적인 자본주의의 상업화가 그것이다. 인종적 개성이라곤 없는, 표준화된 서구적 아름다움만이 드러낼 만하다고 인정받는다. 또 다른 형태의 '표준화'란 점에서, 우리는 아직도 획일화의 억압 속에 놓여 있다. 군대식 획일화에서 성형외과식 획일화로 이동했을 뿐.

몸이란 본질적으로 생명이 깃든 소중한 터전이다. 뚱뚱한 몸도, 마른 몸도, 젊은 몸도, 늙은 몸도, 비틀린 몸도, 흉터가 있는 몸도, 살아 있으므로 아름답고 고마운 몸들일 뿐이다. 비키니 차림의 할머니들은 당당하게 몸으로 말했다. 평생 널 위해 봉사한 몸에 수치심을 지니지 마라. 주변의 억압들을 익숙하게 걸치지 마라. 자유로움을 위해 주저 말고 맨살을 드러내라. 나는 마치 비키니 아가씨를 좇는 총각처럼 뜨거운 눈으로 좇았다. 비키니 할머니들을, 떳떳하게 드러낸 그녀들의 자기애를.

리우에서 두 번째로 방문한 곳은 코르코바도 산이었다. 리우의 상징적인 아이콘, 예수석상이 이 산 위에 있기 때문이다. 19세기 초 브라질 최초의 황제 페드로 1세는 종종 자신이 다스리는 수도의 멋진 경관을 높은 곳에서 내려다보고 싶어 했다. 그때마다 일명 '유혹의 봉우리'라 불렸던 코르코바도 산에 행차했다. 정글로 뒤덮였던 이 산을 오르는 행렬의 맨 앞엔 당연히 아버지를 따라와 리우의 전경을 함께 내려다보던 어린 페드로 2세가 있었다. 훗날, 페드로 2세는 왕권 말기에 획기적인 기획을 한다. 이 산을 본격적인 관광지로 개발하기 위해 정상까지 기차를 놓도록 한 것이다. 덕분에 오늘날 코르코바도에 오르는 관광객들은 이 조그만 기차가 정글 숲을 뚫고 3.8킬로미터를 실어다주는 즐거움을 누리며 간단히 정상까지 오르내릴 수 있게 되었다.

우리가 기차에서 내려 예수석상에 도착했을 때, 당연히 예수의 발치는 순례자와 관광객들로 발 디딜 틈 없었다.

"우와, 예수님 크다!!!"

중빈이 외쳤다. 38미터에 이르는 석상의 거대함과 돌이라는 재료의 차가움에도 불구하고, 석상은 예수의 위엄과 순수함을 그대로 살려냈다. 나는 예수의 거대한 손을 오래도록 바라보았다. 석수는 자신의 손을 모델로 해서 예수의 손을 만들었던 걸까. 돌을 깎는 사람의 손을 닮은, 마음 짠해지는 고단한 아비의 손이다.

사람들은 예수의 발치에서 똑같이 두 팔을 벌려 기념촬영을 했다. 중빈도 만면에 미소를 띠며 두 팔을 벌렸다. 그리고 나서 전망대 난간에 기대어 저 아래 리우를 바라보았다. 브라질인들은 자신들에게 허락된 천혜의 환경으로부터 "신은 브라질인이다"라는 표현을 즐겨 쓰곤 한다. 바다와 해변과 높은 빌딩 가득한 도시가, 참말이지 선택받은 자들의 풍요로운 처소 같았다.

페드로 2세가 깔아놓은 기차로 예수석상을 만들 재료를 실어 나르면 되겠다고 생각한 건 바르가스 대통령이었다. 브라질의 19세기를 대표하는 인물이 페드로 2세이고, 21세기를 룰라가 대표한다면, 아마 20세기를 대표하는 인물은 바르가스일 것이다. 플랜테이션 중심의 브라질 경제를 산업화로 이끄는 데 성공함으로써 근대화를 이뤄낸, 우리나라의 박정희 대통령과 비슷한 인물. 이 과정에서 그는 민족주의와 국수주의를 앞세우며 장기 독재자로 군림했는데, 제2차 세계대전 이후 민주화의 바람이 불자 퇴진 압력을 받고 스스로 가슴에 총을 겨눈 비운의 대통령이 되고 말았다.

예수석상을 완성하는 데에는 장장 10년의 세월이 걸렸다고 한다. 수많은 엔지니어들의 기술력이 투입되었고 소교구들의 헌금으로 완성되었다 하니, 폭풍우 등 자연재해가 닥칠 때마다 이 사업이 무시히 끝나기를 염원하는 국민들의 기도 소리는 더 커졌을 것이다. 어쩌면 바르가스는 가장 효과적인 선전방법을 통해 국민들의 순수한 관심과 지지를 오랜 시간에 걸쳐 천천히 우려내는 방법을 잘 알았던 지도자였는지도 모르겠다. 지금도 코르코도바 안내소에서는 10년짜리 메가톤급 프로젝트를 진행하는 동안 엄청나게 많은 인력이 동원되었고 수많은 자연재해가 닥쳤지만, '기적적으로 아무런 사고도 없었다'라고 홍보하고 있다. 브라질에서는 아직도 기관의 홍보물들이 정부 대변인 수준의 코멘트일 때가 많다는 것을 감안하면 믿거나 말거나이다. 그러나 분명한 것은 오늘날 예수석상이 리오 전체를 축복하는 조각상이 되었다는 것이다. 수많은 신도들이 순례길에 이 거대한 예수님을 보러 찾아들고, 수많은 관광객들이, 독재자만이 해낼 수 있는 대토목공사의 경이로운 결실을 보러 몰려든다. 리우 서편에 위치한 석상은 어디를 가든지 먼 거리에서도 잘 보이는데, 특히 해질녘 등 뒤로 지는 해를 업고 붉게 젖어가는 예수의 모습은 안 그래도 한 폭의 그림 같은 리우의 전경에 영험한 아우라마저 얹어준다.

코르코바도를 내려오는 기차는 30분 간격으로 있었다. 기차가 내려오는 동안 갑자기 노란 티셔츠를 입은 4인조 흑인 밴드가 출현했다. 그들은 기타와 북 등을 변형한 민속악기를 하나씩 맡아서 신나게 삼바를 연주했다. 페도라를 쓴 멋쟁이 보컬이 노래하고 춤추면 다른 멤버들은 흥겹게 악기를 연주했다.

멋쟁이 보컬이 노래를 하면서 종횡무진 좁은 공간을 돌아다니기 시작했다. 잘생긴 얼굴을 승객들 얼굴에 닿을 정도로 들이대면서. 노래가 점점 고조되고 보컬이 한 물라토 여성의 손을 잡아당겨 좁은 공간에서 춤을 유도했다. 헉, 놀라워라. 여성은 기다렸다는 듯 보컬과 엉덩이를 부비부비 했다. 승객들이 휘파람을 불고 박수를 쳤다. 보컬이 여성을 앉히더니 다시 다른 여성을 물색했다. 얼른 눈을 내리깔았다. 이거야 원, 수학 선생님이 문제 풀 사람을 찾을 때 잽싸게 고개 숙이는 학생 같구먼. 하지만 보컬은 이미 알고 있었다. 따지는 게 많은 유럽 여성이나, 보수적인 아시아 여성은 이런 분위기에 꽝이라는 걸. 역시나 라틴 계열의 여성을 또 일으켜 세운다. 어머나, 이 아줌마도 곧바로 엉덩이 부비부비! 삼바의 고장에 와서 삼바가 흐르는데, 벌떡 일어나 춤추는 여성들이 오히려 적응이 안 되는 나를, 나의 이 경직됨을 어이하면 좋을꼬.

브라질은 끊임없이 내가 얼마나 경직된 사람인가를 깨닫게 한다. 상파울루에서 파티장으로 가는 지하철을 탔을 때 그러했듯, 해변에서 비키니를 입은 할머니를 보았을 때 그러했듯, 음악이 흐르자 자동으로 부비부비 하는 사람들 사이에서, 경직된 마음 근육들이 침을 맞은 듯 움찔거린다. 나는 서울에서 장례식장으로 가는 지하철을 타고, 아이팟 속에서만 고독하게 흐르던 음악을 들었다. 음악이 흥겨울 때면 어깨를 한 번 흔들고 나서도 시선을 의식해 스스로 경직되었다. 그러한 삶 속에서 경직되었던 부위는 아마 어깨만이 아니었을 것이다. 꿈의 조각들이 단단히 묶이고, 욕망은 미지근하게 잠들었겠지. 이목, 처신, 체면, 나잇값…… 같은 단어 사이에서.

안내소에서 기차가 멈춰서고 승객들이 흩어졌을 때, 나는 벤치에 앉아 결정을 내렸다. 한 달 반 잡고 온 남미에서, 당분간 더 머물며 경직된 근육을 풀고 가야겠다. 유연함에 대해 더 배우고 스스로 유연해졌을 때 돌아가야겠다. 안 그래도 일정이 빡빡하던 차였다. 나는 브라질 다음 일정에 콜롬비아와 에콰도르를 넣고 그다음 칠레를 거쳐 우유니로 가기로 했다. 새삼스럽게 가슴이 뛰었다. 이로써 문제가 될 이목, 처신, 체면, 나잇값 같은 것들을, 나중에 '경직된' 곳으로 돌아가 '유연하게' 풀 수 있을 것이다.

중빈에게 나의 계획을 들려주었다.

"엄마, 난 대찬성이야! 남미는 정말 넓고 여기선 진짜 할 일이 많은 것 같아. 아빠랑 친구들이 보고 싶지만…… 한국에 돌아가면, 그때 가서 보면 돼!"

메이즈로 돌아와 남편과 MSN으로 새로운 계획을 상의했다. 그는 흔쾌히 오케이했다.

"비행기 값이 얼마냐. 아쉬움 남기지 말고 본전 뽑고 와."

중빈의 담임 선생님께 메일을 썼다.

'두 달 정도 더 머무르겠습니다. 중빈은 그때까지 '남미'라는 여행 학교에 다니게 되겠지요. 더 건강해져서 돌아가겠습니다. 죄송하고 또 그립습니다.'

보내기 버튼을 누르고 나니, 사뭇 후련했다. 나는 늘 단정하신 담임 선생님과 점잖은 학부모들이 모여 삼바 자락에 맞춰 엉덩이를 부비부비 하는 장면을 상상해보았다. 그 경망스러움이라니. 상상만으로도 즐거웠다.

리우에서 우리가 실컷 경망스러울 수 있었던 장소는 산타 테레사였다. 리우에 있는 동안 우리는 거의 매일 산타 테레사에 갔다. 오, 산타 테레사! 나는 널 사랑했지. 산타 테레사는 샌프란시스코처럼 트램이 마스코트인 리우의 언덕 동네다. 한때는 부촌이었으나 지금은 부자들이 평지와 해변을 찾아 내려갔고, 그들이 살던 고풍스런 옛 저택과 골목들이 고스란히 남아 젊은 예술가들을 유혹하는 아지트가 되었다. 그들이 구석구석 그려놓은 벽화와 그래피티를 감상할 수 있는 것은 이곳의 또 다른 매력이다.

맨 처음 트램을 타러 갔을 때, 나는 그다지 많은 기대를 하지 않았다. 오히려 탈것을 좋아하는 중빈 취향에 맞는 장소일 거라고 예상했다. 그런데 시작부터 예상을 뒤엎었다. 도심 한가운데 있다는 트램역을 물어물어 찾아갔더니, 고층빌딩들로부터 고작 한 블록 벗어났을 뿐인데 갑자기 공원처럼 조용한 역사가 나타났다. 풀들이 웃자랐고 덤불 속에서 풀벌레 소리가 흘러나왔다. 낡고 고즈넉한 역사에 사람들이 하나둘 나타나 줄을 섰.

한 량짜리 트램은 옛 서커스단의 기차처럼 앙증맞은 외양으로 등장했다. 승객들은 먼저 좌석을 채웠다. 남는 승객들은 트램 기둥을 붙잡고 매달렸다. 당연히 정원초과였다. 해질녘이었다. 하루 일과를 마친 사람들이 좁은 트램에 어깨를 바투 붙이고 모여 키득대고 떠들기 시작했다. 누군가 노래를 했다. 사람들이 낮게 웃었다. 차 안의 노란 전구가 켜졌다. 밖으로는 오렌지빛 노을이 조금씩 진해졌다. 화목했다.

우리는 화목하다는 것을 가정에만 적용 가능한 어휘로 생각하지만, 그렇지 않다. 화목한 사회가 화목한 가정을 낳을 수 있다. 마음의 여유가 있고, 그래서 마음의 결을 공유하며, 소소한 기쁨을 삶의 가운데 토막에 놓는 하루. 그 단순한 하루의 리듬을 돈보다 중시하는 사회에서만.

브라질인들의 자유로운 천성은 이렇게 말하는 듯하다. '살아 있는 사람'은 언제라도 원하면 웃을 수 있다네. 언제라도 원하면 매일의 노을을 바라볼 수 있다네. 어리석은 사람아, 웃음도 노을도 공짜라네. 삼척동자도 아는 그 단순한 진리를 소중하게 대접해야 한다네.

"땡땡!"

동화 속 기차와 같은 종소리를 울리며 트램이 출발했다. 1896년부터 전기로 달리기 시작한 낡은 트램답게 거동이 불편한 할아버지처럼 비틀비틀 출발했지만, 역사를 벗어나자마자 반전이었다. 곧장 18세기에 건설된 높이 45미터의 고가 철로를 지나는 게 아닌가.

"헉! 뭐야, 이건?"

저 아래 개미떼처럼 지나가는 차량과 인파가 보였다. 트램 안팎으로 승객들이 대롱대롱 매달렸지만 안전장치 같은 건 없다. 보호벽은커녕 가드레일도 없다. 아니, 있긴 있다고 해야 하나? 저기 구멍 뻥뻥 뚫린 철조망? 떨어지면 끝이다. 다행히 아이는 좌석에 앉아 있었다. 나는 발만 트램 안으로 들인 채 죽을 둥 살 둥 기둥을 움켜잡았다.

아슬아슬한 고가를 지나자, 주택가였다. 고요한 주택가이니 이제 트램이 안전하고 얌전하게 달리겠지. 그러나 또 반전! 좁은 골목에서 트램은 도리어 브라질식으로 '폭주'하기 시작했다.

저 유명한 샌프란시스코의 트램과 산타 테레사의 트램을 '개'에 비교하자면 이런 식이다. 샌프란시스코 개는 좋은 사료를 먹고 보살핌을 잘 받아 털이 반지르르하다. 이 개는 달릴 때 고급 가죽 끈으로 이끄는 주인의 정련된 손길을 따라 우아하게 '워킹'한다. 산타 테레사의 개는 질 낮은 사료를 먹고 제대로 된 보살핌을 받지 못해 먼지덩어리 같은 털을 지녔다. 목에 비닐 끈을 맨 채 대부분 집안에 방치된다. 이 개가 주인의 손에서 마침내 탈출하여 환희 속에 거리를 질주하는 모양새. 산타 테레사의 트램은 꼭 이렇게 달린다.

하지만 브라질인들은 역시 달라. 기둥을 꽉 붙들고 매달려도 시원찮은 이 판국에 재미를 찾아 일부러 기둥에서 팔다리를 하나씩 뗀다. "휘익!" 휘파람을 불고 "우후!" 소리를 지르며 떼어낸 팔다리를 흔든다. 즐거운 비명이 트램 안에 가득 찬다. 자전거 한 대에 말썽꾸러기 소년들 여럿이 올라탄 바로 그 분위기. 나도 어릴 적 자전거 한 대에 꽤나 여럿이 올라탔었지. 소녀들과 인형놀이를 하는 것만큼이나 소년들과 거칠게 노는 것도 좋아했었지.

"우후~!!!!!"

내가 늑대처럼 외치며 잡은 손 하나를 놓았다. 피를 속일쏘냐. 자리에 앉은 중빈도 "우후~!" 따라서 울부짖었다. 옆 남자가 신고 있던 슬리퍼를 한 짝 벗어 바깥으로 늘어뜨린다. 슬리퍼가 레일 가장자리를 따다다다다 긁는다. 어릴 때 한 자락 했던 어른 장난꾸러기들이 죄다 모였구나. 이 와중에 한 손으로만 난간을 붙잡고 선 남녀가 남은 손으로 서로를 애무하며 키스한다. 나는 키스를 한 것도 아닌데, 가슴이 뻥 뚫린다. 브라질식 난장이로고!

트램은 둥근 돌들이 촘촘히 박힌 골목을 질주했다. 노랗다 못해 주황색을 띠는 수은등 아래, 바닥의 돌들은 반짝반짝 세월에 닳아서 조약돌이 되었다. 이 길은 한때 부자들의 마차가 다녔던 길이다. 자동차가 지나기에는 좁고 불편해 버림받은 길. 다행이다. 그래서 오늘도 트램이 달린다. 자동차가 없는 가난한 젊은 보헤미안들이 올라와 예술을 펼친다. 흰 담벼락에 하늘색 말을 탄 갈색 누드의 브라질 여인이 그려져 있다. 트램을 탄 브라질 축구 선수단 벽화도 웃음을 자아낸다. 갤러리에는 마티스풍의 시원한 그림들이 걸려 있다. 휙휙 지나는 바와 레스토랑마다 사람들로 와자하다. 차비는 겨우 0.6헤알. 잠깐씩 설 때마다 사람들이 뛰어내린다. 혹은 달리는 트램을 향해 달려와 들러붙듯 올라탄다. 전기는 잊을 만하면 한 번씩 나갔다 들어온다. 그때마다 우르릉 쿵쿵 전차의 엔진이 재부팅된다. 이 어수선한 실내에서 차장은 아무것도 붙잡지 않고 묘기하듯 똑바로 서서 요금을 받는다.

내 곁에 매달린 잘생긴 청년이 끈적끈적한 목소리로 물었다.
"혼자 왔니?"
아이고, 여기 수은등 조명발이 좋긴 좋은 모양이구먼.
"아니, 아들과 왔지! 중빈, 내리자!"
우리는 고풍스런 스페인 저택으로 들어갔다. 북카페로 개조된 곳이다. 한때는 몹시 정교한 손질을 받았을, 그러나 지금은 돌보지 않는 너른 정원에 커다란 나무 한 그루가 저택의 지붕보다 높게 자라 분위기 있게 저택의 정면을 가려주었다. 나무 덧문이 달린 창문 안을 들여다보니 서적과 팬시용품도 판매한다. 우리는 창가에 자리를 잡았다. 꽃향기와 풀벌레 소리가 덧문을 넘어 출렁거린다. 들어간 지 오 분도 되지 않아, 내가 중빈에게 속삭였다.
"히힛, 내일 아침에 여기 또 오자!"
그렇다고 그곳에 오래 있지는 않았다. 빨리 나가서 더 걷고 싶었기 때문이다. 달콤한 산타 테레사 전부를 아이스크림처럼 구석구석 핥고 싶었다. 우리는 과일 가게에서 오렌지 두 개를 사서 껍질을 벗겨 먹으며 걸었다. 코너의 선술집에서 동네 남자들이 축구시합을 보고 있었다. 언제 어디서나 브라질 남자들은 축구를 본다. 축구광 중빈 때문에 그곳에서도 잠시 기웃거렸다. 골동품 같은 집과 집 사이, 좁다랗게 벌어진 틈으로 저 멀리 숨 막히게 아름다운 리우의 밤바다 풍경이 스며들었다.

"세상에! 저것 좀 봐!"

밤바다 위로 두둥실 새빨간 보름달이 떠 있다.

"저렇게 크고 붉은 달은 처음이야!"

우리는 입가에 묻은 오렌지 즙을 닦으며, 또 하나의 오렌지 같은 보름달을 한참이나 바라보았다. 그 밤, 거리의 모든 수은등이 실은 보름달만 같았다. 우리는 '달 과수원'을 걷는 사람들처럼 늦도록 달들이 주렁주렁 열린 밤길을 걸었다.

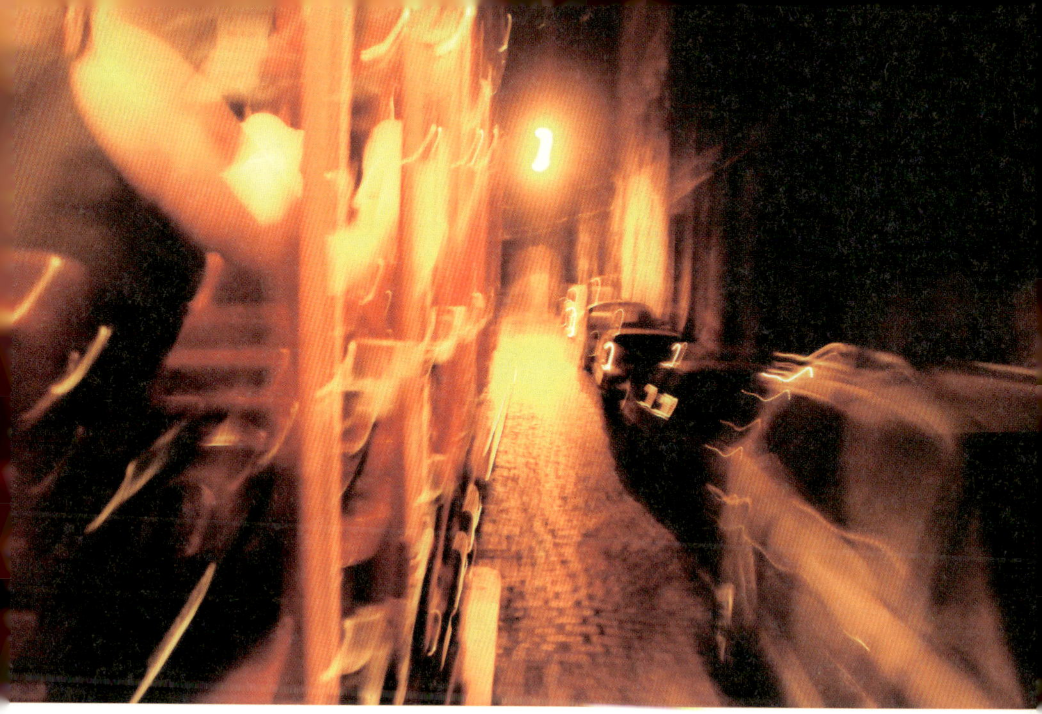

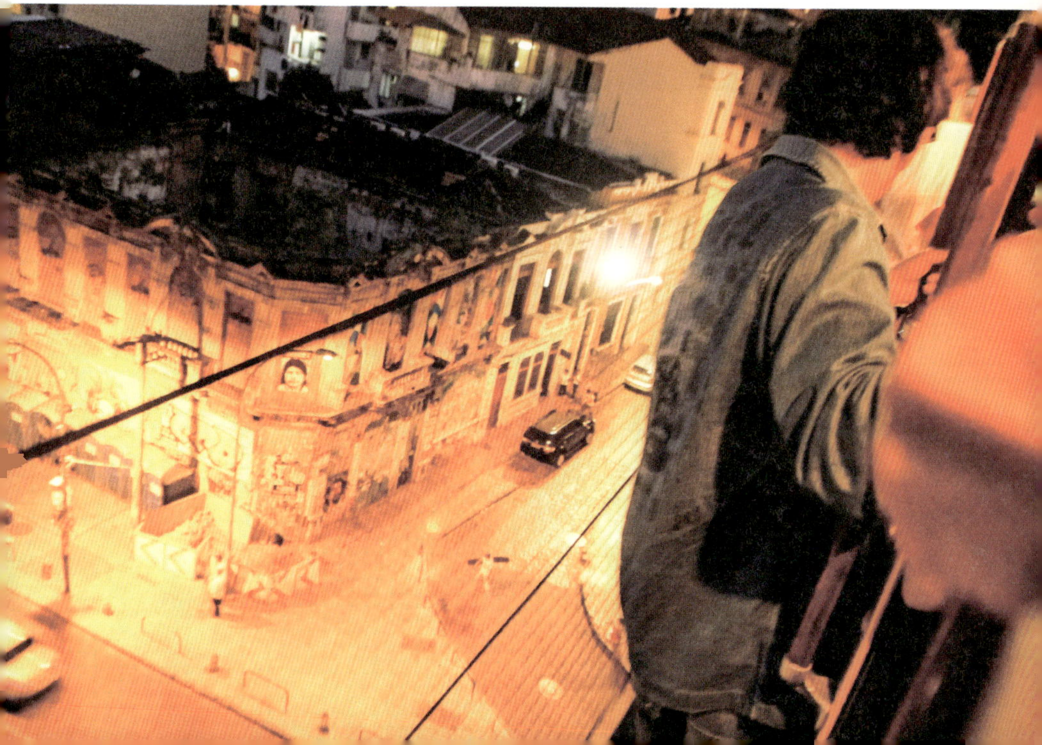

● 메이즈

● 파벨라

지폐를 세듯,
쉼을 헤아리다
Jericoacoara

제리코아코아라는 브라질 북동부 끄트머리의 해변마을이다. 브라질은 세계에서 다섯 번째로 큰 나라이며, 리우에서 제리까지의 거리는 무려 2,500킬로미터. 그러므로 리우에 있는 여행자를 제리까지 불러들이려면 아마도 유네스코 수준의 유산이 있어야 할지도 모르겠다. 그러나 제리는 '그냥' 평화로운 해변마을이다. 굳이 여행사 홍보책자처럼 떠벌리자면, 바람이 쉼 없이 불어 윈드서핑을 하기에 끝내주게 좋은 바다가 있고, 이 바다를 둘러싼 거대한 사막에는 보석 같은 오아시스가 숨어 있어 버기카를 타고 이것을 찾아 나설 수 있다는 것 정도.

그러나 수영 솜씨가 변변찮은 우리 모자에게 윈드서핑은 해당사항이 없었다. 사막과 버기카도 새로운 항목이 아니다. 그렇다면 왜 제리코아코아라까지 왔을까? 나는 다만 내게 '경직'이란 단어를 화두로 던져준 브라질의 가장 '이완'된 끝을 보고 싶었다. 그래서 가능한 한 멀리 왔다. 도시로부터. 익숙한 지명들로부터.

제리코아코아라행 버스는 달리고 또 달렸다. '아무것도 없는' 드넓은 들판 가운데를 도로가 가르고 있을 뿐, 이제 주변에는 집조차 보이지 않았다. 모래와, 그 위로 듬성듬성 더벅머리처럼 솟아오른 덤불뿐이었다. 그렇게 한참을 달리고서야 멈췄다. 운전기사가 차 문을 열더니 모두 내리란다. 열린 차 문을 통해 바다 내음이 희미하게 섞여 들어왔다. 모래바닥 위에 승객들의 가방이 부려졌다. 사우나 같은 열기가 덮쳤다. 옹색한 나무 그늘 아래 서서 해변으로 데려다줄 또 다른 버스를 기다려야 했다.

덜덜거리는 엔진 소리를 내며 희한한 버스가 등장했다. 녹슨 기차의 한 칸을 잘라낸 몸체에 모래에 빠져도 끄떡없는 거대한 타이어를 달아놓은 형상이다. 크고 나란한 창문들은 칼로 도려낸 듯 창틀도 유리도 없었다. 대신 두 줄 고무줄이 나란히 창문 위아래를 달리고, 거기 붙들린 커튼이 바다 내음을 실은 거센 바람을 받아내느라 온몸을 돛처럼 부풀렸다.

"이런 걸 타라고?"

지독하게 곱슬곱슬한 갈색머리, 갈색피부, 파란 눈을 한 전형적인 브라질 미인이 불평을 했다.

"재미는 있을 것 같은데."

내가 그녀의 불평을 받았다.

"에어컨도 없고, 저 비닐시트 좀 봐. 우리 엄마도 저런 걸 보셨을까 싶네."

"시골이니까. 브라질 사람인 네가 그렇게 반응하는 걸 보니 내가 정말

한적한 곳을 잘 찾아온 것 같은데. 난 한국에서 왔어."

"와, 멀리서 왔네! 난 리타야. 내 친구들 세 명이 이미 제리에 가 있어. 친구들 하고 3박 4일 동안 휴가를 보낼 거야."

버스는 요란하게 덜덜거리며 아주 작고 무료한 마을을 통과했다. 자기가 미녀인지 모르는 브라질 미녀들이 핫팬츠를 입고 곳곳에 드러누워 낮잠을 잤다. 집 앞 벤치에서도, 마을회관 당구대 위에서도. 세상에, 저렇게 섹시한 '지젤 번천'브라질 출신의 세계적인 슈퍼모델 들이 이런 시골에서 혼자 잡지 화보를 찍고 있다니.

그리고 나서 버스는 야자수와 모래뿐인 길을 달렸다. 바람이 실어다주는 바다 내음에 대해, 그 어떤 단서도 내놓지 않았다. 중빈이 내게 속삭였다.

"이런 차를 타고 이런 길을 오래 달리면, 다음엔 꼭 좋은 데가 나오더라."

나는 고개를 끄덕였다. 중빈이 그 말을 한 지 얼마 지나지 않아, 갑작스럽게 은빛 해변이 등장했다. 출렁거리는 바닷속으로 까맣게 그을린 브라질 아이들이 뛰어들었다. 모래사장 한쪽에는 바닷물이 연못처럼 괴어 있었다. 거기서 거대한 연이 부풀어 올랐다. 연줄에 남자의 몸이 묶여 있었다. 남자는 물 위에서 서핑보드를 타고 있었다. 그러니까, 카이트 서핑이었다. 연이 제대로 기류를 낚아채자, 보드를 타던 남자가 하늘로 붕 치솟았다. 그는 한 마리 새가 되었다. 우와! 버스 안의 사람들이 환호했다. 그러고는 다시 한참 동안 텅 빈 바다뿐이었다.

제리에 도착했다. 기대했던 바처럼 소박한 곳은 아니었다. GDP 일만 달러 안팎의 나라에 딱 걸맞은 휴양지 모습이었다. 50개의 레스토랑이 즐비했고 멋진 부티크들도 간간히 섞여 있었다. 그러나 다행히 판에 박힌 브랜드 매장이나 요란한 유원지 냄새가 나는 점포들은 아니었다. 작고 개성 넘치는 가게들이 모래 골목을 사이에 두고 마주 보았다. 손으로 다듬은 가죽 샌들과 가방, 새하얀 조개껍질로 만든 샹들리에, 해변의 노을에 취해 청혼해버릴 때 딱 좋은 빈티지한 반지들이 손수 세공되어 진열되어 있었다. 멀리서 물자를 공수해 와야 하는 사막 한가운데 해변마을임을 감안하면 물가도 저렴한 편이었다.

　우리는 멋진 방을 얻었다. 테라스로 나가는 나무덧문을 열면 야자수 아래 해먹이 달려 있었다. 윈드서핑으로 유명한 곳답게 바람이 쉴 새 없이 불었다. 모든 물건에 하얀 모래가 앉았다. 아침저녁으로 침대시트를 털고 마룻바닥의 모래를 쓸어야했다. 그러나 그쯤이야.

　제리에서 사람들은 낮 동안 태닝을 하거나 오수를 즐겼다. 말을 타거나 서핑을 했다. 그렇게 '각자의 시간'을 보냈다. 해질녘이 되면 '모두의 시간'이었다. 하루 중 가장 중요한 의식을 치르는 시간. 바로 바닷가의 한 지점을 향해 걷는 일이었다. 선셋 힐, 이른바 노을언덕을 향해. 노을언덕은 바다 바로 앞에 절벽처럼 놓여 있는 사구였다.

　뜨거웠던 태양이 힘을 잃으면 사람들의 행렬이 시작되었다. 태양이 조금씩 붉어질수록 사람들의 행렬도 소리 없이 늘어났다. 하나 둘, 열 스물, 다시 구십 백……. 사구의 능선을 오르는 사람들이 띄엄띄엄 점을 찍다가, 점점 촘촘한 선을 그렸다. 대부분 맨발이었다. 느리게 걸었다. 해는 천천히 지는 법. 맨발도 바쁠 것 없으리. 이제 저녁 하늘이 베풀 색채의 만찬을 고스란히 받아 즐기면 된다. 노을을 바라볼 때마다 깨닫는다. 노을은 언제나 같은 시간 거기에 있다. 그것을 바라보는 나와 그렇지 못한 내가 있을 뿐이다.

　행렬에는 리타와 리타의 친구들도 있었다. 그녀들은 재주 좋게도 매일 저녁 다른 남자 친구들을 데리고 왔다. 그녀들뿐 아니라 제리에 있는 대부분의 남녀들이 그렇게 즐기고 있는 것 같았다. 시선을 두는 곳마다 쌍쌍이 포옹하거나 입을 맞췄다. 리타 덕분에 중빈과 나는 매일 저녁 새로운 청년들과 인사를 나눴고 점점 해변을 걸을 때 아는 청년들의 숫자가 늘어났다. 중빈은 청년들과 브라질 무술 카포에이라를 흉내 내거나 사구에서 완전 초보 샌드보딩을 했다. 이제 중빈은 엉덩이 대신 발바닥을 붙이고 보드를 탈 줄 안다. 그동안 나는 리타와 모래 속에 같이 발을 담갔다. 그리고 그날 하루 얼마나 특별히 한 일이 없는지를 이야기했다.

해가 떨어지는 것과 동시에 바람은 약속이나 한 듯 거세지곤 했다. 한꺼번에 사구를 내려오는 사람들의 행렬은 언제나 얄팍한 모래 겹으로 뒤덮였다. 동시에 해변에서 마을로 들어가는 초입에 크리스마스트리 같은 알전구들이 빛을 밝혔다. 햄버거나 칵테일을 파는 수레들이 나와서 하루 영업을 시작했다. 수레 주인 중 누군가 소형 스테레오의 볼륨을 높이면, 또 다른 수레 주인은 수레를 버려두고 노래를 했다. 악기를 연주하고 춤추는 이들도 있었다. 그리고 생각난 듯 자기 수레로 돌아와 아까 굽던 고기를 뒤집었다. 고기 연기는 해변에 안개처럼 내려앉았다. 웅웅 믹서가 돌아가면 각종 열대과일이 달콤한 빛깔의 주스가 되었다. 배고픈 영혼들은 불현듯 갈증과 허기를 느끼며 수레 옆에 흩어져 앉았다. 어느 것이나 싸고 맛있었다.

우리도 매일 저녁 수레에서 저녁거리를 사들고 골목 아무 데나 앉았다. 느리게 먹는 아이 덕분에 한참을 앉아 사람들을 바라보곤 했다. 그들의 이완된 모습에 끝없이 놀라면서. 한참 손님이 몰릴 시간에 가게를 비워두고 놀러가는 건 예사였다. 핫도그를 파는 청년은 저녁 몇 시간만 나와 일하면서도 '자신의' 저녁식사 시간을 온전히 보존하기 위해 한 시간 이상 자리를 비웠다. 만약 그가 오늘 괜찮은 수입을 벌어들인다면 내일은 그의 수레를 아예

볼 수 없을 것이다.

어느 날은 중빈이 서핑 보드를 빌리고 싶어 했다. 마침 수중에 돈이 없었다. 그러자 가게 주인은 생전 처음 보는 뜨내기에게 보드를 빌려가라고 했다. 나중에 보드와 돈을 가게에 가져다놓으라면서. 오후에 부랴부랴 보드와 돈을 챙겨갔을 때, 주인은 나를 기다리기는커녕 벌써 가게 문을 닫고 사라져 버렸다.

그들의 이런 특성은 때때로 게으르다고 폄하되지만, 나는 일면 편안한 자기 존중감을 본다. 그들에게는 세상이 제아무리 좋은 덕목을 제시하며 야심차게 부리려 들어도, 결코 함부로 조종당하지 않는 그들만의 우선순위가 있다. 나를 편하게 하는 것이 먼저다. 나를 긴장시키거나 들들 볶지 않는다. 뻔뻔하거나 대담하게, 그러나 충실하게, 카르페디엠. 그러므로 제리는 휴양지를 찾아온 관광객이나 그들을 상대로 장사하는 사람들이나 모두 '휴양하는' 곳이 된다. 내가 경직과 이완의 대비를 찾아 제리에 온 것은 적절한 일이었다.

나는 브라질 특유의 이완된 라이프스타일이 진저리나게 싫었다는 브라질 아가씨 베로니카를 기억하고 있다. 그녀를 만난 것은 미국에서 페루로 가는 비행기에서였다. 말하자면 내가 남미 여행을 시작한 첫날, 남미에 도착하기도 전에 만난 첫 번째 남미인이었던 것이다. 스물아홉 살 베로니카는 현재 미국 대학원에서 국제경영학을 공부하고 있는데, 방학을 맞아 잠시 브라질에 있는 가족을 만나러 가는 길이라고 했다.

"처음 미국에 도착했을 때, 나는 베이비시터로 어떤 가정에 들어갔어. 하지만 난 그 집의 실질적인 하녀였지. 미국인 주인 여자는 언제나 내게 약속한 것보다, 내가 할 수 있는 것보다 더 많이 요구했어. 어느 날인가는 창고에 있는 쥐를 잡으라며 나를 가두고 문을 잠가버렸어. 어둠 속에서 웅크려 울었어. …… 참 많은 날들을 울었어."

그럼에도 베로니카는 항의할 수가 없었다. 영어를 한마디도 못했기 때문이다. 그 집을 바로 떠날 수도 없었다. 아는 사람도, 갈 곳도 없었기 때문이다. 죽기 살기로 생존력을 키워야 했다. 오전에는 학교에 가서 영어를 배웠다. 최소한의 영어가 될 때 그 집을 나왔다. 식당에 아르바이트 자리를 얻었다. 밤 열두 시까지 일했다. 점차 학교를 더 좋은 곳으로 옮겼다. 식당도 더 좋은 곳으로 옮겼다. 베로니카의 성실하고 치열한 타향살이는 이제 그녀에게 안정을 제공하는 듯 보였다.

"수간호사라는 좋은 직업을 버리고 미국으로 가겠다고 했을 때, 모두 다 미쳤다고 했어. 하지만 난 밤마다 파티를 벌이는 브라질인들의 생활이 싫었어. 난 인생에 대한 기대가 높고 도전하고 싶은 사람이야. 화장이나 옷에 대한 얘기 말고 다른 화젯거리로 지적인 자극을 줄 수 있는 친구들을 만나고 싶었지. 그래서 웹사이트에서 미국에 있는 가정에 베이비시터를 신청했던 거야. 아이러니하게도, 지금 우리 가족을 먹여 살리는 건, 한때 모두 미쳤다고 했던 바로 나야. 공무원이던 언니는 실직했고, 부모님은 달리 수입이 없으시거든. 내가 아르바이트 한 돈에서 생활비를 보내."

착한 베로니카는 중빈이 읽고 있는 책을 세심하게 살펴보아주고, 또 내 가이드북에서 브라질 곳곳에 동그라미를 쳐주기도 했다. 여긴 바다가 참 좋아. 내가 좋은 숙소를 알려줄게. 여긴 가지 마. 너무 비싸기만 해. 오, 여긴 꼭 가야 해. 여기서 좋은 식당은 말야……. 그러고 나서 갑자기, 정말 갑자기, 물에 풍덩 빠져 순식간에 젖듯이 잠에 풍덩 빠져버렸다. 좁은 이코노미

석에 용케 다리를 올려 무릎을 껴안은 채로. 웅크린 그녀의 등은 작았다. 지금껏 눈을 빛내며 당당하게 제 인생을 말하던 사람의 등 치고는 깜짝 놀랄 만큼 작은 등이었다. 쥐를 잡지 못해 웅크려 울었던 바로 그 여린 처녀의 등이기도 했다. 나는 베로니카에게 담요를 덮어주고 옆 좌석의 불을 껐다. 그녀가 했던 말이 귓가에 머물렀다.

"인생의 주인이 되기 위해서는 몇 년의 침잠기를 감수해야 한다고 생각해. 나는 결국 그 시기를 통과해서 인생을 찾았어. 내겐 꿈이 있고, 힘들어도 꿈을 향해 가는 과정이 좋아. 지금 이걸 봐. 용기를 내 떠나지 않았다면, 어떻게 너를 만나 한국에 대해 배울 수 있었겠어? 난 성장하고 있는 거야."

베로니카는 나를 제리까지 불러들인 브라질 특유의 '이완'을 지긋지긋해 했다. 이완 때문에 지속되는 정치적 부패나 경제적 침체도 끔찍해 했다. 그녀는 한국의 빠른 발전을 높이 평가했다. 베로니카처럼, 한국의 성과를 부러워하는 외국인들을 많이 만날 수 있다. 주로 제3세계의 사람들이다. 한국의 유례없는 발전은 제3세계 국가들의 롤모델로 추앙받는다.

기본적인 의식주를 해결하지 못할 때, 행복의 정의는 인류에게 공통적인 것이 된다. 바로, 의식주를 해결하기. 한국이 제3세계 국가들에게 롤모델이 되는 이유가 이것이다. 반면, 의식주가 충족된 인간에게 행복의 정의는 복잡해지고 광범위해진다. 그럼에도 불구하고 간추린 정의를 내려볼 수는 있다. 행복은 '균형 상태'에서 온다는 것. 삶의 여러 요소 중 어느 하나만이 지나치게 강조되고, 그리로 삶의 내용이 치우칠 때 인간은 행복을 느끼지 못한다.

베로니카처럼 지나친 이완 속에서 탄력을 잃고 늘어진 사람은 긴장을 향해 달려간다. 거기서 균형을 맞추고 행복해지기 위해 쥐라도 잡으며 새롭게 시작되는 도전을 끌어안는다. 반대로 지나친 긴장 속에서 경직된 인간은 이완을 향해 달려간다. 거기서 균형을 맞추고 행복해지기 위해 매일 저녁 맨발로 노을언덕에 오른다.

나는 한국의 수많은 베로니카들을 알고 있다. 브라질의 베로니카와 정반대로, 한국의 긴장을 지긋지긋해하는 베로니카들이다. 이 베로니카들은 한국의 초고속 성장에 발맞추어 일찍부터 생의 즐거운 부분들을 희생했다. 초중고 내내 입시학원에서 선행학습을 했고, 취업학원에 불과한 대학을 다니며 각종 스펙을 쌓았으며, 셀 수 없이 많은 시험과 면접을 통과해 가까스로 직장을 잡았다. 혹은 잡으려 애쓰고 있다.

어느 날, 그들은 피로의 꼭짓점에서 헐떡대며 묻는다. 나는 무엇을 위해 이렇게 빨리 달려가는가? 이 길의 끝에는 무엇이 있는가? 대체 누가 이 길을 선택했는가? 사춘기에 시작했어야 하는 질문들인지도 모른다. 죽어라고 선행학습을 하던 그 시기에. 빨리 가려다 도리어 늦어버렸다.

그러나 괜찮다. 자기 인생의 주인이 되는 데에는 '시작'만이 있을 뿐이다. 진실로 늦은 시작이란 없다. 똑똑한 베로니카들은 뜀박질을 멈춘다. 대열에서 이탈한다. 헐떡대던 숨을 고르며 짐을 꾸린다. 어디로 가야할지는 아직 모른다. 노을언덕에 닿기까지는 오랜 시간이 걸릴 것이다. 타인의 몰이해 속에 우는 날도 있을 것이다. 앞이 보이지 않아 넘어지는 날도 있을 것이다. 그것도 괜찮다. 꾸준히 가는 것이 중요하다. 브라질의 베로니카처럼, 결국 닿을 것이다. 구하지 않는 자만이 닿지 못한다.

무릇 성숙한 사람은, 자신이 행복하지 않은 원인을 찾아낼 줄 안다. 생의 균형이 깨어진 지점을 바라보고 그것을 바로잡기 위해 능동적으로 움직여갈 줄 안다. 성숙한 사회도 마찬가지다. 그런데 안타깝게도, 우리 사회는 성장촉진제를 맞고 자란 소처럼 덩치만 커다랄 뿐 미성숙한 내면을 지녔다. 이 불균형의 상태에서 '행복하지 않은 베로니카'들이 수없이 양산되고 있다. 굳이 자살율과 저출산율을 증거로 들 필요도 없다. 조금만 주변을 돌아보면, 행복하지 않은 징후는 도처에 있다.

값비싼 시설을 갖추고도 텅 빈 놀이터가 그것을 말해준다. 어린아이들은 어울려 노는 환희를 느껴야 한다. 그런데 어디서 무엇을 하고 있을까? "되고 싶은 건 없어요. 하고 싶은 것도 없어요. 공부가 하기 싫을 뿐"이라고 말하는 청소년들의 텅 빈 의지도 그것을 말해준다. 청소년들은 다양한 활동 속에서 자신을 탐색하고 그로써 미래를 꿈꾸는 기쁨을 누려야 한다. 그런데 그들은 어디서 무엇을 하고 있을까? "아프다"고 말하는 청춘들도 그것을 말해준다. 무릇 청춘이란 아픈 시기이지만, 기성세대가 만들어놓은 '낡은 성장'의 스펙을 따라가느라 아파하는 것은 시대적 손실이다. 청춘들에게는 자신만의 새로운 방식으로 돌진하고 실패하고 다시 배울 권리가 있다. 그런데 그들은 어디서 무엇을 하고 있을까? 돈 버는 기계로 전락한 어른들도 그것을 말해준다. 어른들은 가족이라는 보람을 누리고 그들과 나날이 소중한 유대를 맺을 권리가 있다. 단단한 유대 속에서 자녀들의 파릇한 꿈을 함께 돌보는 동안, 자신들의 오랜 꿈 또한 가족들의 응원 속에서 어루만질 수 있어야 한다. 꿈이란 죽을 때까지 심장 한 켠에서 꿈틀거려야 할 평생의 도반임을 기억하면서. 그런데 그들은 저녁마다 어디서 무엇을 하고 있을까?

모두가 시체처럼 경직된 심장을 지닌 채, 꿈 없는 광맥에서 돈을 캐며 한평생 죄수처럼 갇혀 지내는 일. 슬프고 잔혹하다.

헨리 데이비드 소로는 『월든』에서 이렇게 말했다. (이 책이 1850년대에 출간

된 점을 감안한다면, '흙'을 '돈'으로 바꾸어 읽어야 할 것이다.)

누가 이들을 흙의 노예로 만들었는가? 왜 한 펙의 먼지만 먹어도 될 것을 60에이커나 되는 흙을 먹어야 하는가? 왜 그들은 태어나자마자 무덤을 파기 시작하는가? 그들은 이런 모든 소유물들을 앞으로 밀고 가면서 어렵사리 한평생을 꾸려나가야만 하는 것이다.

『월든』, 헨리 데이비드 소로 지음, 강승영 옮김, 은행나무(2011)

나는 한국에서 지폐를 세듯이, 제리에서 석양, 쉼, 삶과 같은 단어들을 소중하게 헤아렸다. 그리고 그 헤아림이 내게 가르쳐주는 행복의 의미를 깊숙이 품고 콜롬비아로 떠났다.

문득, 나는 울었다.
이토록 정결하고 아름다운 곳에서,
이토록 말간 사슴 같은 사람들 사이에서,
반성 같기도 하고 회한 같기도 하고
혹은 그저 멀어져버린 근원에 대한
아련함 같기도 한 것 때문에,
도시인은 깨어나 울었다.

COLOMBIA

언제나 먹고 마시고
춤출 이유가 있다
Bogota

페루에서 겨울로 시작된 여행은 제리에서 여름이었다가 다시 콜롬비아에서 봄이 되었다. 7월 중순에 출발하여 어느덧 9월, 남미의 겨울도 끝나가는 것이다. 콜롬비아의 수도 보고타에 도착했을 때, 늦은 오후 하늘에 갑자기 먹구름이 몰려들더니 억수같이 봄비가 쏟아졌다. 그런데 차가운 빗속에 서 있는 우리를 맞이하러 나온 이가 있었다. 페드로. 바로 보고타의 한국 지사에서 일하는 대학동기 태가 보낸 운전기사였다. 태는 근무 시간이라 빠져나오지 못해 미안하다며 대신 회사차를 보냈다. 머나먼 곳까지 아들을 데리고 나타난 옛 친구를 위한 배려였던 것이다. 택시도 잘 타지 않는 우리에게 운전기사 딸린 자동차라니! 밀고 끌고 이고 지고 다니던 중빈은 입을 쩍 벌렸다.

태의 집에 도착하자, 이번에 중빈은 눈을 쩍 벌렸다. 보고타의 외국인들이 거주하는 부촌의 고급 맨션이었기 때문이다. 그러니까, 우리는 여태껏 남미에서 한 번도 구경해보지 못한 공간에 들어선 것이다.

태의 아내와 어린 아들은 마침 한국에 다니러 가고 없었다. 가족이 떠나 휑한 공간에 엄청 시끄러운 여행자 둘이 들어와 떠들어대니 태도 싫진 않은 모양이었다.

"우와, 대궐 같다!"

"헐, 뜨거운 물 콸콸 나와!"

"만세, 김치냉장고에 김치도 있다!!!!!"

우리는 페루에서 태어나 어느새 유치원생이 된 태의 귀여운 아들 사진도 보고, 콜롬비아에서 일하며 살아가는 태의 이야기도 들었다. 태는 페루 지사에서 일하다가 콜롬비아로 왔는데, 콜롬비아가 살기엔 훨씬 편하다면서 그 첫 번째 이유로 날씨를 들었다.

"리마에서는 겨울이 너무 길고 추워서 정말 힘들었어. 그런데 콜롬비아는 연중 봄이니까. 언제나 잔디가 푸르고 꽃이 피거든. 어디든 울타리만 치면 골프장이 된다는 말이 있을 정도야."

보고타의 날씨는 연중 14도 안팎이다. 해발 2,625미터의 안데스 고원에 위치하기 때문이다. 일부 해안지역을 제외하고, 대부분의 콜롬비아 국민들은 안데스 고산지대에 거주하면서 사시사철 봄날을 누린다.

세계 어느 곳에서든지 날씨와 국민성 간에는 밀접한 상관관계가 있다. 날씨가 좋은 곳의 국민성은 느긋하고 부드럽다. 눈이 닿는 곳마다 꽃이 피고, 손을 뻗는 곳마다 열매가 잡히는 곳에서 어떻게 독하고 거친 사람들이 생기겠는가. 경쟁을 하지 않아도 먹을 게 있는데. 태는 이것을 두 번째 이유로 들었다.

"페루는 기본적으로 잉카의 후예들이잖아. 잉카는 척박한 환경에서 도끼 들고 쳐 죽이면서 건설한 잔인한 문화야. 무뚝뚝한 국민성이 남아 있지. 콜롬비아는 기후도 좋은데다가 유럽에서 온 스페인 문화의 영향을 많이 받았잖아. 부드럽고 다정해."

태의 말은 기나긴 역사를 지나치게 압축한 듯 들리지만, 직접 살아본 사람만이 할 수 있는 압축이기도 했다. 인구 구성 면에서 보더라도, 페루에서는 인디오가 인구 절반 가까이를 차지하는 데 반해, 콜롬비아에서는 순수 인디오를 거의 볼 수 없다1퍼센트. 대신 백인, 메스티소백인과 인디오 혼혈, 물라토백인과 흑인 혼혈의 비율이 월등히 높다92퍼센트. 페루와 국경이 맞닿아 있지만, 상대적으로 문화적 혼합이 왕성했다는 이야기이다.

콜롬비아가 잉카의 후예가 아니라고 해서 브라질처럼 선사시대의 흔적이 전무한 나라인가 하면 그렇지는 않다. 16세기 초 스페인이 콜롬비아에 발을 들였을 때, 이곳에는 무이스카족이 있었다. 남미에서 잉카 다음으로 복잡한 정치체제를 갖춘 부족이었다.

무이스카족의 우두머리는 '지파'였다. 지파는 엄격하고 절대적인 권력을 행사하는 '왕'이라기보다는 신격에 가까운 존중을 받으며 성스러운 의식을 거행하는 존재였다. 귀족들조차 그의 얼굴을 똑바로 보는 것이 금지되어 있었고, 그가 침을 뱉을 때면 값비싼 옷감을 내밀어 거기 뱉도록 했다. 지파의 침처럼 귀한 것이 땅에 닿는 것은 신성모독으로 간주되었기 때문이다. 지파의 주요한 책임 가운데 하나는 온몸에 금가루를 바른 채 왕실 보트를 타고 신성한 호수 구아타비타의 가운데로 나아가 보석을 바치는 일이었다. 그가 물속에 뛰어들어 금가루를 씻어내면 귀족들이 호수 안에 보석을 집어던지는 식으로!

 지파가 이 무이스카의 전통 의식을 거행하는 모습은 황금세공품으로 재현되어 후대에 전해졌는데, 이것이 엘도라도 전설의 시초가 되었다. 엘도라도는 아마존 유역에 있다고 알려진 '잃어버린 황금도시'로서, 본래는 스페인어로 '금가루를 칠한 사람'이라는 뜻이다. 지파가 보석을 바친 호수에 대한 전설이 스페인 정복자들 사이에 퍼지면서 엘도라도는 황금도시를 뜻하는 말이 되었고, 18세기까지 콜럼버스, 월터 롤리 등 수많은 탐험가들이 엘도라도를 찾아 탐험길에 나섰다.

 "여기는 파티도 많아. 심지어 아들 유치원에서도 매일매일 파티야. 생일 파티는 기본이고 온갖 것이 다 건수가 되어 파티를 열지. 어른들 생활도 크게 다르지 않아."

 콜롬비아인들의 낙천적인 생활태도는 태의 얼굴에도 편안함이 되어 묻어 있었다. 나는 한 유명 여행 사이트에서 콜롬비아를 소개한 머리글이 떠올랐다.

> 콜롬비아에서는 언제나 축하하고 먹고 마시고 춤출 훌륭한 이유들이 있습니다. 연중 언제든 이곳에 도착하는 것과 동시에 당신은 축제, 미인대회, 어디선가 벌어지는 축하파티를 찾아낼 수 있습니다. 이들은 천성적으로 생기가 넘치는 사람들입니다. 언제나 '살아 있는' 상태를 유지하기 위해 스스로 돌보는 사람들이죠.

 마지막 문장이 내게 오래 남았다. '살아 있는 상태를 유지하기 위해 스스로 돌보는 사람들'이라니! 그것은 살아가는 데 있어서, 행복해지는 데 있어서 얼마나 뛰어난 능력자들이란 뜻인가. 제아무리 천재적인 능력으로 수중 철도를 건설하고 우주선을 쏘아 올려도 이 능력이 없다면 인간은 행복해지지 않는다.

태는 회사에서 있었던, 한국과 콜롬비아의 문화적 차이가 분명히 드러나는 일화를 들려주었다.

"어느 날 회사일이 크게 잘못된 적이 있었어. 난 한참 심각한데, 이곳 사람들은 상황을 뻔히 알면서도 어느 때처럼 모여서 농담을 주고받으며 낄낄대는 거야. 내가 너무 화가 나서 지금 웃음이 나오느냐고 그랬어. 그랬더니 이렇게 말하는 거야. 그건 그거고 이건 이건데 못 웃을 이유는 또 뭐냐? 한국 사람들이 웃지 말라고 하니 그럼 웃진 않겠다. 하지만 너희 한국인들 정말 이상하지 않냐, 웃는 걸 싫어하다니?"

나는 깔깔 웃었다. 오호, 강적이야. 저런 정신세계를 가진 사람들이 도처에 많아질 필요가 있다. 웃지 않고 인상 구기고 있다고 어그러진 일이 도로 잘되는 것도 아니고, 성철 스님 말씀대로 '산은 산이요, 물은 물이로다'지. 혹자는 인상 구기고 심각하게 문제에 집중하다보면 좋은 결과물을 낼 수 있다고 말하겠지만, 혹자는 웃다보면 창조적인 해결의 실마리를 찾아낼 수 있다고 말할 것이다. 어차피 정답이 없는 거라면 구기다 가는 인생과 웃다 가는 인생 중 어느 것이 현명한 것인가?

태에게는 이미 남미에서 오래 머문 사람의 노련함이 있었다. 이런 에피소드에 대해서 무엇이 좋고 나쁘다는 판단 같은 건 하지 않았다. 서로 '다른' 문화의 장단점에 대해 잘 알고 있기 때문일 것이다. 태는 남미의 미래를 밝게 전망했다.

"천연자원도 풍부하고, 중산층도 계속 늘어나는 추세이기 때문에 시장성이 좋아. 이곳의 경제는 해마다 엄청나게 성장하는 중이야. 한동안 성장이 지속될 거야."

그러나 역시 치안에 대해서만은 절대 안심하지 말 것을 권고했다. 태는 우리가 갈 곳을 지도로 확인하면서, 대도시에서 벗어난 곳마다 '이런 곳은 위험하니 가지 않는 게 좋겠다'며 걱정을 했다. 특히 우리가 콜롬비아 남부에서 도보로 국경을 넘어 에콰도르로 가려한다는 계획을 듣고는 그곳은 아직도 무장게릴라들이 출몰하는 곳이라며 극구 말렸다. 실제로 태의 아내가 버스에서 소매치기를 당할 뻔한 뒤로 태의 가족은 택시 외의 대중교통수단을 이용하지 않는다고 했다. 그리고 가급적 안전한 영역에서 일상생활을 영위하고 있었다. 에고, 우리는 주로 택시를 '뺀' 나머지 저렴한 교통수단을 이용하는데. 그리고 영역 밖으로 기어나가는 건 우리 주특기인데.

"차를 내줄게. 오늘 마중 나갔던 페드로가 시내 곳곳을 안내해줄 거야."

"아, 아니야! 고마운데 그럴 필요 없어. 우린 더 험한 나라도 늘 이렇게 다녔는걸. 그래도 사고 없이 잘 다녔어."

사실 그동안 우리가 다닌 나라의 95퍼센트 정도가 외교통상부에서 정한 여행경보제도 기준으로 '유의'_{신변안전 유의}, '자제'_{신변안전 특별유의}, '제한'_{긴급용무가 아닌 한 귀국} 심지어 '금지'_{즉시 대피, 철수} 지역이었다. 남미의 여행지 6개국만 해도 칠레와 페루를 제외한 에콰도르, 볼리비아, 브라질은 여행 유의국이며, 그중에서도 콜롬비아는 여행자제와 여행제한_{남부 국경 지역} 국가이다. 사실 여행경보제도 기준으로 다니려면 선진국 외의 나라를 다니기 어렵다. 그러나 선진국으로 가더라도 밤에 술 마시고 휘청거리거나 돈이 가득든 전대를 허리춤에 불룩하게 매놓으면 신변안전을 보장하기 힘들어진다. 따라서 여행경보를 참고하되, 여러 경험담과 현지상황을 살펴 스스로 자신의 여행 캐릭터에 맞는 안전수칙을 정해놓고 이것을 철저하게 지키는 일이 무엇보다 중요할 것이다.

태의 입장이 되어 생각해보니, 이역만리에 친구가 어린아이를 데리고 왔는데, 내가 사는 곳 치안이 좋지 않다면 나라도 어떻게든 안전을 책임지고 싶을 것 같다. 내가 더 거절하다 조그만 사고에라도 연루된다면 태가 마음의 부담을 질 것이다. 그건 예의가 아니겠구나.

"알았어. 일단 하루만 그렇게 해볼게. 하루 동안 워밍업하면 그다음엔 괜찮을 거야. 고마워."

콜롬비아에서의 첫 아침, 나는 아주 일찍 일어났다. 내가 가장 먼저 한 일은 의외로 쌀을 씻는 것이었다. 정말이지 밥을 하고 싶었다. 한국에서는 툭하면 귀찮아졌던 그 일. 쌀을 휘휘 씻고 전기밥솥에 안치는 간단한 일임에도 기계적으로 마지못해 한 적이 많았던 그 일. 모자란 사람이 성숙하는 데에는 한 달 반의 떠돌이 생활로 충분했던 모양이다. 나는 쌀과 밥솥과 부엌이 있다는 것에 감사했다. 쌀 한 톨 한 톨을 정성스럽게 어루만졌다. 진심으로 밥을 지었다.

냉장고를 들여다보니, 태의 살뜰한 아내가 혼자 있을 남편을 염려해 여러 밑반찬들을 해놓은 것이 그대로였다. 태가 건드리지 않은 채로 밖에서 식사를 해결한 모양이었다. 떠돌이에서 주부 모드로 돌아온 나는, 콜롬비아의 냉장고에서 유효기간이 다해가는 아까운 한국음식들을 금싸라기처럼 소중하게 꺼내놓았다. 한국에 혼자 있을 남편이 떠올랐다. 여행 중 남편이 가장 많이 생각날 때가 '좋은 음식'을 앞에 두고 있을 때인 걸 보면, '식구食口'란 한자 그대로 같이 밥을 먹는 사람들인 것이 분명하다. 물론, 나는 태의 아내처럼 훌륭한 아내가 아니다. 여행을 떠나면서 밑반찬 같은 걸 해놓진 않는다. 해놓았더라도 남편 또한 태처럼 밖에서 해결하고 있겠지만. 세상에는 그렇게 바깥일을 잘 돌보면서도 스스로를 돌보는 데에는 서툰 종족이 있는 것이다.

태, 중빈, 나, 셋이서 급조된 가족처럼 단란하게 아침식사를 하는데, 남편이 태에게 전화를 걸어왔다. 나와 대학동기인 남편은 당연히 태와도 동기여서 셋 다 친구였다. 남편은 전화기도 없이 인터넷조차 시원찮은 곳으로 다니던 아내와 아들이 확실한 연락처가 있는 곳에 자리 잡으니 안심되고 기쁜 모양이었다.

"와! 그럼 보고타에서는 자동차 타고 다니는 거야? 태 덕분에 출세했는데!"

"완전 출세했지. 지금 아침 먹고 있어. 내가 밥하고 김치찌개도 끓였어."

"야, 집에선 안 하던 걸 남의 집에 가선 잘하는구나."

"그러게 말이야. 철이 난 거지. 돌아가면 정말 열심히 밥 해줄게. 밥은 잘 챙겨 먹고 있니?"

역시나 남편은 주중에 외식으로 해결하다가 주말이면 대량의 삼겹살을 구워 먹는 모양이었다. 흠, 귀국하면 건장한 스모 선수가 한 명 기다리고 있겠는 걸.

식사 후 창가에 행주를 빨아 널며 보고타 시내를 내려다보자, 묘한 기분에 사로잡혔다. 이국땅에서 느끼는 집의 편안함이라……. 중빈과 나는 한국의 집에서 잠깐 시내 나들이를 나갈 때처럼, 보고타 시내로 잠깐 나들이하러가듯 태의 집을 나섰다.

보고타에서 여행자들을 가장 유혹하는 곳은 아마도 '라 칸델라리아'라는 올드 타운일 것이다. 그곳은 품격을 잃지 않은, 그러나 결코 콧대는 높지 않은 멋쟁이 신사처럼 다가왔다. 스페인풍 혹은 바로크풍의 아기자기한 건축물들이 골목골목 가득했다. 나무 테라스에는 꽃들이 매달렸고, 담벼락은 다채로운 색감으로 칠해졌다. 그 사이사이에 도넛을 튀기는 수레나 컵에 담긴 과일들이 널려 있다. 그런가 하면 곳곳에 대학과 박물관, 미술관들이 숨어 있다. 입장료는 매우 저렴하거나 무료이다.

무엇보다 이곳이 매력적인 것은 어디를 가든 은은한 커피향이 떠돌고 있다는 점이다. 콜롬비아는 브라질, 베트남에 이어 세 번째로 커피 생산량이 많은 나라인데, 품질 면에선 단연 세계 최고의 커피 생산국이라 할 수 있다. 라 칸델라리아에서는 카페임을 알리는 나무 간판이 문패처럼 흔하게 붙어 있었다. 낮은 처마 아래 자그마한 덧문이 열려 있어 들여다보면, 오래된 공간 안쪽에 번쩍거리는 은빛 에스프레소 기계가 놓여 있었다. 그리고 어두침침한 무대의 활기찬 주인공처럼 '치익치익' 뜨거운 소리를 내며 진한 커피를 뽑아냈다. 그런 카페에는 커피에 곁들이기 좋은 빵들도 갓 구워져 고혹적인 자태로 누워있다. 방금 김치찌개를 먹고 돌아선 사람에게조차, 이토록 강렬한 유혹이라니!

마침 아침 하늘이 어두워지더니 비를 흩뿌리기 시작했다. 우리는 어느 카페의 낮은 처마 아래로 숨었다. 중빈은 크루아상을, 나는 뜨거운 콜롬비아 수프리모 한 잔을 쥐고서. 오감이 완벽하게 만족하는 순간이 있다면 바로 지금일 것이다. 커피 향, 대기의 습도, 손가락 끝 커피의 온기, 입안에서 흔적 없이 녹아버리는 크루아상의 속살, 발바닥 아래 세월에 둥글어진 돌들의 감촉, 오래된 목재 가옥들이 젖는 냄새, 보고타 대학생들의 활기찬 재잘거림……. 고작 첫발을 디뎠을 뿐인 여행자에게 '이로써 되었다'고 느껴버리게 만드는 곳, 콜롬비아는 그런 매력이 있는 곳인가 보다.

라 칸델라리아에는 보테로 미술관이 있다. 보테로의 작품 속에선 십자가에 박힌 예수도, 우아한 모나리자도, 전쟁터의 저격수도, 심지어 해골도 바람이 잔뜩 들어간 튜브처럼 뚱보가 된다. 비평가들이야 그 안에 담긴 남미식 해학과 냉소에 대해 이야기하겠지만, 평범한 관람객들은 그저 보는 동안 웃음이 나서 즐거울 뿐이다.

우리는 그중 한 그림 앞에 섰다. 별이 총총히 뜬 창가에 누드의 여자가 서 있다. 당신을 향해 고혹적인 표정을 짓는다. 새빨간 매니큐어를 칠한 발은 하이힐 속에 들어가 있는데, 이 하이힐 굽이 부러지지 않고 몸을 지탱하는 것이 신기할 만큼 여자는 부풀어있다. 150킬로그램? 아니, 200킬로그램쯤? 한쪽 구석에는 장밋빛 베개 커버가 보인다. 그러니까……그러니까…… 지금 유혹하는 거야? 아, 부담스러워라. 그러나 여자의 시선에는 분명 뿌리치지 못할 뇌쇄적인 힘이 있다.

아이는 이제 누드에 대해 부끄러워하지 않았다. 인간의 몸이 자연스러운 미술 소재임을 받아들인 듯하다. 다음 그림에서도 비슷한 여자가 소파에 누워 종이를 들고 있었다. 웃음을 자아내기는 마찬가지였다. 아이가 유머감각을 발휘했다.

"저 여자는 어떻게 하면 살을 뺄 수 있을까 생각 중일 거야."

"손에 든 것은 다이어트 방법 리스트겠지?"

"이렇게 적혀 있을 거야. 1. 하루에 무려 10분씩이나 걷는다. 2. 냉장고에서 1톤만 꺼내 버린다……."

보테로의 작품들은 그 소재가 죽음이든, 전쟁이든, 종교든 바람 든 풍선처럼 둥둥 띄웠다. 경박함과 유머를 사랑하는 문화적 토양이 아니라면 절대 나올 수 없는 화가임이 분명하다.

라 칸델라리아에서 시몬 볼리바르 광장까지는 5분 거리였다. 광장은 할아버지에게 물려받은 원목책상처럼 사연 많고 고풍스러웠다. 스페인이 보고타를 발견하자마자 짓기 시작했다는 해묵은 성당도 있었고, 의회와 대법원 등 주요 건축물들이 사방을 에워싸고 있었다. 그 가운데 우뚝한 주인공은 역시 시몬 볼리바르 장군의 동상이었다. 이 동상은 보고타에 세워진 최초의 동상이다. 그만큼 볼리바르 장군은 보고타에, 콜롬비아에, 나아가 남미에 새로운 장을 연 인물이다. 앞서 볼리비아의 독립을 다룬 부분에서 볼리바르 장군을 짧게 언급했었다. 남미의 6개국을 스페인으로부터 독립시켜 거대 연합국을 세웠던 장본인.

시몬 볼리바르는 1783년 베네수엘라의 부유한 크리오요 중남미에서 태어난 스페인계 백인 집안에서 태어났다. 크리오요들은 중남미에서 상류층에 속했지만, 실질적인 정치 권력을 지닌 것은 본국의 스페인인들이었다. 당연히 크리오요 층은 스페인으로부터 독립을 꿈꾸었다. 볼리바르의 집안 역시 막대한 노예를 거느리고 플랜테이션과 구리 광업으로 부를 일궜으나, '식민지'의 거부巨富라는 한계에 부딪혔다. 볼리바르의 조부는 귀족 신분을 사기 위해 엄청난 돈을 지불했다가 실패하여 소송을 걸기도 했는데, 이 소송은 볼리바르 대까지도 계속되었다. 볼리바르는 이러한 시대적 불평등을 몸소 체험하며 자랄 수밖에 없었다.

위인전을 보면, 위인들은 자신들의 '원대한 목표'에만 충실히 집중할 수 있도록 다른 행복의 원천들을 빼앗기곤 한다. 볼리바르도 마찬가지였다. 부유하다는 것을 제외하면 그의 가정생활은 극도로 불우했다. 네 살에 아버지를, 아홉 살에는 어머니를 여의었다. 여러 시설과 사람들 손을 전전하던 볼리바르는 흑인 노예 여인 히폴리타로부터 유일하게 가족애에 대한 허기를 채웠다. 돔 시몬 로드리게즈라는 가정교사로부터는 지적인 허기를 채웠다. 특히 로드리게즈는 볼리바르에게 유럽의 계몽사상, 인권, 해방에 대한 개념들을 전했다. 볼리바르가 결혼한 지 얼마 되지 않아서는 아내가 황열병에 걸려 세상을 떠났다. 그는 실의에 빠져 유럽을 여행하며 오랜 시간을 보냈다. 그리고 나폴레옹이 승승장구하는 것을 보며 크게 감명을 받았다. 연이은 미국 방문에서는 남미를 미국처럼 '연방국'으로 통합시킬 수 있을 거라는 꿈을 가지게 되었다.

1807년 귀국한 그는 몇몇 군사적 실패를 발판 삼아, 1819년 스페인군을 물리치고 보고타에 성공적으로 입성했다. 이때부터 그는 '해방자'로 칭송받으며 연속적으로 스페인군을 물리쳐 결국 베네수엘라, 에콰도르, 콜롬비아, 파나마, 페루 북부, 브라질 북서부에 이르는 초거대 남미 연방국 '그랑 콜롬비아'를 세우고 초대 대통령으로 취임한다.

볼리비아 편에서 언급했듯 볼리바르는 뒤이어 페루도 해방시켰는데, 이때 당시 페루 북부(상 페루) 지역민들이 그들만의 독립국을 강렬히 원하자, 이곳을 억지로 그랑 콜롬비아에 포함시키려는 계획을 포기하고 그들의 뜻을 따른다. 상 페루 지역민들은 그를 경외하는 뜻으로 그의 이름을 딴 '볼리비아'를 탄생시킨다.

그런데 사실 볼리비아의 탄생은 그랑 콜롬비아가 걷게 될 운명의 예고편과도 같았다. 이 거대한 연방국에 속한 나라들은 한때 스페인으로부터 벗어나기 위해 힘을 합쳤지만, 막상 독립을 이루자 각자의 목소리를 높이기에 급급했던 것이다. 게다가 유럽 역시 강력한 독립국가의 출현을 좌시할 리 없었다.

여러 난관에 부딪힌 볼리바르는 1830년, "독립을 위해 몸 바친 자들은 바다를 쟁기질한 것과 다름없다"라고 탄식하면서 대통령직에서 스스로 사임했다. 의회가 제공한 거액의 연금도 거절했다. 그로부터 고작 8개월 후, 그는 콜롬비아의 한 저택에서 낡은 옷을 입은 채 결핵으로 사망했다. 남미대륙만큼이나 거대한 꿈이 그의 작은 몸에서 빠져나갔으니, 오래 버티긴 힘들었을 것이다.

후대에 사랑받는 사람들의 마지막에는 공통점이 있다. 한평생 깨끗하게 꿈만 좇았다는 것, 꿈이 소실되는 지점에서 꿈 이외의 것으로 허명을 연장하려 들지 않았다는 것. 볼리바르는 죽음 이외의 그 어느 것과도 타협하지 않은 생의 혁명가였다. 그래서 오늘날에도 남미에서는 볼리바르에 대한 사랑이 끊이지 않는다. 그의 탄생국인 베네수엘라에서는 수많은 광장 이름이 똑같이 '시몬 볼리바르 광장'이다. '시몬 볼리바르 국제공항'에 '시몬 볼리바르 대학'이 있음은 물론이다. 그냥 콜롬비아에 들었던 다른 나라들도 크게 다르지 않다. 이곳 콜롬비아의 수도 한가운데 시몬 볼리바르 광장이 있고, 그 한가운데에 그의 동상이 있듯이.

볼리바르 광장에서 몇 블록만 걸어가면 금 박물관이 있다. 식민지 이전 시대의 금 세공품을 소장한 것으로는 세계 최대 규모의 박물관이다. 황금도시 엘도라도의 전설을 만들어낸 민족에게 꼭 있음직한 박물관이라고나 할까. 금 박물관에서 우리는 '황금 보기를 돌같이' 할 수 있을 만큼 수많은 금세공품들을 관람했다. 금은 부드러운 질료인데다 고대 인디오들이 금을 다루던 기술이 워낙 뛰어나서 작품마다 섬세한 디테일들이 넘쳤다. 금 자체가 값비싼 재료인 만큼 당시 가장 고귀한 소재인 종교적 삶이나 사후세계, 즉 '신성'을 다룬 작품들이 주를 이뤘다. 우리는 각자 흩어져 관심 있는 작품을 감상한 뒤 재미있는 해설을 발견하면 흥분해서 서로의 손을 잡아끌었다.

사내아이가 좋아하는 소재는 사냥이나 전쟁이었다. 중빈이 전해준 바에 의하면 선사시대의 부족들은 사냥과 전쟁을 '파괴'이자 '창조'의 행위로 여겼다고 한다. 희생으로부터 새로운 생명이 탄생하는 과정으로 보았던 것이다. 나의 관심은 신과 인간의 중재자인 샤먼에게 있었다. 나는 이들이 스스로를 박쥐와 동일시해서 동굴처럼 어두운 사원에 기거했고 밤에 일했으며 무아지경에 이르면 날기도 했다는 이야기를 전해주었다.

관람이 즐거울수록 시간이 많이 소요되었다. 나는 밖에서 기다리고 있을 페드로가 신경 쓰였다. 사실은 종일 신경이 쓰였다. 내가 카메라를 꺼내 사진을 찍을 때마다 페드로가 "빨리 카메라를 넣어요!" 하며 안절부절 못했다. 내가 콜롬비아 페소로 첫 환전을 하고 새 돈의 단위가 헷갈려 잠시 돈을 들고 서 있자, 또 페드로가 "빨리 돈을 넣어요!" 하며 안절부절못했다. 어떤 장소가 마음에 들면 퍼질러 앉아야 하는데, 페드로가 '이런 곳에서 대체 뭘?' 하는 표정으로 기다렸다. 맛있어 뵈는 길거리 음식이라도 먹으려 들면 '이런 길거리 음식은 좀……' 곤란한 표정을 지었다. 이해한다. 그동안 그가 모셨던 한국지사에서 온 분들은 좋은 호텔과 고급 식당으로 다녔었겠지. 이렇게 터진 자루에서 새는 쌀처럼 터진 골목마다 관심을 들이부으며 들여다보고 만지고 꺼내고 하지 않았겠지. 그도 퍽 당황스러우리라. 게다가 나는 타고난 신분이 평민이어서, 누가 나를 단지 모시려고 기다리는 것만으로도 충분히 바늘방석에 앉은 기분이었다.

말만 하면 척척 데려다주는 페드로 덕분에 평소보다 두 배는 더 많은 곳을 다닐 수 있기는 했다. 차를 대절해서 관광하는 사람들은 이렇게 하는 거구나. 그래서 짧은 일정으로도 많은 곳을 다닐 수 있는 거구나. 편하긴 거 엄청 편하네. 마치 컨베이어벨트 위에 앉았다 필요한 순간에 툭 떨어지는 것 같다.

하지만 이 허전함을 어쩔꼬. 종일 어떤 현지인과도 만나지 못했다. 대중교통수단은 언제나 중요한 만남의 장소가 되어주었다. 나란히 앉아서 같은 곳을 향하기 때문이다. 같은 풍경을 보고 공통의 화제를 꺼내 옆 사람과 대화하는 것 외에 달리 할 일도 없는 까닭이다. 또, 스케줄 없이 움직이는 것도 중요한 인연의 기회를 제공했다. 다음 일정을 걱정할 필요 없이 새로 사귄 친구와 기꺼이 시간을 보내며 사연을 공유할 수 있으니까. 그런데 페드로에게 돌아갈 시간을 정해놓자, 어디를 가든 바쁘게 돌아보고 나와야 했다. 이렇게 밋밋한 '구경'이 있을 수 있니. 세상의 모든 재미난 소설책들을 놔두고 사회과부도만 들여다보고 있는 것 같다.

다음 목적지는 '보고타의 남산', 몬세라테 언덕이다. 남산처럼 케이블카를 타고 올라갈 수 있다. 나는 페드로에게 이번만큼은 같이 가자고 말했다.

"오늘의 마지막 일정이잖아요. 고마움을 표시하고 싶어요. 내일은 중빈과 나, 둘이서만 다닐 거예요. 박물관은 안 좋아한다고 했지만, 케이블카는 좋아하죠?"

페드로가 내 영어를 반쯤 알아듣더니 크게 웃으며 고개를 끄덕였다. 평민의 마음이 그제야 편해졌다. 중빈도 신이 나서 뛰어가 입장권 세 개를 구입해왔다.

고산도시에 '남산'이 있다면 반드시 올라보는 게 좋다. 안 그래도 높은 도시를 더 높은 곳에서 조망하는 것은 하늘과 가까워지는 신비감을 선사한다. 고산도시 특유의 진한 하늘빛, 뭉게뭉게 찰지게 던져진 구름, 그 찰진 구름을 쨍하게 쪼개고 들어와 그리로 천사라도 하강할 것만 같은 햇살. 이 모두를 통째로 감상하기에 '남산'보다 좋은 장소가 없는 것이다.

우와! 우와! 우와! 중빈과 나는 보고타를 내려다보며 아낌없이 감동했다. 우리의 요란스런 리액션에 페드로가 껄껄 웃었다. 보고타는 남미에서 라파스와 키토에 이어 세 번째로 높은 수도. 나는 마치 '하울의 움직이는 성' 꼭대기에 올라탄 것 같은 현기증을 느꼈다. 하늘과 맞닿은 고지대의 평원에 8백만에 육박하는 인구를 수용하는 대도시의 낮은 건물들이 빼곡하게 채워져 있었다. 서울에 산이 있다면, 평지인 보고타에는 잔디가 있구나. 군데군데 초록색 구멍처럼 뚫려 있는 넓은 잔디는 대부분 공원인 것 같았다. 내가 설렘을 담아 말했다.

"오늘은 보고타를 이렇게 내려다보고 내일은 저 아래를 통과해 달릴 거야. 저 공원 중에 하나에 가서 놀자."

"통과해 달린다고?"

"쉿! 비밀이야. 태 삼촌 귀에 들어가면 걱정하니까."

실은 아까 라 칸델라리아에서 자전거 투어 간판을 보고 들어가 예약을 해두었다. 오늘은 사회과부도를 들여다보았으니, 내일은 소설을 읽으리라. 어떤 삶들을 이어가고 있을까, 저 아래에서? 그런 상념에 잠겨 보고타 시내를 내려다보니 마치 누군가의 일기장을 펼쳐보기 직전처럼 가슴이 두근거린다. 정장 차림의 페드로는 몬세라테에 올라와 맑은 공기를 쐬자, 한결 표정이 '캐주얼'한 얼굴이 되었다. 우리는 페드로와 몬세라테를 걸으며 남은 시간을 보냈다.

● 루이스 앙헬 아랑호 도서관

엄마, 여기 사람들은 다 서로 친구 같아

Bogota

둘째 날, 아침 일찍 우리는 라 칸델라리아의 한 귀퉁이에 있는 철문을 두드렸다. 미니멀한 감각으로 검은 자전거 하나만을 그려놓은 이 집의 정체는, 보일 듯 말 듯 역시 미니멀한 문패에 있다. '보고타 바이크 투어.' 철문 가운데에는 마치 간수가 수인을 들여다볼 때 사용하는 것 같은 책받침 크기의 판이 있다. 우리가 재차 문을 두드리자, 니콜라스가 그 판을 열고 고개를 쑥 내밀었다. 금발에 짧게 기른 턱수염. 판이 닫히고 묵직한 소리와 함께 철문이 열렸다. 우리가 들어서자, 니콜라스는 다시 철문을 철저히 잠갔다. 보고타는 그런 곳이다. 소매치기가 득실댄다며 경찰들이 쫙 깔려 당신을 긴장하게 하는 곳. 그러나 대부분의 사람들은 선해서 "소매치기를 조심하라"며 챙겨

줘 당신의 긴장을 풀어주는 곳.

니콜라스는 자전거를 두 대 고르더니 중빈과 내 키에 맞게 안장을 조절해주었다.

"어때, JB, 가능하겠어?"

어린이 자전거가 따로 없었기에, 중빈은 가능하다는 것을 보여주기 위해 최대한 다리를 늘여 페달을 밟았다. 자전거투어는 매일 아침 신청한 인원들이 함께 출발하는데, 다른 신청자는 보이지 않았다.

"오늘은 당신들 둘뿐입니다. 목적지는 시몬 볼리바르 공원이에요. 가족들이 피크닉을 가거나 스포츠 활동을 하기에 좋은 유명한 곳이죠. 호수도 있고 숲도 있는 아주 넓은 곳이에요. 오늘 우리는 왕복 35킬로미터를 달릴 겁니다. 가다 보면 자전거 전용도로가 있는 곳도 있지만, 센트로시내에서부터 한동안은 복잡한 곳을 달려야 할 거예요. 당신 아이는 자전거를 잘 타나요?"

"그럭저럭요. 마침 다른 고객이 없으니, 저보다 아이 보조에 맞춰 이동하도록 부탁드릴게요."

"문제없습니다."

보고타 자전거 투어는 라 칸델라리아의 내리막을 신나게 달리는 것으로 시작되었다.

"야호~!"

곧바로 대학 앞을 지났다. 대학생들이 빵장수의 수레에서 뜨끈한 빵을 집어들거나 카페에서 커피를 테이크아웃하면서 삼삼오오 모여 대화에 열중했다. 느리고 여유 있는 아침 풍경이었다. 하루를 여는 시간, 방금 옷을 갈아입고 머리를 만지고 나온 파릇파릇한 대학생들 사이를 달리니 기분이 상쾌

했다. 특히 일부 여대생들의 옷차림은 굉장히 흥미로웠는데, 이를테면 마돈나가 신는 검정 망사스타킹에 빨강 킬힐, 초미니 원피스에 검붉은 립스틱 같은 식이었다. 아마도 저녁 파티까지 커버하는 차림인 듯했다.

중빈이 외쳤다.

"아, 이거 너무 재밌는데?!"

그런데 곧 비가 쏟아졌다. 소나기였다. 맞으며 달렸다. 거친 도로의 홈마다 시궁창이 되었다. 이내 해가 떴다. 금방 센트로에 이르렀다. 오래된 남미 도시의 센트로답게 복잡하고 무질서했다. 자전거 전용도로는커녕 블록이 바뀔 때마다 높은 턱이 있는 보도를 오르내려야 했다. 보도는 깨어져 구멍투성이였는데다, 너무 좁아서 보행자들과 부딪히지 않으려면 고도로 집중해야 했다. 그러나 뭐니 뭐니 해도 가장 큰 적은 거친 운전자들이었다. 신호고 보행자고 없이 제 갈 길을 충실히 가고야 마는 운전자들. 뒤돌아보니, 중빈이 몸에 맞지 않는 어른 자전거 위에서 "너무 재밌는데"를 외친 지 불과 10분 만에 입을 앙다물고 두 뺨을 벌겋게 하고서 서바이벌에 돌입했다.

이른 아침부터 저녁 콘서트를 기다리는 청소년들을 지났다. 헤비메탈 공연인 듯 청소년들은 온통 까맣게 입고 해골 장신구를 치렁치렁 매단 채 거리에 눕다시피 대기하고 있었다. 그다음엔 거리의 인부들이었다. 깡마른 몸에 회반죽을 뒤집어쓴 채, 소중한 하루치의 약처럼 에스프레소를 들이켜는 모습이 인상적이었다. 그러고는 다짜고짜 창녀촌이었다. 센트로에서 멀지 않은 곳에서 아침부터 버젓이 영업 중이었다. 육감적인 남미 특유의 몸을 거리낌 없이 드러냈다. 갑작스러웠기 때문일까. 그녀들은 나를 똑바로 쳐다보는데, 나는 이상하게도 그녀들을 똑바로 보지 못 했다. 자전거를 타고 도시 탐험이나 하는 주제에, 올인원 하나만 입고 두 아이를 거느린 채 서 있는 창녀의 시선을 받아내는 일은 쉽지 않은 일이었다. 그럼에도 아침이라는 어울리지 않는 시간대와, 그녀들의 넘치는 당당함, 주변을 배회하는 남자들의 게걸스러운 시선이 합쳐져, 그 거리는 정글 같은 에너지가 응집되어 설설 끓어오르고 있었다. 본능적으로 그제야 진정한 보고타 안으로 들어와 있음을 알았다.

계속 달렸다. 보고타의 비둘기 떼들은 결코 사람을 두려워하지 않았다. 자전거도 차도 두려워하지 않았다. 덤비듯 날아들어서 이쪽에서 피해야 할 지경이었다. 닭죽 끓이는 냄새가 가득한 거리를 지났다. 인디오와 스페인인의 흔적이 뒤섞인 중년 남자가 무표정하게 앉아 있었다. 까짓 자전거 알게 뭐냐는 식으로 택시들이 시시때때로 덮쳤다. 실로 위험한 순간도 몇 번 맞닥뜨렸다. 중빈이 뒤에서 크게 소리쳤다.

"죽기 딱 좋은데?"

나도 소리쳐 답했다.

"와카치나 다음으로 와일드하지?"

아이는 이 모험이 즐길 만한지 내 말에 깔깔 웃었다.

조금 한적한 거리를 달리는가 싶으면 금세 사람과 차들로 붐비는 거리를 달렸다. 노점이나 카페 안을 들여다보면 신기하게도 모두 조그만 빵을 쥐고 우물거리고 있었다. 사람들로 빡빡한 어느 보도에서 속도를 늦추자, 내 앞에 떠돌이 화가가 걸었다. 한 손에는 커피 포대자루로 만든 작은 가방을, 다른 손엔 붓과 옷가지를 쑤셔 넣은 페인트통을 들었다. 포대자루와 페인트통 하나에 고스란히 담기는 생. 다리에 부스럼이 난 흑인 홈리스가 몇 겹이나 되는 담요를 어깨에 짊어지고 그와 나란히 걸었다. 걸어도 걸어도 제자리인 듯만 보이는 그들 곁으로 크림색 재규어가 질주했다. 크림색 가죽시트에 앉은 여성은 완벽한 통일을 위해 크림색 샤넬 선글라스를 끼고 있었다. 극명한 대조였다.

다시 잘사는 동네였다. 고개를 들어 붉은 벽돌로 지은 고층 빌라를 올려다보니, 흰 앞치마와 흰 머릿수건을 한 가정부들이 창문에 바투 붙어 유리를 닦았다. 그들 뒤로 얼핏 보이는 샹들리에는 유럽의 고성을 연상시킬 만큼 고급스러웠다. 태는 말했다.

"이 나라 부자들은 자동차도 일부러 좋은 것과 나쁜 것 두 대씩 지녀. 때와 장소에 따라 안전한 걸 몰고 나가는 거지. 옷차림도 마찬가지야. 있다고 다 뽐내지 않아. 신변보호를 위해서야. 그 대신, 집안을 끝장나게 꾸며."

부촌을 벗어나 조금 더 달리자 지린내가 진동하는 고가도로였다. 쉼 없이 스위치 전환되는 풍경과 사람들, 무질서와 다양성 속으로 쉬지 않고 페달을 돌렸다. 친절한 니콜라스가 계속 뒤돌아보며 중빈을 챙겼다. 얼마나 달렸을까? 본격적으로 나무가 많아지고 잔디가 깔리기 시작했다. 센트로 특유의 소음과 매연이 사라지고 고요와 산소가 공급되는 듯했다. 시몬 볼리바르 공원이었다. 자전거에서 내리니, 수천 페이지나 되는 보고타라는 책을 휘리릭 넘기며 달려온지라 숨이 찼다. 마음속에 짤막하고 즉각적인 독후감을 휘갈겨 썼다.

그들의 아침, 향기롭다. 다채롭다. 애처롭다.

니콜라스가 노점에서 전통과일 샐러드인 살피콘을 사주었다. 시원하고 달콤했다. 과일이 지천으로 있다는 것은 참 고마운 일이다. 살피콘을 먹는 동안 먹구름이 끼더니 비가 내렸다. 그리고 곧 태양이었다.

"미친 날씨야"

니콜라스가 고개를 저었다. 그는 말수가 적고 수줍음이 많은 사람이었다. 미친 날씨에 자전거를 함께 타기에는 그런 성격이 편안하다.

모두 자전거에 도로 올라탔다. 숲 속을 달리고 호수 주변을 달렸다. 시몬 볼리바르 공원은 어린이 박물관에 놀이공원까지 갖춘, 달려도 달려도 끝이 없는 곳이었다. 소풍 나온 중학생들이 흩어져 연을 날렸다. 잔디에 누워 키스하는 꼬맹이 연인들도 있었다. 헐, 쟤네 몇 살이야? 프렌치 키스를 하고 있잖아! 중빈과 니콜라스가 자전거를 세워두고 테니스공 주고받기를 시작했다. 나는 커다란 나무 아래 앉아 빈둥빈둥 휴식을 취했다.

돌아오는 길에는 콜롬비아 국립대학 캠퍼스를 가로질렀다. 콜롬비아 최고의 국립대학이었다. 니콜라스는 수줍게 그곳이 자신의 모교라고 했다. 디자인을 전공했단다. 그러니까 그의 철문을 미니멀한 세련됨으로 장식한 것은 그 자신이었던 것이다. 니콜라스는 자전거와 사람 만나기를 가장 좋아한다고 했다. 딱 맞는 직업을 찾은 셈이다.

콜롬비아 대학에는 벽마다 남미 특유의 강렬한 그래피티가 가득했고, 유럽풍 건물과 조각상이 아름다운 조경 속에 자리하고 있었다. 그래피티 가운데에는 체 게바라의 얼굴과 정치적 구호가 압도적으로 많았다. 누군가 회색 페인트로 옛 정치 구호를 지워버린 흔적 위에 또 다시 질세라 새로운 구호가 덧쓰여 있었다. 캠퍼스를 쩌렁쩌렁 울리며 저항가요가 울려 퍼졌고, 학생들은 삼삼오오 교정에 앉아 담소를 나누거나 열띤 토론에 빠져 있었다. 그 모습이 보기 좋아 나는 빙그레 미소 지었다. 꿈틀거리는 젊음은 반드시 '탐구하는 저항'과 함께 해야 한다. 젊은이들이 늙은이들이 만들어놓은 틀 안에서 버둥거릴 때, 세상은 답습할 뿐 발전할 기회를 잃는다.

라 칸델라리아에 도착한 것은 오후 네 시경이었다. 아침의 대학생들이 학교 밖으로 쏟아져 나오고 있었다. 등굣길에 커피를 마시며 여유롭게 이야기 나누던 모습이 놀라웠었는데, 하굣길 모습은 한술 더 떴다. 학교 일대에 온통 락 음악이 울려 퍼지고 있었다. 고작 네 시일 뿐인데, 그러니까 벌써 파티의 시작이었다. 아침과는 사뭇 다른 눈빛들을 하고 있었다. 우리나라에서는 학교 앞에서 절대 내보이지 않는 눈빛이라고나 할까. 망사스타킹이나 킬힐 같은 의상 코드는 이제 그 분위기 속에서 매우 잘 어울렸다. 학생들은 바로 교문을 떠나지 않았다. 무리를 짓고 서서, 무리와 무리를 넘나들며 강렬한 시선을 주고받았다. 록 음악은 스피커를 찢고 나올 듯 했다. 이거야 원, 교정과 클럽이 한 몸이로구나.

'언제나 살아 있는 상태를 유지하기 위해 스스로 돌보는 사람들'이란 이런 뜻이었을까. 나는 콜롬비아 사람들의 뜨거움이 때때로 당황스럽다. 우리가 단지에 넣어 무거운 뚜껑으로 봉해두고 그것으로도 모자라 벽장 안에 넣어 자물쇠까지 채워두는 욕망들, 드물게 정해진 곳에서만 약속하에 드러내는 그런 욕망들도 여기선 티슈를 뽑듯 바로바로 꺼내서 사용된다.

보고타의 한 대학생은 콜롬비아인들의 이런 뜨거움에 대해 다소 비난조로 말했다.

"반드시 좋은 건 아니죠. 콜롬비아인들은 이혼율이 높아요. 그 이유가 뭔지 아세요? 새로운 사랑에 빠지기 때문이에요."

언제나 '살아 있는' 사람들답다. 살아 있으니 사랑에도 빠지는 거지. 사실 이혼율로 말하자면 한국이 콜롬비아보다 훨씬 높다. 게다가 알다시피 이미 '죽어버린' 결혼생활을 마지막까지 끌고 가는 황혼이혼이 급격한 증가추세다. 그 이야기를 대학생에게 들려주는 동안 기분이 영 좋지 않았다. 똑같이 배우자를 사랑하지 않는 두 친구가 만나서 이런 대화를 하는 장면이 연상되었기 때문이다.

"난 이혼할 거야. 뜨겁게 사랑하는 사람이 생겼어!"

"난 아직 이혼 안 할 거야. 이렇게 한평생 참았다가 황혼에 하면 욕 안 먹거든."

콜롬비아는 2005년에 불과 15달러만 지불하면 한 시간 만에 이혼을 할 수 있는 '초고속 이혼법'을 통과시켰다. "이혼과정이 관료적인 시련이 되어서는 안 된다"는 것이 그 이유였다. 이 법은 전 세계인들의 주목을 받았다. 이후에 콜롬비아의 이혼율은 다소 높아졌지만, 사실 그 대학생의 염려와 달리, 콜롬비아는 여전히 이혼율이 매우 낮은 나라 가운데 하나로 남아 있다.

아이와 함께 도서관으로 향했다. 자전거 투어 뒤에 다리가 아파 쉴 곳을 찾아서였다. 루이스 앙헬 아랑호 도서관은 콜롬비아 중앙은행에서 관리하는 콜롬비아 최고의 도서관이다. 우아하고 품격 있는 실내에 국내외 서적들은 물론 미술전시도 한창이었다. 그곳에서 플로르를 만났다.

플로르는 스물두 살의 반짝이는 피부를 지닌 아가씨였다. 내가 그녀를 처음 보았을 때, 그녀는 영어교재를 찾아 사서에게 질문을 하고 있었는데 가만 들어보니 사실상 영어를 공부하는 법을 묻고 있었다. 그런 질문을 하는 게 처음은 아닌 모양이어서, 사서는 일부러 그녀의 질문을 못 들은 척하거나 다른 곳으로 사라지거나 했다.

내가 다가가 사서 대신 그녀의 질문에 답을 했다. 목마른 사람이 물을 만난 것처럼 그녀의 얼굴이 활짝 피어났다. 그녀는 레벨 1 수준의 영어회화 교재를 통째로 달달 외고 있었다. 정작 어떤 상황에서 어떤 문장을 꺼내 써야 하는지조차 잘 알지 못하는 채로. 요령껏 공부를 해보지는 않았으나 의욕만큼은 철철 넘치는 아가씨였다.

"여기 매일 와?"

"응. 주스를 팔고 나서."

"주스를 판다고?"

"여덟 시 반부터 두 시까지 13번가 횡단보도에서 팔아. 두 시부터 네 시까지는 배달 판매를 하고 네 시부턴 여기로 와서 영어공부를 해."

"대단한데! 공부는 어떻게 해?"

"혼자 오디오북을 들어. 그런데 너무 어려워."

플로르는 도무지 무슨 말인지 모르겠다며 책을 펼쳐 내게 보여주었다. 그도 그럴 것이 공항에서 입출국 수속을 밟을 때 필요한 회화들이었다. '출국카드를 작성했습니까?' '관세신고는 어디서 합니까?' 그런데 그녀는 공항에도 가본 적이 없었다. 언젠가 세계여행을 떠날 날을 꿈꾸며 영어를 공부하는 것이었다. 그녀는 오렌지주스에 계란을 풀어 700원에 팔았다. 그러면 450원 정도가 남는다며, 그녀가 매우 자랑스럽게 말했다.

"생각해봐. 한 잔을 팔 때마다 450원씩 저축을 하는 거야. 꽤 괜찮지 않아? 꾸준히 모아서 세계일주를 떠나는 거야."

오오, 나는 그녀를 꼭 안아주고 싶었다. 이렇게 해맑은 꿈을 지닌 스물 두 살이라니! 핸드백이라 부르기에도 낡은 그녀의 비닐가방은 가장자리 코팅이 죄다 벗겨져 있었다. 화장기 하나 없이 곱슬머리를 질끈 묶은 그녀는 망사스타킹을 신은 여대생들과 대조적이었다. 오후 네 시, 누군가는 파티 준비를 하고 누군가는 책을 펼쳐든다. 꿈 때문일까? 화장과 의상을 완벽하게 갖춘 여대생들보다 플로르의 반짝이는 얼굴이 내겐 유난히 아름다웠다.

내가 플로르의 나이였을 때, 나는 플로르처럼 아름다운 사람이 아니었다. 꿈을 꾸지 못해 주저주저 꿈의 언저리를 돌며, 꿈을 평가하는 사람이었다. 450원씩 모아가지고는 세계일주 같은 걸 떠날 수 없어. 관세신고를 할 날도 오지 않을 거야. 이 세상에는 가능한 꿈과 그렇지 못한 꿈이 있어. 초고속을 지향하는 한국 사회가 내게 주입시킨 계산 방식이었다.

그때나 지금이나 한국 사회는 꿈꾸는 법 대신 계산하는 법을 가르친다. 인생에서 이득을 남기는 법에 대해. 1번, 좋은 대학에 간다. 2번, 좋은 직장을 잡는다. 3번, 좋은 집안 사람과 결혼한다. 4번, 아이를 낳아 교육에 열을 올린다. 그러면 그 아이가 다시 사지선다형을 시작한다. 좋은 대학에 간다. 좋은 직장을 잡는……. 절망이었다. 플로르보다 세 살 더 많았던 스물다섯 살, 나는 스스로 팔다리를 찢어 떼어내는 심정으로, 죽을힘을 다해 사지선다형의 악순환에서 빠져나왔다. 그러니까 나 또한 한국의 베로니카였던 것이다. 어렵게 잡은 직장을 때려치우고 백수를 선언했을 때, 사람들은 다 말렸다. 여기서 빠져 나가면 넌 후회할 거야.

그때보다 십수 년을 더 살아낸 지금, 수많은 곳을 다니고, 수많은 사람들을 만난 뒤에, 나는 안다. 세상에는 꿈을 소중히 하는 곳과 그렇지 않은 곳이 있을 뿐이다. 꿈을 키워주는 곳과 싹을 죽이는 곳이 있을 뿐이다. 그리고 각각의 장소에서, 끝까지 꿈을 놓지 않는 사람과 놓아버리는 사람이 있을 뿐이다. 간절함을 꽉 붙잡고 있는 사람과 시간 속에 녹여버리는 사람이 있을 뿐이다.

종일 길에서 주스를 팔다가 오후 네 시부터 책을 통째로 삼켜버리는 플로르 같은 사람이 이십 년 뒤에 해낼 수 있는 엄청난 일을, 그 옆에 앉아 상상해보는 것만으로도 나는 한없이 기뻤다. 마치 미래의 큰 인물을, 타임머신을 타고 과거로 와 잠시 알현한 것 같은 그런 기쁨으로.

"플로르, 네가 사서에게 물었는데 가르쳐주지 않았던 걸 나한테 물어봐. 궁금했던 것 모두! 보고타에 있을 동안 내가 매일 네 시에 이리로 올게."

플로르가 그곳이 도서관임도 잊고 비명을 지르며 손뼉을 쳤다.

첫 수업이 시작되었다. 그녀가 궁금한 것을 어느 정도 해소한 뒤에, 내가 회화책을 덮어버렸다. 그리고 모든 회화의 기본, '나'에 대해 말하기를 했다.

"플로르, 당신의 생일은 언제입니까?"

"6월 7일입니다."

"당신의 취미는 무엇입니까?"

"춤추기입니다."

"어떤 춤을 추나요?"

"살사, 버지나토, 메렝게…… 오, 나는 춤이 미쳤어요."

"플로르, 그럴 땐 나는 춤이 미치게 좋아요, 라고 해요."

"오, 나는 춤이 미치게 좋아요."

"그럼, 춤에 미친 아가씨, 나한테 춤 좀 가르쳐줘봐요."

"네?"

"나에게 춤을 가르쳐줘요. 나는 살사, 버지나토, 메렝게 하나도 추지 못해요."

"정말?"

"응, 정말!"

"좋아요!"

"그런데 여긴 도서관이라 좀 그렇고, 우리 어디서 출까요?"

"우리 집에서요! 우리 집으로 가요. 거기 큰 거울이 있으니까요……."

우리는 그런 회화를 하며 깔깔깔 웃었다. 이름과 똑같은 아이였다. 플로르는 스페인어로 '꽃, 정수, 굉장히 멋진' 같은 뜻을 담고 있다.

플로르는 조카 조니를 데리고 온 터였다. 조니는 수줍음이 많아서 중빈과 계속 머쓱한 채로 있다가, 더는 못 참겠다는 듯 이모의 옷소매를 잡아당겼다. 안 그래도 일어설 시간이었다. 고맙게도 플로르가 제안했다.

"내가 너희 집까지 데려다줄게. 안 그러면 헷갈릴 거야. 버스를 갈아타야 하거든."

우리 넷은 센트로의 밤을 걸었다. 늦은 밤 새로 물건 보따리를 푼 행상들이 많았고, 작은 묘기를 선보이는 광대도 있었다. 인파가 많아서 사람이 사람을 밀며 걸었다. 버스 정류장에 이르자 인파는 더 촘촘해졌다. 플로르가 가방을 조심하라고 단단히 일렀다. '절대' 버스를 타지 말라던 태의 말이 떠올랐다. 하지만 내가 어렸을 때 우리나라는 콜롬비아 같은 상황이었다. 월급이나 등록금을 들고 오다가 버스에서 '스리 맞던' 시절. 가방에서 돈이 빠져나간 자리가 칼로 찢어져 있던 시절. 당시 우리의 정치 상황도 크게 다르지 않아서 대통령이 총에 맞거나, 군인이 시민들을 총으로 쐈다. 그 시절 나는 어렸지만, 그래서 더더욱 이 버스에 탄 사람들이 결코 무섭거나 나쁜 사람들이 아님을 잘 알고 있다. 오히려 얼마나 정이 많고 인심 좋은 사람들인가를 알고 있는 것이다. 어린 내가 버스를 타면 분향기가 폴폴 나는 이모들이 망설임 없이 무릎에 앉혀주었다. 할머니가 버스에 오르면 운전사는 기다렸고 승객들이 앞다퉈 일어나 보따리를 받고 자리를 양보했다. 우리가 빠른 속도로 성장하는 동안 물질과 맞바꿔버린 가족적이고 공동체적인 가치들. 지금 이 버스는 당시의 한국 버스와 크게 다르지 않을 것이다. 내가 조심스럽게 가방을 단속해야 할 대상이 이들 가운데 쌀알 속 돌멩이처럼 한둘

섞여 있을 뿐. 플로르는 버스에 타자마자 옆자리에 앉은 낯선 여자와 수다를 떨기 시작했다. 지켜보던 중빈이 신기한 듯 속삭였다.

"엄마, 여기 사람들은 다 서로 친구 같아."

"정말 그래."

나는 중빈에게 우리에게도 낯선 사람끼리 서로 친구 같이 지내던 시절이 있었음을 이야기해주었다. 앉은 학생이 서서 가는 학생의 김치 냄새 나는 가방을 받아 끌어안던 그 다정한 시절의 버스 속 풍경을.

포근한 밤이었다.

◆ 시몬 볼리바르 공원

이 길에선 누구나
다만, 젖는구나

Villa de Leyva

빌라 데 레이바는 콜롬비아에서 스페인 식민지 양식의 건물들이 고스란히 남아 있는 마을 가운데 가장 아름다운 마을로 손꼽힌다. 보고타의 북터미널에서 고속버스로 두 시간, 퉁하에서 콜렉티보로 다시 한 시간. 달리는 내내, 온통 녹음을 융단처럼 뒤집어쓴 산과 들이 부드럽게 펼쳐지고 꽃과 말과 양이 노닌다.

아이가 감탄한다.

"완전 동화책이야. 새파란 하늘에 초록 잔디."

나도 거든다.

"…… 그리고 빨간 벽돌집!"

초록 융단 속에 쏟아놓은 흰 조약돌들처럼, 산자락 속에 흰 스페인풍 건물들이 옹기종기 모여 있는 곳에서 콜렉티보가 멈췄다. 빌라 데 레이바다. 인구 만 명도 채 되지 않는 곳. 공기가 청명하다. 고요하다. 보고타처럼 철문이나 쇠창살로 입구를 가린 집들이 사라졌다. 집집마다 아담한 나무 덧문들이 활짝 열려 있다. 보고타에서 타임머신을 타고 200년 이상 시간을 거슬러 온 느낌이었다. 일종의 해방감과 함께 숨통이 트였다. 우리는 식당이 딸린 아담한 호스텔에 짐을 풀고 곧장 걷기 시작했다.

스페인 양식의 마을이 대부분 그러하듯, 마을은 광장과 광장 한가운데의 성당을 중심으로 모세혈관처럼 퍼진 골목들로 연결되어 있다. 일요일이었다. 우리는 둥글고 반질반질한 돌들을 깔아 만든 길을 따라 광장으로 갔다. 마침 연날리기 대회를 막 시작하려는 참이었다. 참가자 가족들이 다양한 연들을 마지막으로 손보며 시작 호루라기가 울리기를 기다렸다. 성당 뒤 산에서 불어온 바람이 광장의 고조된 분위기를 한껏 부풀렸다. 연 날리기엔 딱 좋은 날씨로구나. 진행자가 확성기를 잡더니 우리네 장터처럼 한껏 분위기를 띄웠다. 시장님도 개회사를 한 말씀 하셨다. 팡! 폭죽이 울렸다. 일제히 연들이 떠올랐다. 콘도르처럼 생긴 연, 비행기 연, 가오리연, 피카추 연까지 크고 작은 연들이 팽팽하게 줄을 당기며 하늘을 날았다. 그러고는 이내 저 높은 곳에 새의 무리처럼 당당히 자리 잡았다. 얼레를 잡은 사람들은 남녀노소 할 것 없이 팔을 곧게 뻗고 진지하게 연을 좇았다. 스킨십을 좋아하는 사람들답게, 나머지 가족들은 서로를 끌어안고 하늘을 올려다보았다.

중빈은 애가 닳았다. 광장의 문구점에 들어가 싸구려 연을 하나 샀다. 기류를 잡을 줄 모르는 아이는 연을 서툴게 늘어뜨리고 냅다 뛰기 시작했다. 싸구려 연은 조금 뜨는 듯 뱅뱅 돌다 이내 가라앉았다. 다시 뛰면 또 조금 뜨다 돌다 가라앉았다. 아이는 뺨이 벌개지도록 뛰고 또 뛰었다.

　내가 광장을 한 바퀴 돌고 돌아왔을 때, 중빈은 발치에 연을 떨군 채 지치고 성난 얼굴로 문방구 문가에 앉아 있었다. 문구점 여인은 중빈의 불만에 별다른 관심을 보이지 않았다. 더 비싼 걸 사든지 말든지. 그녀의 아들은 정신지체 장애아였다. 밖에서 수십 개의 연이 하늘을 날든 말든, 가게 안쪽 컴퓨터 앞에 앉아 헤드셋을 낀 머리를 땀으로 적시며 단순한 게임에 몰두해 있었다. 여인은 피로가 가득한 얼굴로 퉁명스럽게 밖을 내다보았다. 그럼에도, 연들로부터 눈을 떼지는 못했다. 저것. 저 가볍고 팔랑거리는 것. 툭 끊어지면 기류를 타고 너무나 쉽게 이 세상을 떠나버릴, 찬란한 빛깔과 모양을 지닌 저 부럽고 부러운 것. 나도 그녀의 시선을 따라 하늘의 연들을 바라보았다. 누군들 생의 무게를 집어던지고 저처럼 훨훨 날고 싶지 않을까.

　태양이 낮아지자, 광장은 움푹 팬 그릇처럼 그늘을 담았다. 성당 뒤 산등성이만이 노랗게 빛났다. 그 노란 빛이 조금씩 흐려질수록 하늘은 붉어졌고 광장의 그늘은 어둠으로 바뀌어갔다. 새 떼와 같은 연들이 하나둘 대열에서 이탈했다. 처음부터 승부가 목적이 아니었던 듯, 사람들은 대열에서 내려앉은 연들을 미련 없이 정리하고서, 처음부터 이것이 목적이었던 듯, 남은 연을 바라보며 서로를 부축하듯 끌어안고 키스했다.

　양떼구름 위에 노을이 덧입혀지자 연들은 모두 제 빛을 잃고 검어졌다. 소수의 검은 새들이 지구력을 과시하며 하늘을 날았다. 진행자가 다시 확성기를 잡고서 한바탕 순위를 발표했다. 작은 환성들이 터지고 상품이 증정되었다. 사람들이 보고타로 떠나갔다. 주말은 그렇게 끝이 났다. 이제 빌라 데 레이바는 본래의 한적함을 되찾을 것이다. 난데없이 한 무리의 검은 개 떼가 광장에 남은 사람들과 연줄 사이를 우르릉 컹컹 짖으며 뛰어다녔다. 마치 각성시키듯이. '이제 하늘에서 시선을 거둬라. 가벼움일랑 잊어라. 너희들이 머물 곳은 바로 이곳이다.' 광장에 가로등이 켜졌다. 문구점 여인은 늦게까지 가게를 닫지 않았다. 텅 빈 광장에 걸쭉한 먹물 같은 어둠이 괴었다. 그 안에서 가로등은 여린 촛불만 같아서 제 발치에만 아늑한 빛을 내렸다.

그런 장소가 있다. 그곳에 아침이 오는 소리가 궁금해지는 곳. 한낮에 달아오르는 풀 냄새가 궁금해지는 곳. 광장에 비스듬히 내려앉는 저녁 햇살은 또 어떨까 궁금해지는 곳. 그곳에 이르면 당신은 머물 수밖에 없다. 아침과 한낮 그리고 저녁을 보내며, 시간대에 따라 변모하는 구석구석을 훑고야 만다. 사랑이다. 당신은 사랑에 빠진 것이다. 장소와 사랑에 빠진 이가 할 일은 오직 머물며 걷는 일. 사랑하는 사람을 만나면 그의 곁에 머물며 그의 모든 특징을 탐험하듯, 여행자는 사랑하는 장소에 머물며 그곳에 난 길을 모조리 탐험한다.

알아버렸다. 하룻밤 자고 일어났을 뿐인데, 숙소 밖으로 나와 스무 발자국 남짓 디뎠을 뿐인데, 빌라 데 레이바가 내게 그런 곳임을 알아버렸다. 봄이다. 게다가 마침 아침이다. 세상이 조금씩 데워지는 온기 속에서 나뭇잎이 가볍게 몸을 흔들었다. 혼자인 것도 사랑에 빠지는 데 한몫했을 것이다. 숙소를 나서면서 아이와 점심 때까지 떨어져 지내기로 했다. 녀석도 싫지 않다는 것을 보니 서로 조금 물렸나 보다. 아이는 침대에 드러누워 실컷 책을 읽고 싶어 했다. 고마운 일이다.

보고타인들이 놀러왔던 어제와는 확연히 다른 풍경이었다. 주말이 오히려 더 붐비는 도시 근교 휴양 마을의 조용한 월요일 아침, 개들이 게으르게 길 한가운데에 드러누웠다. 집마다 세월을 고스란히 머금은 나무 대문이 있었다. 그 안쪽으로는 스페인식 중정이 있었다. 중절모를 쓴 할아버지들이 이웃과 인사를 나누며 느리게 집 안팎을 돌보았다. 그들이 돌본 정원을 들여다보면, 식물과 인간의 정성이 만나 어떤 소박한 아름다움이 탄생하는지에 대한 관찰지를 읽는 듯했다. 나는 어쩌면 정말로 타임머신을 타고 왔는지도 모르겠다. 문이 활짝 열린 가게 안에는 두드리고 칠하고 손보는 런닝셔츠 차림의 장인들이 있었으니. 눈처럼 흰 테이블보가 덮인 테이블 곁에서 고개를 숙이고 손뜨개를 하는 여인들도 있었으니. 옛 귀족들이 깃털펜으로 써내려간 연애편지의 마지막 서명처럼, 멋들어지게 이름을 새긴 나무 문패들이 집집마다 걸려 있었으니. 소리 내 이름들을 읽어보았다. 데이지, 윌리엄, 릴리……

사람들이 낯선 동양인을 한 번씩 쳐다보았다. 눈이 마주치면 그들은 수줍게 웃었다. 가방을 벤치에 버려두고 사진을 찍고 돌아와도 마음이 편안했다. 아담한 공원 앞에 이르자, 빵집에서 갓 구운 빵들을 문간에 내놓았다. 빵 향기가 만져질 듯 단단하게 공원을 메웠다. 한 여인이 잔치를 앞둔 듯, 달콤한 캐러멜 코팅을 입힌 커다란 케이크를 사서 공원을 건너갔다. 나도 빵집으로 들어가 치즈가 가득 든 빵을 두 개 골랐다. 계산을 마치기도 전에 입에서 스스로 녹아버리는 신기한 빵이었다. 카페콘레체카페라테도 연달아 두 잔 마셨다. 콜롬비아의 명성에 부족함이 없는 커피였다.

봄의 아지랑이에 따뜻한 빵 냄새가 섞이면 눈에 보이는 것들이 꿈결 같아진다는 것을 처음 알았다. 나는 액자소설처럼 꿈속을 걸으며 꿈을 꾸었다. 200년 전쯤 봄바람에 취해 글 읽는 아들을 두고 길 떠난 여인을. 이 여인은 살사, 버지나토, 메렝게 못 추는 춤이 없다. 누군가 갓 구운 빵을 건네면, 감사의 표시로 춤을 춘다. 언제라도 아지랑이처럼 하늘거린다……. 나는 킥

킥 웃었다. 액자 밖에서 글 읽는 아들과 약속해두었던 그 시간까지, 액자 속을 빼곡하게 걸었다. 작은 변화에도 감동하며 다음 길목을 보챘다. 사랑에 빠진 사람답게, 더는 걸어보지 않은 골목이 없을 때까지.

중빈과 나는 반갑게 재회했다. 그리고 여행이 길어질수록 이런 시간이 우리에게 반드시 필요함을 인정했다. 우리는 잠시 떨어진 동안 서로 무엇을 했는가 수다를 떨며 숙소에 딸린 식당으로 갔다. 이 자그만 식당은 18개월 된 아기 '레이디'의 부모인 젊은 부부가 운영했다. 그들은 정말 친절했다. 말이 안 통하면 음식 재료까지 들고 와서 보여주며 미소를 지었다. 또 그들은 정말 낙천적이었다. 마치 소꿉놀이를 하는 동무들처럼 느리고 즐겁게 요리를 했다. 서로의 어깨를 툭툭 치고, 입을 맞추고, 가볍게 춤을 추고, 뒤에서 허리를 끌어안으며. 그러면서도 손님이 찾으면 깍듯하고 예의바르게 돌변했다.

우리는 도착한 뒤로 내내 그곳에서 먹었는데, 손님은 번번이 우리뿐이었다. 궁금했다. 대체 누구를 위해 종일 음식을 만드는 걸까? 어떻게 생계를 유지하는 걸까? 그러나 그들은 '이렇게 평화로운 곳에서, 이렇게 서로 사랑하며 행복한 순간, 그런 쓸데없는 걱정을 하는 것은 당신밖에 없다'는 듯, 깨알 같은 웃음을 멈추지 않았다. 아기 레이디조차 선잠에서 깨어나 '깽' 짧게 울고 나면 조용히 그들의 소꿉놀이에 합류했다. 소꿉놀이라 해도 격식은 제대로였다. 수프가 먼저 나오고, 뒤이어 밥, 튀긴 고기, 샐러드, 콩 요리가 접시에 담겨 나왔다. 디저트는 생과일주스와 딸기퓌레를 얹은 치즈였다. 가격은 6천 원. 단란한 놀이의 결과물이어서일까? 그들의 음식은 잘게 썬 단호박 한 조각에도 놀라운 고소함이 배어 있곤 했다.

마지막 날 저녁이었다. 언제나 생글생글이던 레이디가 예방접종을 받고 와 기분이 좋지 않았다. 중빈이 속삭였다.

"오늘밤엔 나이트 콘서트를 열어볼까? 레이디를 위해서 말이야."

그러고는 마냥 나대기엔 조금 수줍은 듯 작전을 짰다.

"엄마가 하라고 하고, 나는 조금 싫은 듯이."

레이디의 부모는 내 제안을 듣고 뛸 듯이 기뻐했다. 식사 후에 바이올린을 들고 다시 레이디를 찾았다. 레이디는 엄마 품에 앉았고 레이디 아빠는 선 채로 아내를 뒤에서 안았다. 그렇게 키 순서대로 서로가 서로를 안은 채, 그들은 연주에 집중했다. 레이디는 큰 눈을 더 동그랗게 뜨고 들었고, 곡이 끝날 때마다 엄마 아빠를 따라 여린 박수를 쳤다. 사랑과 행복이 많은 사람들답게, 음악과 춤을 좋아하는 사람들답게, 레이디의 엄마는 살짝 눈물을 글썽거리기까지 했다. 언제나 바쁘지 않아 성심껏 곁을 줄 수 있고, 항시 조그만 행복이라도 찾아내 만끽할 준비가 되어 있는 사람들과 시간을 함께 보낸다는 것은 축복이란 걸 알았다. 음악은 중빈이 연주하지만, 보잘것없는 음악을 축복으로 변주해내는 것은 그들 자신이었다.

빌라 데 레이바를 떠나는 날 아침에 비가 내렸다. '평화롭고' '아름답고' '향기로운' 마을에 '촉촉하다'는 형용사가 추가로 더해졌다. 우리의 다음 목적지는 산힐이었다. 레이디의 아빠는 내게 산힐에 가는 지름길을 일러주었다. 빌라 데 레이바에서 콜렉티보를 타고 30분만 가면 아르카부코에 이르는데, 이곳 휴게소에서 내려 산힐 가는 버스를 중간에 잡아타면 시간과 비용을 아낄 수 있다는 것이다. 그는 우리가 버스를 제대로 갈아탈 수 있도록 버스 시간표까지 알아다주었다. 스페인어 사전을 놓고 더듬더듬 질문하는 나 때문에 세 번이나 식당 앞 터미널까지 왔다 갔다 하는 수고를 마다하지 않으면서. 그것으로도 모자라 레이디의 엄마는 내가 꺼내놓은 신라면을 끓여서 공깃밥과 함께 내주었다. 한양 가는 나그네에게 주먹밥을 싸주듯이. 아아, 나는 이곳을 잊지 못할 것이다. 마지막으로 레이디 식당의 테라스에 앉아서, 나는 눈을 감고 큰 숨으로 마을 전체를 들이마셨다.

그래서, 실은, 아무 기대도 없었다. 아르카부코에 이르는 30분은 그저 콜렉티보, 그러니까 마을버스를 타고 지름길로 간다 그 이상도 이하도 아니었다. 게다가 오후 한 시 반, 콜렉티보는 하굣길 학생들로 만원이었다. 그 틈에 간신히 가방들을 부리고 중빈을 앉힌 뒤 나는 허리와 고개를 구부정하게 하고 서서 창문과 의자 등받이에 손을 하나씩 얹었다.

빌라 데 레이바를 벗어나는 동안 학생들 수가 하나씩 둘씩 줄어들었다. 누군가 등을 툭툭 쳐 돌아보니 거구의 아주머니였다. 앞에 자리가 났으니 같이 앉자는 뜻이었다.

거기서부터였다. 모든 것이 '갑작스러웠다.' 갑자기 산길이었다. 초입에 성모 마리아의 초상이 있었다. 운전사가 잠시 차를 세우더니 성호를 그었다. 험한 산길이 될 거란 뜻이었다. 갑자기 나무들이 하늘을 찌를 듯 솟았다. 덕분에, 또 갑자기, 길은 나무 그늘의 습격을 받았다. 농가들이 나무 그늘 아래 숨어 있다 띄엄띄엄 하나씩 드러났다. 예쁜 꽃 화분들이 창가에 대롱대롱 매달려 있었다. 차비를 아끼려고 마을에서부터 걸어 올라온 초등학생 남자아이가 걸음을 멈추고 버스에게 좁은 길을 양보해주었다. 낡은 청색 교복 속 어린 눈빛이 사슴처럼 투명했다.

숲 너머에는 고원이 펼쳐졌다. 고원의 능선을 따라서는 초원이 펼쳐졌다. 능선이 패인 곳마다 연한 구름들이 연기처럼 뿜어져 올라왔다. 연기들은 더 높은 곳에서 테이블보 모양의 짙은 흰 구름이 되어 다시 만났다. 숲 한 가운데서, 도저히 핸드백을 맨 아가씨가 내릴 것 같지 않은 장소에서, 아가씨가 혼자 내렸다. 그녀는 숲의 요정처럼 보이지 않는 집을 향해 숲 속으로 사라졌다. 버스 바퀴 아래서 흙과 돌이 부드럽게 으깨지고 흩어지는 것이 내 발밑인 양 고스란히 느껴졌다. 서두름이 없는 운전이었다.

누군가 테이블보를 잡아당긴 듯 구름이 기우뚱 낮아지더니 후두둑 빗방울이 유리창에 번졌다. 삽시간에 소나기가 되었다. 나는 숨을 멈췄다. 승객들이 서둘러 유리창을 올렸지만, 이미 젖은 풀과 흙 내음이 삽시간에 차 안으로 스며들었다. 압박붕대로 누르듯 후각을 덮치는 강력한 자극이었다. 촉촉함이 살갗에 달라붙었다. 여전히, 이 모든 것에 나는 아무런 준비가 되어 있지 않았다. 이토록 갑작스럽고 강력한 오감의 일깨움으로 자연의 아름다움을 받아들일 준비가 되어 있지 않았다.

어느덧 우리는 고원을 달리고 있었다. 이제 초록은 더 초록일 수 없는 초록이 되었다. 버스는 굽이굽이 돌아 더 높은 구름 속으로 달렸다. 운전기사와 거구의 아주머니가 이야기를 나누며 남매지간처럼 웃었다. 웃음소리의 끝이 빗소리에 잠겼다. 초원 한가운데에서 어미 소가 갓 난 송아지를 곁에 앉힌 채 고스란히 비를 맞았다. 말들은 빗속에서도 위용 있게 고개를 빳빳이 세우고 섰다. 농가의 처마 아래 닭들이 옹기종기 비를 피했다. 거기서 몇 걸음 떨어진 곳에 간신히 걸음마를 할 정도의 아기들이 판초를 두른 채 빗속에서 젖은 사과를 먹고 있었다. 말간 눈으로 뜻 없이 앞을 응시하면서.

문득, 나는 울었다. 이 길은 세상에서 가장 아름다운 마을버스 길이로구나. 길이라 하면 으레 '지름길'을 가장 먼저 떠올리는, 도시인의 빈곤하고 영악한 오감이 마침내 깨어났다. 평소 이용하는 마을버스 길이 떠올랐다.

그것이 함축하는 모든 분주함과 더러움과 이기심이. 먼지 낀 눈물이 멈추지 않았다. 이토록 정결하고 아름다운 곳에서, 이토록 말간 사슴 같은 사람들 사이에서, 반성 같기도 하고 회한 같기도 하고 혹은 그저 멀어져버린 근원에 대한 아련함 같기도 한 것 때문에, 도시인은 깨어나 울었다.

점차 빗줄기가 가늘어졌다. 햇빛이 그 자리를 두텁게 채웠다. 더 초록일 수 없던 초록이 연해지더니 연두가 되었다. 나무도 키가 작아지고 더불어 그늘도 흐려졌다. 농가는 더 자주 눈에 띄었다.

이제 내리막이었다. 판초를 입은 걸음마쟁이들은 비를 피해 집으로 돌아갔을까? 저 만치 아래, 곱슬머리를 길게 땋은 청색교복 차림의 여학생이 고스란히 비에 젖은 채 걸어 올라오고 있었다. 손에 든 비닐봉지 가득 빵이 담겨 있었다. 그렇구나. 아까 그 걸음마쟁이들도 저렇게 고스란히 비를 맞았겠구나. 이곳에선 누구나, 다만, 젖는구나.

마을버스 길이 끝났다. 운전기사가 다시 성호를 그었다. 그리고 목걸이의 십자가를 들어 입을 맞췄다. 축복받은, 안전한 운행이었던 것이다. 그제야 정신이 들어, 나는 눈물을 닦았다.

(남미여행기 2부 『그러므로 떠남은 언제나 옳다』에서 계속)

그 길에서 만난 사람들

로알드&렌조
(피스코에서 만난 부자)

프랑켄슈타인 운전사

이안&게일
(알래스카에서 온 쌍둥이 형제)

선녀로 둔갑한 식당 아주머니

줄리아나&리아나
(마추픽추의 멋쟁이 언니들)

진&철
(한국의 신혼부부)

아헬리카
(라파스의 친절한 여행사 직원)

로이
(이스라엘 청년)

아담
(이스라엘 청년)

애셔&갈라트
(이스라엘 부부)

마누엘라
(스위스 여인)

큰 이탈리아 선생님

작은 이탈리아 선생님

마리오
(아마존 투어 가이드)

이안
(아마존 로지의 꼬마)

훌리오
(와카치나에서 만난 식당 매니저)

히로
(중빈의 차랑고 선생님)

라파엘
(파우디마르 숙소의 열한 살 소년)

라파엘 가족

메리
(이구아수에서 만난 멋진 노년)

말루
(리우 메이즈 호텔 안주인)

태
(보고타에서 만난 대학동기)

패드로
(태의 운전기사)

니콜라스
(보고타의 자전거 투어 가이드)

플로르
(도서관에서 만난 콜롬비아 아가씨)

빌라 데 레이바의 아이들

그 외에 마음과 눈빛을 나눈 사람들……

남미여행기 2부
그러므로 떠남은 언제나 옳다
콜롬비아, 에콰도르, 칠레편

"한 번의 만남이 소중하고 한 명의 사람이 소중하다!"
여행작가 오소희가 남미에서 마주친 눈빛, 풍경 그리고 사랑

안아라, 내일은 없는 것처럼
ⓒ 오소희 2013

1판 1쇄 2013년 1월 9일
1판 2쇄 2013년 1월 21일

지은이   오소희
펴낸이   김정순
책임편집 한아름
디자인   김덕오
사진편집 방병상
마케팅   김보미 임정진 전선경

펴낸곳   (주)북하우스퍼블리셔스
출판등록 1997년 9월 23일 제406-2003-055호
주소   121-840 서울특별시 마포구 서교동 395-4 선진빌딩 6층
전자우편 editor@bookhouse.co.kr
홈페이지 www.bookhouse.co.kr
전화번호 02-3144-3123
팩스   02-3144-3121

ISBN 978-89-5605-622-7 13810
     978-89-5605-621-0 13810(set)